KB196386

나받원관 원고지

인촌탐사

김성수

나남
nanam

인촌탐사
밝은 길을 찾아가다

2025년 1월 25일 초판 발행
2025년 2월 28일 초판 2쇄

지은이   이진강·황호택
발행자   趙相浩
발행처   ㈜나남
주소   10881 경기도 파주시 회동길 193
대표전화   (031) 955-4601
FAX   (031) 955-4555
등록   제1-71호(1979.5.12)
홈페이지   http://www.nanam.net
전자우편   post@nanam.net

ISBN   978-89-300-4194-2
         978-89-300-8655-4 (세트)

책값은 뒤표지에 있습니다.

인촌탐사 김성수

밝은 길을 찾아가다

이진강 · 황호택 지음

나남
nanam

역사는 현재의 눈으로 과거를 해석하고 미래를 설계하는 것이다.
그러므로 역사는 진취적이다.

− 에드워드 카 (E. H. Carr)

발간사

인촌仁村은 그가 이룬 공적에 비하여 세상에 훨씬 덜 알려져 있고, 또 일부 사실은 잘못 알려져 있기도 하다. 이는 공을 이루고도 거기에 머물거나 기대지 않은 인촌의 올곧은 성품과 그 정신을 이어받은 후손들의 성정에 기인한다고 할 수 있겠으나, 일제강점기의 역사를 바로 보지 못한 후세대의 역사인식도 일부 작용했다는 생각이 든다.

필자는 2023년 봄, 인촌기념회 이사장으로 일하기 시작한 때부터 인촌 김성수金性洙 선생을 집중적으로 탐구했다. 인촌이 세운 고려대에서 자유, 정의, 진리를 배우고 법조인으로 사회에 나와 인촌의 좌우명인 공선사후公先私後 신의일관信義一貫의 정신으로 삶을 살아오다가 나이 80에 인촌의 유덕遺德을 기리는 일을 맡게 되었으니 우선은 책임감에서 선생의 삶을 깊이 있게 연구하기 시작했다.

인촌기념회에서 발간한《인촌 김성수전》을 비롯한 전기와 평전을 섭렵하고, 김남채 작가가 쓴 전기적 소설과 희곡, 판소리를 읽고 백완기, 김중순, 이승렬, 주대환의 학술서를 정독했다. 김형석 연세대 명예교수를 비롯한 19명이 개별적으로 쓴 단편을 모아 한 권으로 펴낸

책도 여러 번 보았다.

인촌이 태어난 생가와 유년 및 청소년기를 보낸 부안면 줄포苗浦의 집, 그의 묘소까지 인촌의 숨결이 남아 있는 곳을 직접 찾아다녔다. 현재 살아 계신 분들 중 인촌을 모시고 일했거나 가까운 거리에서 인촌을 접촉한 분들을 면담하여 녹취하거나 글을 받아 자료를 축적하는 일도 계속했다. 아울러 인촌의 친구요, 동반자로 삶을 함께한 고하古下 송진우宋鎭禹, 근촌芹村 백관수白寬洙의 전기와 평전을 읽은 후 그분들의 후손을 만나 이야기도 들었다. 고하의 손자 송상현 교수는 법조계 선배이고, 근촌의 외손자 김종량 한양학원 이사장은 오래된 인연으로 자주 대화를 나누면서 많은 정보를 얻을 수 있었다.

이런 과정을 통해 필자는 인촌이야말로 암울했던 구한말 일제강점기와 격랑의 해방공간을 살면서 민족에 대한 애정을 바탕으로 나라의 독립, 그리고 자유민주주의 국가건설에 온 힘을 쏟은 민족교육의 선각자요, 문화민족주의자이자 인간자본의 표상임을 깨닫게 되었다. 대학에 다닐 때나 사회에 나와 일할 때 어렴풋이 머릿속으로만 알고 있던 인촌에 대한 형상적 이미지가 존경과 흠모의 정으로 변화되어 가슴속 깊이 숭고한 소명의식으로 자리 잡는 것을 느낄 수 있었다.

'인촌의 진면목을 널리 알려 그분의 숭고한 뜻이 후세에 면면히 흐르게 하는 것이 나에게 주어진 소명'이라는 마음속의 울림이 있었고, 그 울림이 인촌에 대한 기존의 연구 방식을 바꾸어 놓았다. 이제는 다른 사람들이 쓴 책이나 자료를 연구하는 것을 넘어, 인촌이 살아온 삶의 궤적을 직접 쫓아가면서 그분과 대화를 나누어 보고 싶었다.

시간, 공간과 인간 이 셋을 묶어 역사라고 한다면, 인촌은 역사를 어떻게 활용하였고, 또 어느 방향으로 역사를 만들어 갔을까 하는 점을 알고 싶었다. 인촌의 시간과 공간 그리고 그 속을 살아가고 있던 사람들은 인촌에게 어떤 영향을 미쳤을까? 인촌은 아무도 가보지 않은 길을 먼저 걸어가고 큰 족적을 남겨 놓았으니 인촌이 열어놓은 길을 따라가다 보면 무엇인가 답을 찾을 것 같다는 생각이 들었다.

그래서 나선 길이 인촌의 발자취를 직접 찾아가는 것, 인촌 선생의 시간과 공간을 역사여행하면서 삶의 발자취를 찾아가는 탐방의 길이었다. '길이란 본래부터 있는 것이 아니라 걸으면 생기는 것'이니 필자도 이 길을 걸어가면 새로운 길이 열리고 다른 사람들도 필자를 따라 또 새로운 길을 갈 수 있겠다는 확신이 들었다.

이러한 탐방 계획을 머릿속에 그리고 난 후 주변 친지들에게 필자의 생각을 넌지시 건네 보았다. 예상외로 반응이 좋았고 어떤 인사는 적극적 참여와 후원도 약속했다.

황호택 카이스트 문술미래전략대학원 교수는 공동으로 탐사하고 탐방기도 공동저술 형태로 하자고 제의했다. 황 교수는 동아일보 기자 시절 박종철 사건 탐사보도 등으로 한국기자상을 세 번이나 받은 이력이 있고, 담양군과 신안군, 남양주시의 역사 문화 탐방기를 써서 인터넷 신문에 게재하고 단행본으로 발간한 유명한 탐방기 저술가이기도 하다. 그와 함께 인촌의 삶의 발자취를 찾아가는 역사인물 탐방기를 쓰게 되어 영광스럽고 매우 기쁘다.

우리 공저자 두 사람은 이 책을 통해서 인촌에 대한 후대의 부족한 역사 인식을 바로잡아 보고 싶다. 하지만 글은 본래 쓴 사람의 것이 아니라 읽는 사람의 것이라고 하니 인촌에 대한 역사적 판단은 전적으로 이 탐방기를 읽는 분의 몫이라 할 것이다.

인촌과 동시대를 산 영국의 저명한 역사학자 에드워드 카E. H. Carr의 말대로, 역사는 단순한 과거 사실의 전달이 아니라 현재의 눈으로 과거를 해석하고 미래를 설계하는 진보적 가치라고 한다면, 현대를 사는 우리들은 선대가 제시한 해석의 포장을 풀고 그 안에 숨어 있는 진실을 찾아내는 노력을 기울여야 할 것이다.

독자들께서 부디 새로운 역사인식으로 이 책을 읽어주시기 바라는 마음이다. 그래서 인촌에 대한 올바른 이해를 돕고 후세대의 편향된 인식을 바로잡는 계기가 되길 바란다.

2025년 1월

이 진 강

서 문

인촌은 조선 말기부터 망국亡國과 일제강점기, 해방과 6·25 전쟁을 거치는 격동의 시대를 살았다. 두 세대 가량 후대인後代人으로서 근현대사, 농업사, 기업사, 교육사, 민속학 등의 공부가 필요했다. 이에 관한 학자들의 연구성과가 쌓여 있는 덕에 이 책이 나올 수 있었다.

인촌의 발자취를 따라 탐사한 인촌리 생가, 줄포 김상만 가옥, 요협공 부부의 재실, 창평 처가(고정주 가옥) 등은 귀중한 민속문화유산으로 보전해야 한다는 생각이 들었다. 고려대 본관과 대학원 도서관같이 사적(서울시)으로 지정된 곳들도 있다.

인촌과 인촌가家가 남긴 유형의 문화유산 이상으로 값진 것은 인촌의 삶이다. 그 어려운 시대적 환경에서 그만한 삶을 개척하는 것은 아무나 할 수 있는 일이 아니다. 만석꾼 집안에서 태어난 사람들 중에도 나라의 독립을 위해 재력을 보태기는커녕 허랑방탕하다가 자기 집안도 추스르지 못한 사람들이 허다하다.

정주영 현대그룹 회장은 생전에 많은 명언을 남겼지만 "해봤어?"는 그의 대표적 어록에 속한다. 정 회장의 도전정신을 보여주는 말이

11

다. 이민족異民族의 지배하에서 36년 동안 민족운동을 하고, 학교와 신문사를 세우고, 기업을 일으키는 일에는 영광보다는 고통과 수모, 절망의 시간이 더 많았다. 나는 인촌에게 가혹한 잣대를 들이댄 이들에게 정 회장의 말투를 빌려 "살아봤어?"라는 질문을 던지고 싶다.

임시정부 간판을 메고 중국 상하이에서 충칭까지 쫓겨 다니며 독립운동을 한 동시대인同時代人들이 주류를 이룬 해방 후 반민족행위특별조사위원회(위원장 김상덕 임시정부 문화부장)에서 인촌은 기소조차 되지 않았다. 그로부터 57년이 지난 후 노무현 정부에서 출범한 친일반민족행위진상규명위원회는 인촌을 반민족 행위자로 규정했다.

당시 집권세력의 정치적 판단과 이념이 작용해 관련법이 제정됐다. 진상규명위의 구성도 그들이 주도했다. "인촌에 대한 반민족행위 판단과 서훈 취소는 언젠가 역사적 평가의 대상이 될 것"이라는 진보 계열 학자 이승렬의 의견에 공감한다. 역사적 인물에 대한 판단은 5~10년 단위로 교체되는 정치권력이 아니라 역사의 평가에 맡겼어야 옳다고 본다.

학병學兵에 관한 글을 같은 날 같은 신문 지면에 썼는데 몽양 여운형은 빠지고, 인촌에게는 반민족의 너울을 씌운 것을 어떻게 이해해야 하나? 좌파에 기울어진 이념적 잣대가 작용했다는 비판으로부터 자유롭기 어렵다.

학병에 관한 글을 써달라는 총독부로부터 내려온 매일신보 기자의 주문을 받고 인촌이 압력에 굴복한 것은 학교를 지키려는 마음이 강했기 때문이었다. 그렇더라도 총독부 기관지 기자가 인촌의 이름을 빌려 쓴 글을 읽어보지 않고 넘어간 것은 중대한 실수였다. 인촌은 김병규 기자가 대필한 글을 읽고 싶지도 않았을 것이다. 그래서 유진오에게 대신 읽어보라고 맡긴 것이다.

자랑 같아서 쑥스럽지만 나는 36년 기자생활을 하면서 한국기자상을 세 번 받았다. 그중 두 번은 박종철과 관련한 특종이다. 나는 박종철 30주년에 《박종철 탐사보도와 6월 항쟁》이라는 책을 냈다. 이 책이 언론고시 준비생들의 필독서처럼 됐다는 이야기를 후배 기자들로부터 들었다. 이 책을 쓰면서 박종철 사건을 탐사보도探査報道, Investigative Reporting하듯 인촌의 삶을 탐사하려 애썼다.

현업에서 물러난 이후 박종철과 인촌은 꼭 써보고 싶은 주제였다. 형식은 다소 다르지만 둘 다 탐사보도라는 점에서 공통점이 있다. 나는 카이스트 문술미래전략대학원 석사과정에서 탐사보도를 가르치고 있다.

이모작 인생을 살면서 남양주, 담양, 신안의 탐방기探訪記를 세 권 썼다. 이 책에는 인촌이 먼저 간 길을 탐방하는 작업도 많이 들어가 있다. 독자들에게 그 시대적 공간적 분위기를 살려주는 의미가 있다.

나는 인촌이 억울한 판정을 받았다는 생각을 갖고 있었다. 그것이 이 책을 쓴 동기가 됐다. 그러나 이 책을 쓰는 첫째 원칙은 팩트에 기반한 서술이었다. 그래서 책 제목도 《인촌탐사》라고 붙였다.

탐방길은 여섯 갈래로 나누어 보았다.

1. 1891년 10월 11일 전라북도 고창군 부안면 인촌리에서 태어난 인촌이 그곳에서 유년기와 청년기를 지낸 후, 담양 창평 영학숙英學塾에서 신학문을 배우고 물산이 풍부한 줄포와 내소사來蘇寺 청련암靑蓮庵에서 장래를 고민하다가 군산 금호학교를 찾아가 새로운 세계로 발을 내딛는 희망의 길

2. 6년간의 일본 유학생활을 통해 당시 일본의 발전된 모습을 경험하면서 훌륭한 은사를 만나고, 후에 함께 일할 유능한 인재들과 교제하며 도움을 주고받은 훈훈한 성장의 길

3. 일본에서 귀국한 후 서울로 올라와 중앙학교를 인수하고 경성방직을 창업, 기미독립운동을 기획하고 실행에 옮기며 동아일보를 창간한 드라마틱한 역사의 한 길

4. 3·1운동에 앞장섰다가 옥고를 겪은 독립운동가 이아주 여사를 만나 결혼하고 함께 독립운동에 나선 이야기와 고려대 전신인 보성전문을 인수하여 민족대학으로 발전시킨 가슴 뛰는 길

5. 해방공간에서 이승만 박사를 도와 대한민국을 건국하는 데 앞장서고 농지개혁의 기틀을 마련, 이를 실현시키는 데 결정적 역할을 한 공선사후公先私後의 길

6. 이승만 독재정권에 항거하다가 그 뜻을 이루지 못한 채 64세 나이로 이 세상을 떠난 가슴 아픈 이별의 길

공동 저자인 이진강 인촌기념회 이사장과는 현장에도 같이 다니고 수시로 만나 의견을 나누었다. 이진강 이사장은 대한변호사협회 회장, 대법원 양형위원장, 방송통신심의위원회 위원장을 지냈다. 그가

방송통신심의위 위원장을 할 때 여야 추천 심의위원들의 균형을 잡아가며 공정하게 회의를 진행했다는 평가를 야당 추천위원들로부터 들었다. 두 저자의 의견 교환은 이 책의 균형을 잡고 오류를 줄이는 데 도움이 되었다. 필자들은 후대에 이 책이 또 다른 연구자의 검증을 받을 것이라는 두려움을 갖고 책을 써나갔다.

이 책을 거의 탈고할 무렵 향년 65세로 세상을 떠 국립 5·18 민주묘지에 안장된 고영진 광주대 교수의 명복을 빈다. 고 교수는 규장각 직각直閣을 지낸 고정주高鼎柱의 5대손이고 고재욱(전 동아일보 회장)의 장손이다. 고정주는 개화기와 일제강점기 인촌의 삶에 큰 영향을 준 사람이다. 그는 을사늑약이 체결된 후 고향 창평에 내려와 상월정 영학숙英學塾과 창흥의숙昌興義塾을 설립해 수많은 인재를 길러냈다.

고영진 교수는 생전에 고정주에 관한 몇 편의 소중한 글들을 보내주었다. 필자들이 창평에 갔을 때는 그가 직접 만나는 것을 피해 전화 인터뷰를 주로 했는데 지금 생각해보니 건강 때문이었던 것 같다. 그가 조금 더 오래 살았더라면 고정주를 현양顯揚하는 데 힘을 보탰을 텐데 안타깝다.

수시로 자문에 응한 역사학자 이승렬, 죽산조봉암기념사업회 부회장 주대환, 전 고려대 총장 김병철 님에게 감사드린다. 연로한 김형석 명예교수, 인촌 5남의 처남 홍병표 님의 인터뷰는 이 책을 더 충실하게 만들었다.

인촌사랑방 회장 최영대 씨는 인촌이 공부한 곳을 함께 찾아다니며 열정적으로 지원했다. 그는 공직에서 물러난 후 인촌 현양, 원자력 발전 홍보 등 사회공헌 활동을 계속하며 인생 이모작 공무원의 롤모델을 제시하고 있다.

향토사학자이자 고창군수를 지낸 유기상 씨, 인촌리 만석꾼 정계량의 증손자 정운천 전 국회의원, 이병열 고창문화연구회 사무국장, 내소사 청련암 현각 스님, 김익남 시인, 김중규 군산근대역사박물관장, 이진원 전 군산문화원장, 채정룡 전 군산대 총장, 서동천 중앙고 교감, 이강필 중앙고 행정실장, 김준 경방 회장, 송완범 고려대 박물관장, 한용진 고려대 교육학과 교수, 서명일 고려대 박물관 대학기록실 차장도 이 책 집필에 도움을 주었다.

오랫동안 인촌을 연구한 김진경 전 동아일보 지식서비스센터장, 동아일보 도쿄특파원 이상훈, 사진과 책을 챙겨준 지식서비스센터 성광희, 인촌기념회 김영식, 장희율 씨에게 감사드린다.

자, 이제 인촌이 간 길을 따라서 역사여행을 떠나보자.

2025년 1월

황 호 택

차례

발간사   7

서문   11

**1부
희망의 길**

1. 인촌의 조부 김요협, 고창에 오다   25

만석꾼 정계량 사위가 된 장성 젊은이   29

인촌, 세 살 때 큰아버지의 양자로 들어가   34

양부는 육영사업, 생부는 이재 성공   37

고창읍성 공원에 김성수, 백관수 동상   39

인촌을 복권시키려는 후대들의 모임   43

2. 장인 고정주의 개화론은 인촌 사상의 뿌리   45

열세 살 신랑과 다섯 연상의 신부   49

의병장 고경명 장군의 후손들   54

창흥의숙 이은 창평초교에 고정주 역사관   57

3. 망국의 길에서, 내소사의 세 청년   63

줄포항 통한 미곡 수출량 매년 5만 석   66

인촌가, 줄포에서 쌀 무역으로 대지주가 되다   73

관직 이용해 수탈을 피한 대지주   75
'인촌 아내', '장손 며느리' 고광석의 희생적 삶   77

**2부
성장의 길**

4. 개항지 군산서 신학문 배우고 도쿄 유학길 오르다   81
제사 문제로 선교사 학교 못 들어가   82
나라의 주인은 임금이 아니고 백성   85
홍명희, 일본 유학길을 안내하다   90

5. 도쿄 유학 6년(1908~1914)   97
일본 관비 유학생의 근대화 공헌   98
호남의 지주 유학생이 실패한 관(官)을 대체   100
인촌과 고하의 일본 유학길   102
인촌, 송진우와 장덕수에 유학비 지원   104
도쿄 유학생들의 네트워킹   105
두 부친을 도쿄로 초청한 인촌   107

**3부
역사의 길**

6. 단식투쟁으로 인수한 중앙학교   115
단식투쟁으로 생부 설득한 인촌   119
화동에서 계동 1번지로 중앙학교 이전   122
퇴교생들의 보금자리 중앙학교   124
남이 안 하는 것을 해 보라   125
인간에 대한 관찰과 배려   126
민족의식이 담긴 무궁화와 인절미   128
조선말을 안 놓은 수업   129

7. 중앙고보와 북촌에서 일어난 3·1 운동　131
　중앙학교 숙직실 찾아온 도쿄 유학생 밀사　134
　한용운이 선언문을 썼더라면　138
　인촌 중앙학교 살리기 위해 줄포행　144
　근대사의 표지석 줄지어 늘어선 북촌　147
　북촌의 세대교체,
　　인촌과 천도교인·기독교인들의 이주　149

8. 간디의 물레에서 배운 경성방직　151
　경성직뉴 '우리의 광목' 최초로 생산　153
　면포 자급은 조선경제 독립을 위한 급선무　155
　민족정신 '태극성' 상표 빅 히트　158
　태극마크를 영어 'S'자로 둘러댄 상표 심사 통과　162
　여성도 공부해야 나라가 발전한다　165
　대한민국 상장기업 1호 경방의 변신　167

9. 조선민중 대변하는 한글 신문의 탄생　171
　창간사 "일제 통치 10년은 악몽이었다"　174
　조선 최초의 순직기자　177
　총독부 꼬붕 깡패 박춘금의 행패　178
　조선총독부 청사와 마주 보는 동아 신사옥　180
　중앙고보생들의 6·10 만세운동　181
　조선어학회에서 제정한 한글맞춤법을
　　앞장서 쓰다　183
　정부 없는 시대의 충무공 유적보존 운동　186

4부
가슴 뛰는 길

10. 3·1 만세 동참한 '옥중의 꽃' 이아주　　　191
　　공판 방청하다 감복해 필생의 반려자로 생각　　197

11. 민립 보성전문과 고려대학교　　　203
　　세계 최고수준 대학들을 시찰하다　　　204
　　하와이에서 만난 독립운동가 이승만　　　207
　　최초의 민간 고등교육기관 보성전문　　　208
　　웅장한 석조건물은 '겨레에 대한 격려'　　　211
　　본관 기둥에 새긴 무궁화 한 쌍　　　213
　　학교 간판 들고 송현동에서 안암동까지 행진　　　215
　　국보 보물 등 20여 점 갖춘 고려대 박물관　　　218
　　평양박물관에 간 인촌의 고미술품　　　220
　　손기정, 보전 입학 후 한 학기 다니고 중단　　　221
　　척식학교로 전락한 보전의 마지막 모습　　　223

12. 손기정 가슴에서 일장기 지우다　　　227
　　강제폐간 가는 마지막 게릴라전　　　231

13. 독립운동 하다 감옥 간 아들과 며느리,
　　딸 결혼식 안 간 인촌　　　237
　　일가족 세 명이 독립운동으로 감옥 가다　　　237
　　"나는 친일파요", 국민 애송 시인의 자조　　　243
　　친일파의 아들과 연애 결혼한 딸　　　245

20

5부
공선사후의 길

14. 반민특위와 친일진상규명위의 다른 판단   251
    장홍염 독립운동 자금 지원   252
    반민족행위 분류 기준   254
    이승만 행정부와 국회 반민특위의 반목   255
    친일반민족행위자 결정 및 서훈 취소   256
    엔도 정무총감 "인촌, 귀족원 작위 거부했다"   257
    도산 안창호의 비서 구익균 등의 증언   261
    인촌의 '매일신보 기고' 경위   263
    김대중 전 대통령의 특별 기고   266
    카터 J. 에커트가 밝힌 창씨개명의 진실   268
    주대환의 로동신문과 매일신보 비교   270
    역사학자 임종국, 카터 에커트,
        이승렬 등의 견해   272
    서재필 박사, '진짜 애국자' 인촌   274
    김형석, "동시대인의 평가 중요"   275
    굴욕을 견디며 지키려고 한 것은 학교였다   275

15. 공산화 막고 경제발전 이룬 농지개혁   277
    김일성을 영웅으로 만든 북한의 토지개혁   278
    '농지는 농민에게로', 공산당의 기만   282
    헌법학자 기근 속 유진오 헌법초안 작성   284
    남한 최대 지주가 공선사후로 농지개혁 밀었다   287
    인촌, 한민당 지주들 설득   293
    성공한 농지개혁이 경제발전 가져왔다   295
    농지개혁으로 교육인구 늘어 산업인력 제공   298

16. 한민당을 이끌고   301
 고하, 총독부의 치안권 이양 제의 거절   302
 '서울에 미군 진주한다', 미 공군기 전단 낙하   309
 한민당 결성, 송진우 수석총무 맡아   310
 한민당, 이승만 집 마련해 주고,
  임정에 9백만 원 전달   311
 고하 암살로 인촌 정치 나서   314
 이승만 정읍 발언 "남조선 단정 수 립해야"   317
 인촌, 조선민주당 이윤영에게 선거구 양보   319
 이승만 "이름만 대통령 할 생각 없다"   320
 북의 남침, 전쟁 발발   323
 트루먼, 확전 주장하는 맥아더 해임   325
 부통령 사임이유서   330
 자유당 일당 천하   337

6부
이별의 길

17. 범야 통합과 의회주의 전통 세우다   341
 야당 통합 촉발한 사사오입 개헌   343
 인촌 '조봉암 신당 가입' 밀다   348
 부르주아 없이 민주주의 없다   350

18. 애도의 물결 국민장   353
 이승만 조사 "큰 교육자에 애국지사"   358

인촌 김성수 연보   362
참고 문헌   364
저자 소개   368

1부

희망의 길

◦ 인촌의 조부 김요협、고창에 오다

◦ 장인 고정주의 개화론은 인촌 사상의 뿌리

◦ 망국의 길에서、내소사의 세 청년

인촌의 조부 김요협, 고창에 오다

한반도 지형은 백두산부터 지리산까지 백두대간을 따라 산줄기가 멈추지 않고 뻗어 나가는 모양이다. 높은 곳에서 내려다보면 산들이 파도처럼 밀려오고 밀려가는 형세다. 동해 쪽으로는 가도 가도 산 너머 산이다. 서해 쪽으로 산줄기가 낮아지면서 평야가 형성돼 있다. 그중 가장 넓은 곳이 전북특별자치도 서부에 있는 호남평야이다.

한국에서 호남평야는 지평선 끝까지 바둑판같은 논이 펼쳐진 유일한 곳이다. 미국이나 호주의 곡창지대와 비교할 수는 없겠지만 한반도 크기에 비해서는 널찍한 편이다. 호남평야에서 생산되는 곡물은 밀이나 옥수수가 아니라 쌀이다. 호남은 예로부터 한반도 최대의 식량창고였다. 이순신 장군이 친구에게 보낸 편지에서 '호남을 잃으면 나라도 없다'(약무호남 시무국가若無湖南 是無國家)라고 쓴 글에는 식량창고를 적에게 넘겨줄 수 없다는 굳센 의지가 담겨 있다.

25

전북 고창高敞은 전라남도와 함께 고인돌 유적이 한반도에서 가장 많은 지역이다. 벼농사와 정착 생활이 시작된 청동기시대의 도래와 함께 고인돌 문화가 나타났다. 고인돌을 세우려면 많은 인력을 동원해야 하니 그만큼 부와 권력이 필요했다. 쌀과 해산물이 많이 나는 바닷가 농사지대에 고인돌이 많이 남아 있는 것은 이런 연유다. 고창은 다양한 고인돌이 분포해 '고인돌의 수도'라는 자부심을 갖고 있는 고장이다.

서해안고속도로에서 선운산 나들목(IC)으로 내려와 부안면사무소 삼거리에 이르면 '인촌로'라는 도로표지판이 나타난다. 여기부터 선운사로 갈라지는 심원면 용선삼거리까지 12.5km 구간이 인촌로. 김성수는 고향 마을의 지명地名 인촌仁村에서 아호를 땄다. 서울 성북구는 관내에 있는 '인촌로'를 '고려대로'로 바꾸었는데, 고창은 '인촌로'라는 도로표지판을 그대로 유지하고 있었다. 유기상 전 군수는 일부 단체들이 인촌로의 도로명 변경을 요구했으나 "인촌은 고창군의 지명이기도 하니 주민 뜻을 존중해야 한다"고 대응했다. 2018년 실시한 주민 여론조사에서 응답자의 70%가 "인촌로라는 이름을 그대로 유지해야 한다"고 답했다고 한다.

인촌로가 인촌마을 앞에 이르면 '인촌안길'이라는 표지판과 만난다. '인촌 김성수, 수당 김연수 선생 생가'라는 안내판과 나란히 걸려 있다. 마을 입구에 통유리를 한 현대식 정자는 이름이 인촌정仁村亭이다. 정자 왼쪽 소나무는 수령이 265년(2024년 기준)이고 오른쪽 느티나무는 232년이다. 인촌의 조모인 정씨 부인(1831~1911)이 태어나

고창 부안면 인촌리 인촌 생가. 기중 · 경중 형제 집이 한 울타리 안에 있었다. ⓒ 이승기

인촌마을 버스징류장 옆의 인촌안길 표지판과 생가 안내판.

기 훨씬 전에 심어진 나무들이다.

인촌마을은 줄포만을 사이에 두고 북쪽으로 변산반도를 마주 보고 있다. 줄포만은 변산반도와 선운산 사이로 비집고 들어와 흥덕까지 와서 멈춘다. 인촌리 선운포 사람들은 바닷물이 빠지는 간조 때면 갯벌에 나가 줄포까지 걸어서 건너다녔다. 주민들은 갯벌에서 조개를 캐고 물고기를 잡았다. 어물과 소금이 분주하게 드나들던 선운 포구는 간척공사로 매몰되고 지금은 그곳에 기름지고 너른 땅이 펼쳐져 있다.

만석꾼 정계량 사위가 된 장성 젊은이

매봉 자락에 자리한 인촌마을은 붉은 흙이 드러나는 황토지대다. 이 마을에 정계량鄭季良이라는 영일 정씨 만석꾼이 살았다. 어느 날 저녁 어스름에 김요협이라는 젊은이가 찾아들었다. 옛날에 여관이나 객사가 없는 시골 마을에서는 길손들이 부잣집 사랑에서 묵어갔다.

김요협金堯莢, 1833~1909은 인촌리에서 가까운 선운포와 장성을 오가며 소금 매매를 했다. 그는 호남의 거유巨儒 하서 김인후의 11대손이었으나 가세가 기울어 소금 장사로 생계를 꾸렸다. 그는 힘이 장사였다. 선운포에서 소금 가마니를 지게에 얹고 질마재 고개를 넘어 장성까지 갔다. 사리분별이 분명하고 언변이 좋다고 근동에 명성이 높았다.

선운포 가까이에 바닷물을 졸이는 전통 방식으로 소금(자염煮鹽)을 굽는 사등沙嶝마을이 있었다. 삼국시대에 선운사를 창건한 검단선사가 선운사 계곡의 산적 무리를 교화하고 생계수단으로 소금 굽는 방법을 전수한 것을 계기로 마을이 형성되었다고 전한다. 소금의 생산과 판매가 활발하게 이루어져 마을이 부유해지자 검단선사의 은공을 기려 선운사에 보은염報恩鹽을 시주하게 되었다. 갯벌에 판 염정鹽井에서 염도가 높은 바닷물을 퍼내 솥에서 졸이는 자염은 해방 후 삼양사가 고창군 해리면에 대규모 천일염전을 조성하면서 생산이 중단됐다.

김요협이 사랑에 든 날 밤 안채에 자던 정계량이 용꿈을 꾸었다. 커다란 용이 꿈틀거리며 하늘로 올라가는 꿈이었다. 계량은 하인에게

선운산 자락에 있는 김요협 공 묘소의 재실.
민속학적 가치가 높은 재각은 실화로 불타고 지금은 솟을대문과 주춧돌만 남아 있다.

사랑에 누가 왔나 알아보라고 했다. 하인이 젊은 소금장수가 와서 자고 있다고 말했다. 다음 날 조반을 같이하며 만나보니 기골이 장대하고 똑똑하고 집안 내력이 좋았다.

계량에게는 무남독녀無男獨女 외동딸이 있었다. 만석꾼은 요협을 사윗감으로 지목하고 사람을 놓아 요협의 부친 명환命煥과 만나 혼담을 성사시켰다. 요협은 외동딸을 가까이에 두고 싶은 장모의 간청에 따라 처가가 있는 인촌리에 와서 살림을 차렸다. 데릴사위였다.

만석꾼 외동딸한테 장가든 요협은 거부巨富를 물려받을 수도 있었지만 그러지 못했다. 계량이 조카를 입양해서 대를 잇게 했기 때문에 재산의 큰 몫이 양자에게로 갔다. 요협은 가난한 선비의 3남으로 분가한

ⓒ 황호택

부안면 소요사 대웅전과 범종각.

데다 처가에서 받은 재산도 많지 않아 젊은 시절에는 힘들게 살았다.

요협의 장모가 외동딸의 생활이 어렵지 않도록 얼마간의 전답을 주었다. 정씨 부인은 근검절약하면서 친정에서 받은 농토의 소작료를 알뜰히 모아 논을 사서 살림을 키웠다. 정씨 부인은 이웃에 있는 친정을 자주 드나들었고 정씨 가문의 위세가 가산을 늘리는 데 힘이 되었다.

요협의 큰 아들 기중祺中은 결혼한 지 여러 해가 되어도 자녀가 없었다. 둘째인 경중暻中과 부인 장흥 고씨(1862~1938) 사이에는 아들 셋이 있었지만 태어난 지 얼마 안 되어 차례로 죽었다. 영아 사망률이 높던 시절이다.

경중과 고씨 부인은 승려의 말을 따라 흥덕 소요암(나중에 소요사)

에서 불공을 드렸다. 절에서 고씨 부인은 태몽을 꾸었다. 개천에서 한 뼘만 한 새우들을 잡아 치마폭에 담아 둑에 올라와 보니 길이가 석 자가 되는 잉어였다. 이후 태기가 있어 1891년 10월 11일 인촌이 태어났다. 아이는 잔병도 없이 잘 자랐다.

소요사 아래 절벽에는 '金暻中(김경중)'이라는 암각문嵌刻文이 있다. 셋이나 아들을 잃은 뒤 자식을 얻은 기쁨에 소요사 절벽 아래에서 구로회九老會라는 친목계 모임을 갖고 석공을 시켜 바위에 이름을 새겼다. 한시도 읊고 창도 하는 선비들의 모임이었다. '경중'은 큰 글씨로 새기고 다른 회원들의 이름은 작은 글씨여서 경중이 회장을 한 듯하다. 회원 수가 10명을 넘었다. 구九에는 많다는 의미도 담겨 있다.

인촌 생가의 본채 안방에는 할머니 정씨 부인이 쓰던 베틀이 보존돼 있다. 정씨 부인은 살림이 어려웠던 신혼 때나 천석꾼 부자가 됐을 때나 쉬지 않고 베를 짰다.

정씨 부인의 백결百結(백 군데나 기웠다는 뜻) 바지 일화는 문중에 지금까지 전해 내려오고 있다. 정씨 부인은 시집올 때 단속곳 바지를 한 벌 해왔다. 그 단속곳 누비바지를 죽을 때까지 입었다. 단벌 바지를 해지면 깁고 또 해지면 기워서 '백결 바지'라는 이름이 붙었다. 살림이 넉넉해지고 요협이 화순和順 현감 벼슬을 하게 되어 "이제 그만 새 바지로 바꾸구려"라고 했지만 새로 마련한 바지는 깊이 묻어두고 여전히 백결 바지로 살았다.

겨울에 사랑에서 공부하는 요협의 방은 군불을 때 온기가 있었지만 안방은 땔감을 아끼느라 냉기가 돌았다. 정씨 부인은 논밭일을 하면서도 잠시도 쉬는 틈이 없었다. 겨울에는 베짜기, 여름에는 길쌈을 했다. 정씨 부인의 근검절약 기풍은 김 씨 문중을 일으켜 세운 원동력이 되었다.

ⓒ 김재극

정씨 부인이 베를 짜던 베틀.

인촌 생가에도 검소함의 흔적이 곳곳에 남아 있다. 집의 뼈대를 이룬 목재에 통나무를 쓰지 않고 토막나무를 이어 붙인 흔적이 보인다. 두 목재의 끝을 요철(凹凸) 모양으로 깎아 끼워 넣었다. 천석꾼 소리를 들었는데도 집을 지을 때 이렇게 물자를 아낀 것이다.

일제가 행정구역을 개편하면서 '고창군'이 됐지만 원래 주소지는 전라도 '고부군' 부안면 인촌리이다. 주소만 보면 군수 조병갑의 세금 수탈로 동학농민전쟁이 일어난 바로 그 고부古阜다. 그러나 부안면은 행정구역으로는 고부군에 속하지만 고부군역郡域 내에 있지 않았다. 고부에서 줄포만과 흥덕군을 건너서 위치하기 때문에 비지飛地 또는 월경지越境地라 불렸다.[1]

향토사학자인 유기상 전 고창군수는 "선운포에서 거두는 어염세漁鹽稅가 커서 부안면이 오래도록 고부 직할로 남아 있었다. 그러다가 일제가 1914년 행정구역을 개편하면서 고부군을 쪼개 정읍, 부안, 고창에 나누어 줄 때 부안면은 흥덕과 함께 고창에 편입했다"고 설명했다. 일제가 고부군을 없애버린 것은 동학농민전쟁 이후 고부군의 저항이 거셌기 때문이라고 한다.

내조로 일으킨 재력에 힘입어 요협은 후일 화순, 진안, 군위 세 고을의 수령을 지냈다. 그리고 정씨 부인과의 사이에서 기중, 경중 두 형제를 두었다. 형 기중은 친탁했고 아우 경중은 외탁했다고들 했다.

기중과 부인 전주 이씨에게는 대를 이을 후사가 없어 세 살 된 인촌이 양자로 가게 되었다.《경국대전》은 세 살 이전에 거두어 같이 사는 자식을 수양자收養子라 하고, 네 살 이후에 수양한 자식은 시양자侍養子라고 구분했다.

인촌, 세 살 때 큰아버지의 양자로 들어가

인촌이 세 살 때 큰아버지의 양자로 간 것은 고창에서 자리 잡은 울산 김씨 가문의 적장자嫡長子가 된다는 의미였다. 인촌이 양자로 간 뒤에 3년 만에 경중이 연수秊洙를 낳아 기중은 경중에게서 인촌을 데려온

---

1   김용섭(2020),《한국근대농업사연구》, 178쪽.

미안함이 덜해졌다. 기중은 아들을 얻으려고 소실도 두었다. 연수가 태어난 지 3년 뒤에는 소실에게서 재수라는 친자親子를 낳았다. 그렇지만 적서嫡庶가 유별有別한 시대 분위기에서 인촌의 적장자로서의 위치는 흔들림이 없었다.

인촌은 큰집에 양자로 갔다고는 하나 생부모를 그리워하는 외로움은 모르고 자랐다. 인촌리에서나 나중에 이사 간 줄포에서나 5~6백평 되는 한 울타리 안에 큰집과 작은집이 함께 있었기 때문이다. 솟을대문이 있는 행랑이 두 집의 경계를 이루었다.

생모는 어린 인촌이 생가에서 자려고 하면 "여기는 너의 집이 아니다"라며 큰집으로 보냈다. 인촌이 장성한 후에 공과 사를 철저히 가리게 된 것은 어린 시절의 이런 가풍에서 나왔다고 한다.

인촌리 출신 정운천 전 국회의원은 정계량이 증조부이고 요협의 아내인 정씨 부인이 대고모다. 인촌네가 줄포로 이사간 뒤에 정 의원의 아버지 종원이 인촌 생가를 관리하며 살았다. 종원의 형제와 사촌들이 모두 일본 유학을 했는데 종원 등 두 명만 빼고 좌익에 물들어 귀국하면서 만석꾼 살림이 기울었다. 정 의원의 부친인 종원은 인촌의 뒤를 따라 우익이 됐다.

경중 내외는 안채의 안방에서 태어난 아들 셋이 모두 일찍 죽자 안방을 피해 바로 붙어 있는 비좁은 골방에서 인촌을 출산했다. 정 의원도 아버지의 뜻에 따라 인촌이 태어난 안채의 골방에서 첫 울음소리를 냈다. 그는 인촌과 같은 방에서 태어났으니 "인촌 같은 큰 인물이 돼야 한다"는 말을 아버지로부터 귀에 못이 박히도록 들었다.

인촌 생가 솟을대문 앞에서. 왼쪽부터 김영목 고창군 재향군인회 회장, 이진강 인촌기념회 이사장, 정운천 의원, 황호택 교수, 유기상 전 고창군수, 최영대 인촌사랑방 대표.

그는 삼수를 해 인촌이 설립한 고려대의 농경제학과에 들어갔다. 정 의원은 키위(참다래) 농사로 성공해 이름을 얻으면서 이명박 정부의 초대 농림수산식품부 장관이 됐으나 광우병 촛불 시위 바람에 단명에 그쳤다. 그 뒤 국회의원을 두 번 지냈다.

인촌 생가 앞마당에는 사철 물이 끊이지 않는 샘물 진응수進應水가 나온다. 풍수쟁이들은 진응수가 솟는 집터가 길지吉地라 삼정승이 나올 거라는 말을 했다. 김성수 부통령, 조카인 김상협 국무총리에 이어 윤석열 정부에서 한때 정 의원이 호남 몫으로 총리 물망에 오르내려 삼정승 신화가 실현되나 싶었는데 아직 그 풍수는 이뤄지지 않았다.

인촌 생가는 북향北向이다. 대부분의 집들은 겨울에는 따뜻하고 여름에는 시원한 남향南向으로 앉는다. 김세용 고려대 건축학과 교수는

"인촌 생가는 북향인데도 큰 인물이 많이 나와 건축학계의 연구 대상"
이라고 말했다.

요협은 장남 기중에게 천 석, 차남 경중에게 2백 석을 추수할 수 있
는 농지를 물려주었다. 장남과 차남 사이에 차이가 이렇게 많은 것은
장자손을 우대하는 적장자 상속 제도에 따른 것이었다. 적장자를 존
중하는 전통은 한국인에게는 가족제도의 근본이념에 가까웠다.

양부는 육영사업, 생부는 이재 성공

인촌의 양부 기중은 줄포에 영신학교를 세워 육영사업育英事業을 벌였
다. 기중은 장손으로서 집안을 관리하며 인촌의 육영사업을 이해하
고 그 뒤를 받쳐주는 데도 앞장섰다. 그가 관직에 있을 때부터 스스로
좌우명으로 삼고 집안 자제들에게 지키게 한 가훈에는 네 조목條目이
있다.

- 일을 대할 때에 공정광명公正光明을 잊지 말고,
  사람을 대할 때에 춘풍화기春風和氣로써 하라.
- 양입계출量入計出이면 민부국강民富國强이니 명심하라.
- 자기에게 후厚한 자는 타인에게 후할 수 없다.
- 생활에 규도規道를 세우고, 조선산朝鮮産을 사랑하라.

인촌의 생부 경중은 학문과 이재理財에서 두루 뛰어난 자질을 갖추었다. 부친으로부터 물려받은 땅은 형의 5분의 1인 2백 석지기에 불과했지만 이를 1만 5천 석 소출의 땅으로 늘렸다.

경중은 근검절약이 몸에 밴 사람이었다. 1920년대 후반 아들을 따라 서울에 살 적에 귀향할 때마다 기차의 삼등칸을 고집했으며 정읍역에서 줄포까지 30리 길을 걸어서 다녔다.[2]

소부小富는 바지런하고 검소하면 이룰 수 있지만 거부巨富는 경제동향을 관찰하고 이를 활용하는 경영자의 자질을 갖춰야 한다. 국어학자로 한때 경성방직에서 근무하면서 경중을 가까이서 지켜봤던 일석 이희승이 경중의 저서《지산유고芝山遺稿》서문에 이렇게 소개했다.

1차 세계대전 중에 일반 물가가 등귀해 쌀값이 좋은 시세를 보여 농촌도 일시나마 매우 윤택했다. 이때 선생은 매년 수천 석 추수를 팔아 은행에 장기저축으로 예치했다. 주변 사람들이 그것으로 토지를 매입하기를 권고 또는 간청했으나 선생은 중론을 물리치고 저축을 몇 해 계속했다. 1918년 말경 세계대전이 종결을 고하면서 경제 공황이 급습해 많은 거상들이 일시에 문을 닫고 곡가도 물가도 급격히 하락했다. 선생은 지가가 떨어진 다음에 비로소 토지 구입에 착수했다. 그리하여 곡가 등귀 시에 살 수 있었던 농지의 네댓 배를 구입할 수 있었다.

---

2   수당김연수선생 전기편찬위원회(1996),《한국 근대기업의 선구자》, 29쪽.

경중은 조선 역사에도 공부가 깊었다. 그는 1907년 고창의 유학자 김노수金魯洙의 도움을 받아《조선사朝鮮史》편수에 착수했다. 20년 가까운 기간 정성을 쏟아 17권의《조선사》를 완간해 이 전집을 각급 학교와 서원, 그리고 유지들에게 무상으로 나누어 주었다. 그는 수많은 시문을 남겨 고리짝으로 두 궤짝 정도나 됐지만 6·25 전쟁 때 불탔다. 후손들이 화재에 살아남은 시문으로 1966년《지산유고》(전 3권)을 간행했다.

고창읍성 공원에 김성수, 백관수 동상

고창은 고려 말 이래로 줄포만을 통해 왜구의 침입이 빈번했던 지역이다. 고창읍성은 성벽에 새겨진 명문(癸酉所築監董宋芝玫)과《신동국여지승람》기록에 비추어 1453년(단종 1년) 축성된 것으로 추정된다. 고창읍성 성벽에는 축성에 동원된 전라도의 옥구, 담양, 제주 등 19개 군현과 감독관의 이름이 남아 있다. 공사 실명제다.

고창읍성은 낙안읍성이나 해미읍성처럼 평지에 쌓지 않고 고창 남산의 지형과 산세를 최대한 이용했다. 자연석을 높이 쌓은 석성이 주위 경관과 어우러져 아주 아름답다. 고창읍성은 성 주위로 흐르는 고창천을 큰 해자垓字로 보고 축성한 듯하다. 고창읍성은 모양성牟陽城이라고도 불린다. 고창의 백제시대 지명 모양부리현牟陽夫里縣에서 유래됐다.

자연석으로 쌓은 고창읍성은 성곽이 아름답다.

고창읍성 가까운 공원에는 이 고장이 낳은 인촌 김성수와 근촌 백
관수의 동상이 서 있다. 근촌은 1919년 도쿄 2·8 독립선언을 주도했
고 제헌국회 법사위원장을 지냈다. 1983년 고창군민 수천 명이 모금
에 참가해 두 동상을 세웠다. 설립 후 40년간 고창군민들의 사랑을 받
으며 오롯이 보존되고 있다. 동상 앞 석비에는 이 고장 출신인 미당未堂
서정주徐廷柱가 쓴 〈두 분의 동상을 모시면서〉라는 글이 새겨져 있다.

무릇 한 고을이나 나라에 살아 있는 사람들이 잘 되자면 저 훌륭한 옛 어
른들의 남기신 뜻을 골라 그 마음에 잘 이어가는 데 달리는 것이니 우리

는 여기에 마음을 써서 20세기에 이 고을이 낳은 가장 큰 별이었던 두 어른 인촌 김성수 선생님과 근촌 백관수 선생님의 사셨을 때의 정신과 하신 일들을 본보기로 삼고자 여기에 두 분의 모습을 새겨 세워서 이제와 뒷날에 끝이 없이 전하는 바이다.

짧은 글이지만 미당의 글맛이 살아 있다. 미당의 아버지는 인촌리 바로 옆 동네에 살며 인촌 집안의 토지를 관리하는 마름이었다. 미당은 동아일보 문화부장을 지냈다. 부자 2대에 걸친 인연이다. 미당의 고향 마을에 있는 '미당 시문학관'은 미당으로부터 직접 배운 미당 연구자인 윤재웅 동국대 총장이 "지방 캠퍼스처럼 관리하겠다"며 고창군으로부터 위탁을 받아 동국대가 관리한다. 시문학관에는 미당의 오점汚點인 친일 시詩도 함께 전시하고 있다.

고창읍성 공북루拱北樓 옆에는 판소리의 셰익스피어로 불린 동리桐里 신재효申在孝 생가와 판소리 박물관이 있다. 신재효의 부친 신광흡申光洽은 본래 서울에 살면서 고창현高敞縣의 경주인京主人 직을 맡았다. 경주인은 중앙과 지방관청의 연락 사무를 맡기기 위해 지방 수령이 서울에 파견한 아전이다. 그는 후일 고창으로 이주해 관약방官藥房을 차려 상당한 재산을 모았다.

대를 이어 고창현의 아전을 했던 신재효는 판소리의 후원자·교육자·작가·이론가로서 활약했다. 〈춘향가〉, 〈심청가〉 등 판소리 여섯 마당의 사설을 개작해 작품 전반에 걸쳐 체계적 구성을 갖추었다. 아버지로부터 물려받은 넉넉한 재력으로 판소리 광대들의 생활을 돌보

고창읍성 옆 공원에 있는 인촌 김성수 동상.

ⓒ 황호택

아 주면서 판소리를 가르쳤다. 한국 최초의 여류명창 진채선도 신재효의 제자였다. 진채선 이전에는 남자가 아니면 판소리를 할 수 없었다. 진채선은 이름이 알려지자 경복궁의 낙성식에 불려갔다가 대원군의 사랑을 받으면서 내려오지 않았다. 자염을 생산하는 사등마을에 진채선의 생가 터가 있다.

기중과 경중은 자택에서 소리 자리를 가끔 마련했다. 국창 정정열과 박녹주가 춘향가를 완창할 때 국가무형문화재 김소희(1917~1995)는 전수학생으로 따라왔다. 춘향가를 완창하는 데 17시간이 걸렸다. 기중과 경중은 마을 사람들이나 자제들과 함께 밤새워 듣곤 했다. 박초월은 인촌이 〈육자배기〉 노래와 〈심청가〉 중에서 뺑덕어미 노래도 가끔 했다고 회고했다.

인촌을 복권시키려는 후대들의 모임

2019년 7월 17일 제헌절에 고창 문화의 전당에서 김형석 연세대 명예교수와 백완기 고려대 명예교수가 인촌 정신에 관한 강연회를 열었다. 그해 100세였던 김 교수는 서울에서 출발해 하루를 대전에서 자면서 휴식을 취하고 다음 날 고창에 도착해 강연했다.

이날 강연에 청중이 400여 명 참석했다. 이들 중 140명이 최영대 대표를 중심으로 '인촌사랑방'이라는 모임을 만들어 인촌 정신을 알리고 인촌의 복권復權을 위한 활동을 펴나가고 있다.

조강환 위암장지연선생 기념사업회장은 조부 때부터 내려오는 한옥 경운장耕雲莊을 인촌 사랑방 회원들에게 내줘 인촌 관련 책과 문서들을 전시하며 여러 용도로 활용할 수 있도록 했다. 조 회장은 고창에서 태어나 중앙고와 고려대를 졸업하고 동아일보에서 30년 넘게 근무했다.

인촌사랑방은 3·1절에는 책원지策源地인 중앙고교에서, 제헌절에는 대한민국 헌법초안이 만들어진 계동 인촌 고택에서 기념식을 갖는다. 인촌의 탄신일(10월 11일), 서거일(2월 18일)과 광복절(8월 15일)에는 고창에서 인촌을 기리는 행사를 한다.

장인 고정주의 개화론은 인촌 사상의 뿌리

1903년 고정주(1863~1933)의 큰딸 광석光錫과 당시 열세 살이었던 인촌이 혼인했다. 광석이 다섯 살 연상이었다. 신부가 신랑보다 나이가 대여섯 살 정도 많은 조혼早婚은 자손을 빨리 보려고 생긴 풍습이다. 의료 수준이 낙후했던 시대에는 후계자가 갑작스런 병으로 죽을지 모르기에 가능한 일찍 자손을 남길수록 가문 유지에 유리했다.

고창군 부안면은 전봉준이 1894년 동학농민전쟁을 일으킨 본거지 고부와 인접해 있었다. 전쟁이 확산되자 인촌 집안은 대지주인 데다 기중과 경중이 관직에도 나간 터라 피해를 우려해 일가족이 인촌을 데리고 창평으로 피란했다. 인촌의 생모 장흥 고 씨는 창평 출신이다.

인촌의 부모는 그때부터 창평이 '인심이 좋아 화를 피할 수 있는 곳'이라는 인식을 갖게 됐다. 그래서 인촌이 네댓 살 적부터 외가인 창평 삼지내마을에 보내 키우다시피 했다.

창평면사무소는 창평현청이라는 편액을 달고 있다

　고정주는 일찍부터 삼지내 외가에서 어린 시절을 보내는 인촌을 눈
여겨보다 사위로 삼았다.[1] 딸에게는 한문 이름을 안 지어 주던 시절이
었는데도 돌림자인 '광光' 자를 써서 아들 같은 이름을 작명한 것으로
보아 고정주는 여권女權에 눈을 일찍 떴던 모양이다.

　삼지내마을은 창평현의 현청 소재지가 있던 곳이다. 만덕산에서
흘러 내려온 물줄기가 고택이 즐비한 마을 안길 흙돌담 사이로 흐른
다. 삼지내는 아시아 최초로 '슬로시티'로 지정되어 연중 관광객이 끊
이지 않는다. 지금은 행정구역으로 담양군 창평면이 됐는데도 창평면
사무소 한옥 건물은 세월을 잊은 듯 昌平縣廳(창평현청)이라는 편액
을 달고 있다.

1　〈월간 예향〉(1993년 3월호)에 광주일보 이재의 기자가 쓴 "호남 근대교육의 선구자
　고정주"에서 인용. 고정주의 손자 재욱(동아일보 사장 역임)의 비서를 했던 고재건은
　"동학농민전쟁 때 인촌 집안이 창평에 피란했던 적이 있었다"고 고정주의 딸과 인촌
　의 혼인 경위를 말함.

삼지내마을은 큰 부를 이룬 지주나 양반들이 터를 잡고 살던 마을이다. 을사늑약으로 국권을 상실한 시기에 창평현을 중심으로 강력한 의병운동이 일어나자 1914년 조선총독부가 행정구역을 개편할 때 창평현을 없애고 담양군에 통합해버렸다.

삼지내마을은 상삼지내, 삼지내, 하삼지내 세 마을로 나뉜다. 인촌의 처가인 고정주 가옥은 전라남도 민속문화재로 안채 7칸에 누각이 있다. 고방이 5칸이나 된다. 대청에는 여름이면 두 짝씩 접어서 들어올려 트인 공간을 만드는 분합문分閤門이 달려 있다. 외지에 사는 후손과 담양군이 매매에 합의하지 못해 마당에는 사람 키 높이의 개망초가 숲을 이루었다. 이 집을 살려내고 바로 옆 공터에 고정주 기념관을 세운다면 좋은 관광자원 겸 교육자원이 될 것 같다.

가까이에 있는 고재욱 가옥은 손자 재욱이 첫아들을 얻자 고정주가 증손자를 본 것을 기념해 지어준 유서 깊은 한옥이다. 안채 마당에는 소나무와 철쭉, 영산홍이 봄이면 활짝 핀다.

인촌의 외가도 세 마을 중 하나일 텐데 130년 세월이 흐르는 사이에 후손들이 모두 고향을 떠나 근동 사람들에게 수소문해 보아도 연락이 닿지 않았다.

인촌이 담양 처가에 초행初行을 했을 때의 일이다. 처가 근처 냇물에서 동네 아이들이 옷을 벗고 물장난을 하는 것을 바라보던 신랑은 새 옷을 입은 채로 물에 텀벙 뛰어들었다. 열세 살이면 말이 신랑이지 개구쟁이 소년티를 벗지 못한 나이였다.

고정주가 증손자를 얻은 것을 기념해 손자(고재욱)에게 지어준 한옥.

　　인촌마을에서 참새들은 초가지붕 밑에도 둥지를 틀었다. 인촌은 동네 친구들과 낮에 참새 둥지를 보아두었다가 밤이 저물기를 기다려 지붕 밑으로 손을 넣어 참새를 잡았다. 밤늦도록 참새를 잡으러 다니는 바람에 집안 식구들이 인촌을 찾아 나선 일도 있었다. 인촌이 물동이를 이고 가는 동네 처녀들 댕기를 잡아당기는 장난을 쳤다는 이야기도 전해진다.

열세 살 신랑과 다섯 연상의 신부

장난꾸러기도 이제 장가를 들었으니 신랑으로서 체모를 지켜야 했다. 처가에 있을 때 바느질하던 부인의 인두가 신랑의 손에 닿아 화상을 입었다. 집에 돌아와 부모에게 "제가 실수해서 그랬다"고 다섯 살 위인 부인을 감싸주었다.

인촌은 일곱 살 때부터 서당에서 한문을 배우기 시작했지만 열여섯 살이던 1906년 봄에는 창평 처가에서 신학문을 접했다. 장인 고정주는 시대를 앞서나간 개화파 지식인이었다.

고정주는 22세 때인 1884년 복시覆試에 합격했고 이듬해에 진사시進士試에 붙었다. 1891년 실시된 증광시增廣試에서는 문과文科 병과丙科에 입격했다. 그는 규장각 직각直閣 겸 황자전독皇子典讀이라는 벼슬도 했다. 규장각 직각은 규장각에 보관된 각종 서적과 왕실 문서들을 관리하는 자리로 지금의 국립중앙도서관장에 해당한다. 황자전독은 황태자에게 각종 경전을 가르치는 임무였다. 그러다 보니 의친왕 이강(1877~1955)의 비서실장까지 맡게 됐다.

역사의식과 근대화에 관한 인촌의 생각이 형성되는 데는 두 부친과 장인의 영향이 컸다. 그런 면에서도 인촌은 본가와 처가 복을 함께 받은 행운아였다.

한국농촌경제연구원이 간행한 〈일제하 대지주 명부〉[2]에 따르면 고

---

2   한국농촌경제연구원(1985), 〈농지개혁사 편찬 자료: 농지개혁시 피분배지주 및 일제

정주가는 창평 제일의 부자였다. 고정주의 장남 고광일의 농지가 6,780
마지기였고 고정주의 친동생 고하주의 농지는 5,955마지기였다.

재력에서는 인촌의 본가가 처가보다 윗길이었지만 벼슬에서는 처
가가 윗길이었다. 고정주가 역임했던 규장각 직각과 황자전독은 모두
경복궁 등 궁궐에서 일하던 경관직京官職이다. 요협과 그의 아들 둘은
과거에 합격하지 않고 군수, 현감 같은 지방관아의 수령으로 외직外職
을 지냈다.

생부 경중은《조선사》와《지산유고》를 남겼다.《지산유고》3권의
〈오도입문吾道入門〉은 10년 만에 탈고한 글로, 유생이 지켜야 할 도리를
서술한 역작으로 평가받는다. 인촌은 생부에게서 역사의식을 깨우치
며 성리학을 공부했고, 장인을 통해서는 세계사적 흐름과 신지식을
배웠다.

고정주의 현손(고손자)이자 고재욱의 맏손자인 고영진 전 광주대
교수가 작성한 고조부의 장서목록을 보면 당시 개화파 지식인들이 탐
독하던 책이 망라되어 있다.

태서신사람요(泰西新史攬要, 학부 편집국3 간행, 1897)

하 대지주 명부〉
3   학부(學部)는 조선 말기 학무행정(學務行政)을 관장하던 중앙관청으로 소속 관청으
    로 대신관방(大臣官房)·학무국(學務局)·편집국(編輯局) 등이 설치되었고, 관상소
    (觀象所)·성균관(成均館)·사범학교·중학교 등을 부속기관으로 관할하였다.(한국민
    족문화대백과사전)

만국약사(萬國略史, 학부 편집국 간행, 1895)

중동전기(中東戰記, 1899)

중등만국지지(中等萬國地誌, 주영환·노재연 번역, 학부 편집국 간행, 1902)

음빙실 문집(飮氷室 文集, 양계초 지음, 1902)

만국공법 요략(萬國公法要略, 상무인서국商務印書局 간행, 1903)

애급 근세사(埃及近世史, 박은식 지음, 1905)

진명휘론(進明彙論, 이종태 지음, 1905)

월남망국사(越南亡國史, 현채玄采 번역, 1906)

동서양역사(東西洋歷史, 현채 번역, 1907)

오위인 소역사(五偉人小歷史, 이능우 번역, 1907)

외교통의(外交通義, 안국선 번역, 1907)

세계식민사(世界植民史, 이채우 번역, 1908) (연대순)

1900년대에 고정주는 유학을 기반으로 신문물을 도입해 나라를 부강하게 할 것을 주장하는 동도서기론東道西器論적 입장으로 사상을 발전시켰다. 김윤식 등이 주창한 동도서기론은 전통적 제도와 사상은 지키되 근대 서구적 기술은 받아들이자는 개화사상이다. 고정주는 특히 청淸의 양무洋務운동에 영향을 받아 청나라를 통한 신문물의 도입에 관심을 보였다.[4]

고정주는 이러한 책들을 통해 얻은 근대적 지식을 영학숙英學塾과 창흥의숙昌興義塾에서 가르쳤다. 인촌이 신지식을 갈구하면서 실력양성

---

4   고영진(2013), 〈담양 천년 역사인물 조형물 건립계획 및 활용에 관한 연구〉.

고정주가 벼슬을 버리고 고향 창평에 내려와 영학숙을 개설한 상월정.

에 의한 구국운동으로 나아간 데는 장인 고정주의 이러한 개화사상의 영향이 큰 것으로 보인다.

고정주는 을사늑약(1905)이 맺어지자 다음 해 4월 벼슬을 버리고 낙향했다. 고향 창평에 돌아와 벌인 첫 사업이 서울에서 신학문 교사를 데려와 상월정에 학당을 차린 것이다. 고려시대에 대자암이라는 절이 있었던 상월정은 천 년의 역사를 지닌 공부방이었다.

상월정의 첫 학생은 둘째 아들 고광준과 사위 김성수 그리고 송진우, 현준호, 김시중 등이었다. 학당 이름은 영학숙, 이름 그대로 영어와 신학문을 가르치는 곳이다. 교사로 귀화인 이표李漂를 서울에서 초빙했다. 이표는 영어·일어 등 외국어뿐 아니라 수학·역사·지리·체육까지 잘하는 만능교사였다.

고하古下 송진우는 17km 가량 떨어진 담양군 고지면 손곡리 출신이었다. 송진우의 아버지가 고정주와 친분이 있어 영학숙에 오게 됐다.

담양군 금성면에 있는 송진우 생가.

　여기서 만난 김성수와 송진우는 입술과 이의 관계 같은 평생 동지
가 됐다.

　그러나 나라가 망해가는 것에 분노하던 고하 송진우는 "우물 안의
개구리"라는 말을 남기고 영학숙에 온 지 6개월 만에 상월정을 떠났
다. 고하는 황성신문, 대한매일신보 등의 사설을 오려 품속에 넣고 다
녔다. 그는 장지연이 황성신문에 쓴 시일야방성대곡是日也放聲大哭을 읽
으며 눈물을 뿌리고 비분강개했다.

　고광준은 1906년 중국 상하이로 유학갔다. 중국에서 세계의 신지
식을 배우라는 고정주의 뜻이 담긴 유학이었다.

　인촌은 도반道伴 둘이 떠나니 산속에 혼자 남아 있을 수 없었다. 그
해 초겨울 인촌리로 되돌아왔다. 동복(화순) 군수 벼슬을 버리고 고향
에 돌아와 있던 기중은 인촌에게 "창평에서 얻은 것이 무엇이냐?"고

물었다. 인촌은 친구를 하나 얻었다고 대답했다.

"담양 손곡마을에 사는 송진우라는 아이인데, 기개와 포부가 시골에 묻어두기에는 아까웠습니다. 공부는 그저 그러합니다마는 그릇은 저보다 일일지장一日之長이 있었습니다."

기중이 "그 아이는 너를 어떻게 보느냐"고 묻자 인촌은 "아마 부잣집 아들치고는 말이 통한다고 생각하는 것 같았습니다"라고 답했다.[5]

의병장 고경명 장군의 후손들

삼지내마을에서 월봉산 쪽으로 2km 가량 가면 유천柳川마을이 나온다. 이곳에는 1592년 임진왜란 때 금산 전투에서 의병장 고경명高敬命 장군과 함께 전사한 둘째 아들 인후因厚, 1561~1592의 사당과 묘소가 있다. 큰아들 종후從厚, 1554~1593는 이듬해 진주성 싸움에서 순절했다. 고경명은 광주 포충사에, 종후는 포충사와 진주의 충민사에 배향됐다.

유천마을은 인후의 처가 동네다. 인후는 32살에 세 자녀를 집에 두고 전선에 나갔다. 인후가 전사하자 장모 언양 김씨가 고아가 된 외손자들을 유천으로 데리고 왔다. 장흥 고씨인 인후의 후손들이 창평에서 뻗어나가 창평 고씨라고도 불리게 된 사연이다. 인후의 종가 뒤 나지막한 산에 인후의 묘소가 있다. 묘표에는 영의정에 추증되고

5   인촌기념회(1976), 《인촌 김성수전》, 57쪽.

영의정이 추증된 고인후(고경명 장군의 아들)의 묘역.

의열毅烈이라는 시호를 받은 내용이 굵은 글씨로 새겨져 있다.

1895년 고종이 고정주를 친견했을 때 "고경명이 몇 대 선조인가?" 라고 물었다. 그가 "11대손"이라고 대답하자 고종은 아버지 같은 안색을 띠고 선물을 내렸다.

을사늑약이 체결된 뒤 1907년 고경명 장군의 12대손이자 둘째 아들 인후의 봉사손奉祀孫인 녹천鹿川 고광순高光洵, 1848~1907이 60대 나이에 의병장으로 추대됐다. 녹천은 그해 9월 지리산 연곡사에서 일본군과 싸우다 주요 장졸들과 함께 전사했다. 녹천을 배향하는 사당 포의사는 11대조 고인후 장군 묘소에서 300m 떨어진 곳에 있다.

삼지내마을에 사는 고정주는 고광순과 같이 고경명, 고인후 장군의 후손이지만 항일무장투쟁에 나서지 않고 근대교육을 통한 실력배양으로 구국운동의 방향을 잡았다. 조선의 독립이라는 목표는 같았지만 유천마을과 삼지내마을의 후손들은 가는 길이 달랐던 것이다.

을사늑약 전문에는 한국의 부강富强을 인정할 수 있을 때까지 조약의 효력을 약정한다는 내용이 들어 있다.

일본 정부와 한국 정부는 두 제국을 결합하는 이해 공통 주의主義를 공고히 하기 위해 한국의 부강지실富强之實을 인정할 수 있을 때까지 조약을 약정한다.

'부강지실' 운운은 한국의 주권을 빼앗기 위한 일본의 둔사遁辭였지만 당시 민족주의 지식인들은 우리가 부강해진다면 나라를 되찾을 수 있다고 문자 그대로 해석했다. 오산학교, 대성학교 등 민족주의 계통의 학교가 우후죽순 설립된 것도 젊은이들에 대한 신지식 교육을 통해 부강한 나라를 만들어 독립을 이루자는 뜻이었다.

고정주는 강력한 군대와 국력을 지닌 일본에 화승총으로 맞서는 비정규군 의병으로는 전쟁에서 이길 수 없다고 판단했다. 근대 교육을 통한 인재 양성과 자강운동, 구국운동을 벌여야 먼 훗날이나마 국권을 회복할 수 있으리라는 기대였다.[6]

고정주는 1907년 남원성 출전을 앞두고 의병장 고광순이 찾아와 동참을 요청하자 거절했지만 "곳간 고리를 열어두겠소"라고 답한다.

---

6   홍영기 외(1996), 〈고정주 근대교육의 선각자〉, 《변혁기의 인물과 역사(광주 전남 편)》, 사회문화원.

고정주는 한밤중에 의병들이 자신의 창고에 들어와 식량을 가져가도 모른 체했다.

고정주는 1930년대에 동생 고하주와 함께 자본금을 출자해 창평 상회를 세워 일본의 자본 침탈에 대항했다. 창평상회는 잡화를 판매하고 서민들에 대한 대출업무를 취급했다. 지역민들의 호응이 대단해 창평에서는 일본인들의 상권이 뿌리내릴 수 없었다.[7]

창흥의숙 이은 창평초교에 고정주 역사관

창평초등학교는 2024년 118주년을 맞았다. 고정주는 1906년 상월정 영학숙의 문을 닫고 창평 객사(용주관龍州館)를 빌려 창흥의숙昌興義塾(지금의 창평초등학교)으로 확대 개편했다. 산속에 있는 학교로는 많은 학생을 모을 수 없었다. 그래서 현청과 시장 가까이에 있는 객사로 학교를 옮겼다. 교장은 고정주, 교감은 이병성이 맡았다. 이병성은 창평의 유력 가문인 전주 이씨 집안으로 북한에서 세계 두 번째 합성섬유인 비날론vinalon 섬유를 발명한 이승기[8]의 부친이다.

창흥의숙은 학생들에게 수업료를 받지 않았고 점심도 무료로 제공

---

7   고영진(2013), 〈담양 천년 역사인물 조형물 건립계획 및 활용에 관한 연구〉
8   이승기는 해방 후 서울대에 응용화학과를 세우고 초대 공대 학장에 취임했고, 6·25 전쟁 직후 월북했다.(한국민족문화대백과사전)

창평초등학교 본관 앞에 있는 창흥의숙 표지석(좌). 상월정에 있던 오층석탑(우)은
창흥의숙으로 옮겨와 창평초등학교 교정에 자리 잡았다.

했다. 창흥의숙의 경비는 만석꾼 살림에서 나왔다. 고정주는 결석한
학생에게 머슴을 보내 학교에 늦더라도 나오게 했다.

그는 창흥의숙에서 "후생들이 옛것도 널리 알아야 하지만 현재의
것을 깊이 깨달아서 시의時宜에 통달해야 한다. 만약 옛것에 파묻혀서
현재의 변화를 알지 못하면 이는 썩은 선비에 지나지 않는다"고 강조
했다.[9]

외가가 창평 고씨인 김병로 초대 대법원장도 이 학교 출신이다. 후
일 창흥의숙은 호남 근대교육과 인재 양성의 요람이 되었다.

창평초교에는 창흥의숙 표지석이 서 있다. 창흥의숙 시절 상월정
에 있던 오층석탑도 용주관으로 옮겨왔다. 6·25 전쟁 때 용주관은 불
탔지만 이 석탑은 교정에 남아 있다.

---

9   춘강 고정주의 문집《춘강집(春崗集)》행장(行狀: 일대기)에 나오는 글.

이 학교 100주년 기념식에서는 50회 졸업생 장두조의 〈학원의 성지〉라는 시가 낭독됐다.

아득한 날에 처음으로 하늘에 태양이 뜰 때
월봉산 정기를 받아 태어난 학원
구국인재 심어온 그 세월 어느덧 백년
심은 꽃들 활짝 피고 열매가 퍼져
금수강산 곳곳에서 꽃을 피우네
오! 자랑스런 학문의 전당 창평초등학교

창평초등학교는 1만여 명 가까운 졸업생을 배출했다. 영학숙 출신인 김성수와 송진우도 당연히 졸업생 명단에 포함된다. 김병로 초대 대법원장, 고재욱 전 동아일보 회장, 고재필 전 보건사회부 장관, 고재호 전 대법관, 고윤석 전 서울대 부총장, 고중석 헌법재판소 재판관 등이 화려한 명단을 장식한다.

무등양말 창업자 고일석은 창평고등학교와 창평중학교를 설립했다. 인재양성의 전통을 이은 것이다. 이한기 전 국무총리, 비날론 섬유를 발명한 이승기, 고창고보 창설자 양태승 등도 창평초교 출신들이다. 만주에서 활동하다 국내로 잠입해 친일파 암살 기도로 체포된 후 10년형을 선고받은 이병욱·이병묵(옥사) 형제도 창평초교를 나왔다. 이회창 전 총리의 외삼촌으로 모두 국회의원을 지낸 김홍용·문용·성용 3형제와 박영종, 박승규, 고재청 국회의원도 창평초교를 나왔다.

창평초등학교 역사관에 있는 고정주 흉상. 액자에 담긴 문서들은 진사시와 문과 병과 입격 교지다.

ⓒ황호택

이렇게 많은 인재들이 배출된 시골 학교는 대한민국에서 창평초교 말고는 없다고 해도 과언이 아니다. 춘강春崗 고정주가 교육에 쏟아부은 치성致誠이 꽃을 피운 것이다.

창평초교 도서관에는 고정주 역사관이 있다. 그의 흉상 옆에는 1885년 진사進士, 1891년 문과 병과에 입격入格한 교지敎旨(임금의 사령장)가 전시돼 있다.

1차 세계대전 직후에 성립된 베르사유 체제에서는 폴란드, 핀란드, 에스토니아, 리투아니아, 라트비아, 체코슬로바키아, 헝가리 등이 독립을 달성했다. 그러나 필리핀과 인도를 비롯한 대다수 약소민족은 계속 제국주의 지배하에 있었다. 식민지 국가의 독립은 대체로 1, 2차 세계대전 승전국들의 합의에 의해 이루어졌다. 제1차 세계대전에서는 일본이 승전국에 속했기 때문에 한국은 독립을 이루기가 불가능했다.

2차 세계대전 후에는 한국, 필리핀, 인도, 파키스탄, 시리아, 요르단 등 아시아 국가들과 리비아, 이집트, 수단, 모로코, 튀니지 등 아프리카 국가들이 다투어 독립했다.

한국은 1, 2차 세계대전 후 독립한 국가 중 산업화와 민주화를 탄탄하게 이뤄 가장 빠르게 성공한 나라에 속한다. 한국이 비록 문호개방이 늦어 식민지의 쓰라림을 겪었으나 오늘날 당당히 OECD 10위 이내의 선진국으로 진입한 것은, 을사늑약 이후 나라의 독립을 기원하면서 전국 방방곡곡에 세워진 학교들, 일제강점기에 탄압과 수모를 겪으면서도 후진을 양성한 교육자들 그리고 해방 후 진행된 성공적 농지개혁에 그 공이 돌아가야 할 것이다.

망국의 길에서, 내소사의 세 청년

화적火賊은 민란民亂의 시대인 19세기 후반에 집중적으로 발생한 떼강도 집단이다. 그들이 약탈할 때 주로 횃불을 들고 다녔고 불을 가지고 민가를 공격했기 때문에 화적 또는 명화적明火賊이라는 이름이 붙었다. 주요 구성원은 대부분 농촌에서 축출된 빈농 출신이다.

삼정三政의 문란 속에 지방에 대한 차별과 관리들의 수탈이 심해져 홍경래의 난(1811년), 진주민란(1862년), 동학농민전쟁(1894년)이 일어났다. 온갖 명목으로 세금을 뜯긴 백성들은 몹시 궁핍한 삶을 살다가 삶의 터전인 농토를 버리고 화적패로 전락하는 경우가 많았다.

화적들은 밤이면 동리의 큰 집을 골라 습격해 재물을 마구 실어가면서 인명까지 앗아가는 행패를 부렸다. 화적 무리는 주로 기와집을 골라 습격했다. 화적이 몰려들면 인촌가仁村家 식솔들은 모두 인근 대숲으로 가서 은신했다. 인촌집 사랑채 뒤에 있었던 큰 대밭에 불이 나

대나무 튀기는 소리가 인촌리를 진동한 적도 있었다. 누가 불을 냈는지도 모르는 '도깨비불' 괴변이 자주 일어나 동네가 전전긍긍했다.

화적떼의 난동과 도깨비불에 지친 인촌가 식구들은 이곳에서 더 살 엄두가 나지 않았다. 그 무렵 조선의 치안 능력은 땅에 떨어져 화적떼를 막을 수 없었으나, 미곡 수출항인 줄포에는 일본 헌병대가 주둔해 다른 지역에 비해 치안이 좋은 편이었다.[1]

1907년 봄 기중, 경중 두 집은 가산家庫을 인촌리에 송두리째 남겨두고 나루에 대기시킨 배로 사람만 먼저 빠져나갔다. 가재도구는 얼마 후에 줄포로 옮겼다. 기중이 이곳으로 먼저 왔고, 2년 뒤 부친이 별세하고 나서 동생 경중이 옮겨왔다. 인촌가는 줄포로 가서는 화적떼의 표적이 되지 않기 위해 수수한 초가를 짓고 살았다.

미당 서정주는 인촌가의 마름 겸 집사를 했던 부친이 고창 선운리 질마재에서 줄포로 이사 와서 줄포보통학교(영신학교의 후신)를 다녔다. 미당이 자서전에서 줄포 풍경과 함께 줄포 집에 대한 묘사를 했는데 간추려 옮겨본다.

우리 집이 질마재를 떠나서 부안군 줄포로 이사한 것은 1924년, 내 나이 열 살 때의 일이다. 집 수효는 동편 마을과 서편 마을, 선창가 마을을 합해서 모두 5백 호나 되었을까. 서편 마을의 면사무소 앞에는 조그만 수문을 통해 바닷물이 드나드는 서른 남은 마지기는 넉넉히 될 갈대밭이 있었다.

---

1   수당기념사업회(1971), 《수당 김연수》, 63~64쪽.

국가민속문화유산인 줄포 김상만 가옥 안채.

이 때문에 줄포茁浦라는 이름이 생겼다.

우리가 이사든 데는 동편, 전에 인촌 김성수 선생의 가족들이 살다가 서울로 이사 간 뒤의 빈 집이었다. 이 집은 여염집으론 줄포에서 제일 큰 집이었다. 나는 아직 나라 안에서도 재래식 여염집으로 이보다 큰 것을 보지 못했다.

비록 초가집이긴 했지만 뼈다귀는 여느 기와집들보다 굵은 것이 겹겹이 병풍 치듯 합해서 여덟 채, 그 집들 사이를 잠그고 여는 대문과 중문이 또 합해서 여덟 개이다. 두 개의 안채, 사랑채, 아들 성수 씨의 초당에, 아이들의 공부칸에, 마름들의 거처에, 하인들 칸에, 머슴방과 큰 곳간을 겸한 길가채에, 방 수효는 곳간들까지 해서 열일곱 개였던 듯하다.

이 집은 국가민속문화유산으로 지정돼 '김상만 가옥'이라는 표지석이 서 있다. 김상만은 인촌의 장남이다. 옛날에는 갈대로 지붕을 이었는데 지금은 갈대를 구하지 못해 짚으로 지붕을 한다고 관리인은 설명했다.

줄포항은 군산과 더불어 전북의 2대 항구로 번성하고 있었다. 군산, 법성포, 목포, 제물포(인천)와 정기선으로 연결됐다. 일본과 중국의 배도 드나드는 무역항이었다. 전국의 말 집산지로도 유명해서 화물선이 제주에서 말을 싣고 왔다. 두 항구의 배후인 부안, 고부, 흥덕, 정읍, 고창과는 육로로 이어졌다.

줄포항 통한 미곡 수출량 매년 5만 석

줄포를 통해 군산항으로 수송되는 상품은 실면(씨를 빼지 않은 목화)과 쌀이었다. 쌀 수출량이 일제강점기 초반에 연간 5만 석에 이르렀다. 농촌에서 소작료를 받거나 수매한 벼를 줄포에서 도정해 줄포항에서 배로 군산항으로 싣고 가 수출했다. 이렇게 번 돈을 토지에 재투자하기에는 줄포가 최적지였다.[2]

항만에 간척지에서 흘러 내려온 토사가 쌓이면서 1960년대 이후 유서 깊은 줄포항은 폐항이 됐다.

줄포로 이사 간 후 인촌은 처가인 창평과 줄포를 전전하다가 부산에서 온 박 모라는 사람과 어울려 화투놀이에 빠져들었다. 박은 일본식 화투 노름을 가르쳐주고 부잣집 아들한테 재물이나 우려내볼까 하

---

2   김용섭(2020), 《한국근대농업사연구》, 184쪽.

왼쪽 줄포자동차공업고 건물 뒤에 있는 대형 주차장이 삼양사 정미소와 미곡창고가 있던 곳이다. 그 바로 앞 개울처럼 생긴 곳이 줄포항을 드나드는 갯골. 그 건너 마을과 논은 바다였다.

는 속셈이었다. 인촌보다 네댓 살 위인 박은 일본 사람들과 어울리는 건달로 일어를 약간 했다. 인촌은 그에게서 전차가 다니고 전등이 켜지는 서울 거리, 기차가 한강을 건너다니는 철교 이야기를 듣는 것도 흥미로웠다.

건달패와 어울리는 것을 알게 된 할아버지의 노여움이 폭발했다. 요협은 두 아들을 줄포 집 마루에 대령하게 한 다음 손자를 마당에 엎드려 놓고 머슴을 시켜 작대기로 볼기를 치게 했다.

"지금 네놈이 왜놈이 하는 노름에 정신을 팔고 있을 때냐?"

인촌은 볼기에 피멍이 들어 며칠 동안 앉지도 서지도 못하는 상태로 방 안에 갇혀 지냈다. 인촌은 매를 맞고 나서 많은 것을 생각했고 몸가짐도 달라졌다. 소년 '판석'(인촌의 아명)이 청년 '성수'가 된 것이다.

백제 무왕 때 창건된 내소사 대웅보전.

작대기 매타작 이후로 밖에 나가지 않고 지내던 인촌은 초여름 어느 날 어른들 앞에 나아가 줄포에서 30리 떨어진 내소사來蘇寺의 청련암青蓮庵에 가 공부하고 싶다고 말했다. 기중은 잘 알고 지내던 홍덕의 백도진白道鎭과 연락해 그의 아들 관수와 함께 가도록 주선했다. 장손을 깊은 산속에 혼자 보내기가 불안했던 것이다. 송진우는 나중에 합류했다. 그는 줄포로 인촌을 찾아갔다가 청련암으로 들어갔다는 말을 듣고 찾아왔다.

내소사는 변산반도 남단에 있다. 임진왜란 때 사찰을 복구하면서 삭막한 사찰 입구에 전나무 숲길을 조성했다. 일주문을 지나 천왕문까지 700여 그루의 전나무 숲길은 전국의 사찰 진입로 중 경관이 뛰어나기로는 몇 손가락 안에 꼽힌다. 대웅보전 앞마당 천 년의 느티나무는 시대에 따라 내소사를 찾는 이들의 달라지는 모습을 지켜보았을

인촌이 백관수, 송진우와 함께 공부했던 내소사 청련암.

것이다. 나무 둘레가 7.5m에 이르는 거목이다.

백제 무왕 때(633년) 승려 혜구惠丘가 "여기에 오는 분은 모든 일이 다 소생蘇生되게 하여 주십시오"라는 원력願力을 세우고 부처님에게 간절히 기도를 해 내소사來蘇寺를 창건했다. 중국의 소정방蘇定方이 석포리石浦里에 상륙해 절을 찾아와 군중재軍中財를 시주해 소래사蘇來寺가 내소사로 바뀌었다는 구전口傳이 내려오지만 사실과는 다르다. '소蘇' 자 하나를 연결 지어 소정방의 시주를 받아 절을 중건한 후 사찰명을 바꾸었다는 것은 잘못된 속설이라고 《내소사지來蘇寺誌》는 밝혔다.

백제인이 나당연합군에 대항해 싸운 저항지였음을 상기한다면 이 같은 발상은 타당하지 않다. 시간이 흐르면서 소래가 내소로 말의 위치가 바뀌었을 뿐 뜻이 달라진 것은 아니다.

변산邊山의 주봉인 관음봉觀音峯은 흰 암벽이 우뚝 솟아 팔을 벌린 사람 모양처럼 넓게 펼쳐진다. 아래로 내려오면서 형성된 소나무 숲은 내소사 도량을 완전히 싸안는다.

인촌이 청련암에 있을 때 주지는 관해인주觀海仁舟였다. 그는 담양 출신으로 순창 구암사龜巖寺에서 출가했다. 어려서부터 총명하고 경전에 두루 능통하다는 말을 들었다. 설법이 유창해 법회 장소에는 청중이 인산인해를 이루었다. 특히 계율이 엄정해서 모든 승려의 모범이 되었다. 내소사에 주석해 당취黨聚(땡추) 소굴로 황폐해진 절을 청정한 도량으로 만들었다.[3] 인촌은 기중과 관해인주의 인연으로 내소사 청련암에 가게 된 것 같다.

청련암은 내소사 뒤편 해발 350m의 산자락의 중턱에 있다. 현각玄覺 스님이 내소사로 필자들을 마중 나왔다. SUV 차량은 가파르고 급격하게 휘어지는 S자 커브 길을 아슬아슬하게 올라갔다. 길 폭이 좁아 차의 교행이 불가능한 길에서 일정 속도를 유지해 탄력을 받아야 올라갈 수 있다며 속도를 늦추지 않았다. 내소사에서 청련암을 걸어 올라가자면 30분 정도 걸린다고 했다.

현각은 "백범 김구, 만해 한용운, 인촌 김성수 등이 내소사를 다녀갔다는 이야기를 들었지만 유묵遺墨이나 자취는 남아 있지 않다"고 말했다.

이진강이 "스님의 도력道力으로 그 시대의 상황을 돌아가 볼 수 있다면 인촌, 고하, 근촌은 뭘 배우셨을까요"라고 묻자, 현각은 "공부란

---

3 《내소사지(來蘇寺誌)》, 2007.

절차탁마切磋琢磨지요.　도반道件
이 셋이면 하나가 약해질 때 서
로 도움을 줄 수 있습니다. 여
기에 좋은 스승까지 만났으면
나라를 위해 뭘 할지 깨달음을
얻을 수도 있었을 것입니다"라
고 말했다.

물이 귀한 청련암의 샘물.

　3년 전에는 청련암 마당에
고라니가 새끼 세 마리를 낳았다. 승려가 나타나자 어미가 산으로 올
라가 새끼들을 주시하고 있었다. 현각이 새끼들을 바구니에 담아서
어미 가까운 곳에 가져다 놓았다.

　이 일대는 물을 흡수하지 않는 편마암 지대여서 청련암에는 물이
귀하다. 암자 뒤편에 웅천수熊川水라는 샘물이 있다. 인촌과 백관수, 송
진우도 이 물을 마셨을 것이다. 지금은 멧돼지, 고라니, 너구리, 담비,
살모사, 벌레, 새들이 사람과 나누어 마신다. 자연의 도반이다.

　암자는 조선시대에 과거 공부를 하는 사람들도 찾아오고 해방 이후
에는 고시 공부를 하는 사람들도 이용했다. 소연한 세속으로부터 떨
어져 공부에 몰입할 수 있기 때문이다. 다산 정약용도 집에서 멀지 않
은 수종사에서 공부하다 과거에 합격한 뒤 절에서 친구, 친지들과 축
하연을 열었다.

　인촌, 고하, 근촌 세 도반은 절에서 어떤 공부를 했을까.《인촌 김성

수전》에는 인촌이 백관수에게 영학숙에서 배운 영어를 가르치고, 백관수는 인촌에게 한문을 가르쳤다고 나온다. 고하는 창평에서처럼 시국담時局談을 하며 울분을 토로했을 것이다.

1907년 고종은 네덜란드의 헤이그에서 개최된 제2회 만국평화회의에 특사를 파견해, 일제에 의해 강요된 을사늑약의 불법성을 폭로하고 대한제국의 주권 회복을 열강에 호소하려고 시도했다. 하지만 이준 열사는 일본의 방해로 회의에 참석도 못하고 분사憤死했다. 일제는 헤이그 밀사 사건의 책임을 물어 고종 황제를 보좌에서 밀어냈다. 5월에는 이완용 친일내각이 들어서고 이토 히로부미가 사실상 조선의 통치자가 되었다. 대한제국 군대는 일본 군대에 의해 강제 해산됐다.

세 청년은 백척간두百尺竿頭에 걸린 나라의 운명을 놓고 열띤 토론을 벌였다. 송진우는 우물 안 개구리처럼 산간벽지의 절간에 처박혀 가슴만 치고 있을 수는 없다며 도쿄 유학을 주장했다. 백관수는 서울 유학을 제안했다. 도쿄 유학과 서울 유학을 놓고 논쟁이 벌어졌다.

대한제국 군대가 해산되면서 군대 장졸들이 대부분 의병義兵에 합류했다. 의병의 활동 범위는 날이 갈수록 확대됐다. 전라도 일대에서는 고창, 정읍, 장성 등지에서 의병이 일어나 일본군과 전투를 벌였다. 험한 산으로 둘러싸여 수목이 울창한 변산 방면에도 전투가 밀려오고 있었다. 줄포 집에서 아들의 신변을 걱정해 산에서 내려오라는 전갈이 왔다. 세 청년은 절에서 하산했다. 주봉인 관음봉 일대에 단풍이 들면서 청련암에도 아침저녁으로 가을바람이 차가워지고 있었다.

인촌가, 줄포에서 쌀 무역으로 대지주가 되다

인촌가는 인촌마을에서 줄포로 이전하면서 지주경영을 크게 발전시킬 수 있는 계기를 마련했다. 줄포 이사는 요협 말년의 일로서 두 아들(기중, 경중)에 의해 주도되었다. 농산물을 수출할 수 있는 줄포항을 기점으로 치산治産에 성공해 이들 형제는 1920년대에는 2만 석 이상을 거두는 대지주가 되었다.[4]

김씨가※는 단순히 지주로서의 성장에 그치지 않고 이를 기반으로 관계에도 진출했다. 요협은 과거를 보지 않았으나 대원군 집권기 마지막 무렵인 1872년 선공감繕工監 감역監役으로 임명된 것을 계기로 민씨 정권을 거쳐 1888년부터는 화순·진안·군위 군수 등 지방 수령을 역임했다.

기중은 1900~1907년에 용담·평택·동복 군수를 역임한 후 관직에서 물러났다. 경중은 1898년 이후 경릉참봉 등을 거쳐 1905년에는 진산 군수를 마지막으로 관계를 떠났다.

이 시기에는 지배층의 세정 운영이 문란하고 수탈이 극심해 직간접적으로 관권과 연결되지 않고서는 그 수탈에서 제외되기 어려웠다.[5]

---

4 김용섭(2020), 《한국근대농업사연구》, 179~180쪽.
5 위의 책, 181쪽.

부안 변산과 고창 선운산 사이로 파고 들어온 줄포만 전경.   ⓒ 이승기
바닷물이 빠지면 고창 인촌리와 부안 줄포면 사람들이 갯벌로 걸어서 오갔다.
갯벌 가운데 있는 섬이 봉암리 내죽도로 20여 가구가 어업으로 산다.

인촌의 양부 김기중이 1909년 개교한 줄포초등학교 전경.

관직 이용해 수탈을 피한 대지주

고부 군수 조병갑은 조 대비(헌종의 어머니)를 배경으로 하는 풍양 조씨 세도권력에 줄을 대고 수탈적 치부를 하고 서울에 뇌물을 바치다 동학농민전쟁의 원인을 제공했다. 반면 김요협은 수탈 대상에서 면제되기 위해 관직을 이용한 방어적 벼슬을 하였다.[6]

이 시기에 일제의 침략으로부터 국권을 회복하려는 운동은 한편으로는 의병전쟁, 다른 한편으로는 교육운동과 언론·학회를 통한 계몽운동, 양 갈래로 전개됐다. 인촌가에서는 후자의 대열에 가담했다.

기중은 관직을 그만두고 줄포에서 영신학교(현 줄포초등학교)를 설립했다. 이 학교를 설립하고 육성하는 데 대한협회의 지원을 받았다. 경중은 호남학회가 근대화를 위한 계몽운동으로 발행한 〈호남학보〉를 사돈 고정주와 더불어 경제적으로 지원했다.

1911년 7월 28일 매일신보는 "조선의 자산가"라는 제목으로 50만 원 이상의 자산가 1,018명의 면면을 소개하고 있다. 이 중에 조선의 귀족 8명은 흥선대원군의 큰아들 흥친왕 이희, 고종의 아들 의친왕 이강을 필두로 하는 왕족과 고위 관료들이었다. 용산의 고윤묵을 위시한 5명은 경강京江 객주를 비롯한 상인이었고, 나머지 인물들은 충청도, 전라도, 경상도, 함경도, 평안도를 대표하는 지주와 상인들이었다. 백남신이나 민영휘와 같은 상인들과 관료들은 조선 왕조 관료제에

---

6   이승렬(2021),《근대시민의 형성과 대한민국》, 452쪽.

기생해서 대지주로 성장했다. 전라도 고창의 김씨 형제들은 개항 이후 쌀시장의 확대 흐름을 타고 부를 키웠다. 성장 경로가 크게 대비되는 경우였다.

천 명이 넘는 부호들 중에서 거의 유일하게 고창의 김기중과 김경중의 후손들만이 한국의 근대화를 이끄는 진취적이고 개방적인 지주로 거듭났다.[7]

울산 김씨인 인촌가는 담양의 장흥 고씨를 며느리로 3대 연속 맞아들였다. 경중의 부인이자 인촌의 어머니가 장흥 고씨였고, 인촌의 아내 광석, 장손 상만의 아내도 장흥 고씨였다. 친가 쪽 동성동본 결혼은 금기禁忌였지만 처가 쪽으로는 금기가 아니었다. 고창의 울산 김씨 가는 담양의 장흥 고씨 가에서 며느리를 얻어야 아들도 잘 낳고 살림을 잘한다는 믿음이 형성된 것 같다.

인촌의 부인은 남편이 도쿄 유학을 결심하자 "친정집으로 돌아가겠다"라고까지 하면서 반대했다. 친정 오빠 광준이 상하이로 유학을 떠나 몇 해나 돌아오지 않았던 것을 경험했던 그녀는 외국이란 한번 가면 돌아오기 어려운 곳으로 생각했던 것 같다. 그때까지 이들 부부에게는 슬하에 소생이 없었다. 그녀의 담양 친정 부모들은 "출가외인을 받아들일 수 없다"며 딸의 친정행을 말렸다.

---

7   앞의 책, 470~471쪽.

인촌이 장남 상만에게 보낸 편지가 줄포 집에 전시돼 있다.

'인촌 아내', '장손 며느리' 고광석의 희생적 삶

인촌 부부는 1903년 결혼해 1919년 사별할 때까지 17년을 살았지만 함께 산 기간은 6년이고, 떨어져 산 기간이 11년으로 두 배 가까이 길다. 인촌이 6년 동안 일본에서 유학하고 1914년 귀국한 뒤에도 중앙학교를 인수, 운영하고 경성직뉴京城織紐를 경영하느라 부부는 서울과 줄포에 따로 살았다.

고광석은 결혼한 지 7년만인 1910년 장남 상만을 낳았다. 상만은 증조부(요협)가 세상을 떠나면서 울산 김씨 집안에 주고 간 생명이었다. 조부가 서거하자 인촌이 유학중 귀국해 만상제로 상을 치렀다. 큰며느리에게 후손의 문이 열리자 다시 6년 후 장녀 상옥을 낳고, 2년 뒤 차남 상기를 출산했다. 다음 해인 1919년에는 3남 상선과 4남 상흠 쌍둥 아들을 낳았다. 원래 몸이 가냘프고 약했던 부인은 쌍둥이 출산 후

고광석(1886~1919)

심각한 산후 후유증으로 별세했다. 34세의 젊은 나이였다. 상만이 열 살 때의 일이다.

고광석은 엄격한 유교 가정에서 태어나 현모양처 교육을 받은 전형적인 조선의 여인이었다. 시조부모와 시부모를 모시는 장손의 며느리로서 쉽지 않은 시집살이를 했다.

인촌이 일본 유학을 마치고 돌아온 것은 상만이 다섯 살 때였다. 고광석은 인촌의 귀국을 누구보다도 기뻐했지만 큰 포부를 가진 남편은 줄포 집에 오래 머무르지 않고 서울로 갔다. 인촌이 일본에서 공부하고 서울에서 중앙학교와 사업에 전념할 수 있었던 것은 부인이 집을 지키며 장손의 며느리 역할을 잘 해냈기 때문이다.

애지중지하던 자부子婦가 세상을 떠나자 기중은 자신이 묻히려고 마련해 두었던 장성 백양사 앞 양지바른 곳에 안장했다. 어머니의 상여가 백양사 앞에서 노제路祭를 지내고 있을 때 어린 상만은 젯상에서 떨어진 감을 줍고 있었다. 이 모습을 본 조부는 눈물을 감추지 못했다.[8]

상만은 어머니를 평생 그리워했다. 급경사 길 때문에 어머니 산소에 올라갈 수 없는 나이가 되자 지게에 얹혀서라도 성묘를 거르지 않았다.

---

8   일민김상만선생 전기간행위원회(2003), 《일민 김상만 전기》, 27~29쪽.

2부

성장의 길

○ 개항지 군산서 신학문 배우고 도쿄 유학길 오르다

○ 도쿄 유학 6년

개항지 군산서 신학문 배우고 도쿄 유학길 오르다

인촌은 담양, 부안, 내소사, 줄포로 옮겨 다니며 공부했지만 신학문에 대한 갈증을 해소하지 못하고 있었다. 세상의 질서가 뒤바뀌는 혼돈의 시대에 《논어》, 《맹자》 같은 사서삼경四書三經으로는 빠른 변화를 뒤쫓아 갈 수 없었다.

　대한제국 군대가 해산되고 일본의 통감이 조선의 사실상 통치자가 되었다. 이에 저항해 전국에서 의병이 일어났지만 신무기로 훈련된 일본 군대를 당해내지 못했다.

　'궁멀병원' 소식이 인촌에게 전해진 것은 미국 선교사들이 군산에 자리 잡은 지 10년가량 지난 1907년 무렵이다. 당시 우편 주사들은 새로운 소식에 가장 빠른 사람들이었다. 흥덕에 사는 우편 주사 정씨가 인촌에게 "군산에 가면 선교사들한테 영어와 신학문을 배울 수 있다"고 알려 주었다.

인촌은 미적거리지 않고 바로 움직였다. 전라북도 최남단 포구인 줄포에서 최북단 포구인 군산까지 가는 배를 탔다. 당시 육로교통이 발달하지 않아 장거리 여행은 뱃길이 편리했다. 한 시간가량 배를 타고 군산으로 가서 궁멀병원을 찾았다.

미국 선교사를 만난 인촌은 "영어와 신학문을 배우고 싶다"고 소망을 말했다. 하지만 선교사는 인촌이 받아들이기 매우 어려운 조건을 내놓았다.

"예수를 믿어야 한다"는 것이었다. 유교 집안에서 자란 인촌에게 예수를 믿는다는 것은 있을 수 없는 일이었다. 당시 예수교 선교사들은 우상숭배라 제사를 지내지 못 하게 했다. 울산 김씨 장손으로 조상의 제사를 지내야 하는 인촌은 그 조건을 받아들일 수 없었다.

인촌은 궁멀병원의 영명학교에 입학하지 못해 아쉬웠지만 헛걸음이 아니라고 생각했다. 예수를 믿지 않아도 신학문을 가르쳐 주는 곳을 찾을 수 있으리라는 기대를 안고 줄포로 돌아갔다.

제사 문제로 선교사 학교 못 들어가

북으로 금강, 남으로 만경강 사이에 자리 잡은 항구도시 군산은 뱃길로 제물포(인천), 목포, 줄포와 연결되었다. 조선시대부터 군산에는 곡창지대인 호남평야에서 생산하는 세곡税穀을 모아 한양의 경창京倉으로 운송하기 위해 쌓아 놓는 군산창이 있었다.

개항 직후 1900년대 초의 군산항 전경.

이런 지정학적 여건에서 군산은 평화 시에는 상업항으로 번영을 누렸지만, 외세와 신문명이 밀어닥칠 때는 맨 앞에서 모진 바람을 맞는 처지가 됐다. 군산은 1899년 인구 588명(일본인 77명 포함)의 어촌이었으나, 개항과 함께 일본인, 청국인뿐만 아니라 미국 선교사들과 함께 서구의 신문명이 밀려들기 시작했다.[1]

청일전쟁 승리로 조선에 대한 영향력이 커진 일본인들이 군산일본민회를 조직해 자신들의 이익을 추구하자 이에 맞서 조선인들도 옥구 군산항 민단民團을 설립했다.

미국 남장로교에서 파송된 선교사들이 제물포에서 배를 타고 내려와 군산에 선교부를 차린 것은 1896년이다. 군산진 포구에 일본인 거류자들이 늘어나면서 선교사들은 선교 거점을 구암마을로 옮겼다.

---

1   개항 당시 인구통계는 근대역사박물관 설명문에서 인용.

영명학교 본관을 재현한 군산 3 · 1 운동 100주년기념관.

구암마을은 군산진에서 보면 거북이가 육지로 올라가는 모습이어
서 붙여진 이름이다. 구암마을은 예로부터 '궁말' 또는 '궁멀'이라고
불려 미국 선교사들이 진료와 전도를 하는 거북이 언덕을 통칭 '궁멀
병원'이라고 했다.

이 궁멀병원에서 윌리엄 맥클리어리 전킨William McCleary Junkin 선교사
와 알레산드로 다머 드루Alessandro Damer Drew 의료선교사가 환자들을 치
료해 주고 전도를 하면서 영어를 가르쳤다. 전킨 선교사는 1903년 영
명학교(현 군산제일중·고)를 설립했고, 멜본딘여학교, 구암교회, 야소
(예수)병원을 세워 그곳을 선교 기지로 확대했다. 지금 궁멀병원 자리
에는 구암교회 신관과 구관, 2019년 건립된 군산 3·1 운동 100주년
기념관 등이 들어서 있다.

탐방길에 동행한 김중규 군산근대역사박물관장은 "인촌이 1907년

영명학교에 입교했더라면 의사가 됐을 수도 있었을 것"이라면서 영명학교 출신으로 세브란스 의전을 나온 김병수의 이야기를 들려 주었다.

김병수는 3·1 운동 33인 중 한 사람인 이갑성으로부터 독립선언서 200장을 받아 군산에 와서 3월 5일 한강 이남에서 최초로 만세운동을 일으켰다. 그는 6·25 전쟁이 일어나자 50이 넘은 나이에 군의관으로 입대해 활약했다.

영명학교에 들어가지 못하고 줄포에 돌아와 상심해 있던 인촌은 줄포와 홍덕 사이 후포라는 곳에서 대한협회의 강연회가 열린다는 소식을 들었다. 대한협회는 일제 통감부가 대한자강회를 강제 해산하자 그 후신으로 생겨난 정치단체였다. 대한협회는 전국을 돌면서 계몽 강연회를 열고 있었다. 후포 강연회에서 한승리라는 사람의 강연이 인기를 끌었다. 한승리는 군산 금호학교에서 영어와 물리를 가르치는 교사였다.

나라의 주인은 임금이 아니고 백성

인촌은 후포 시국 강연회에서 민권民權이라는 말을 처음 들었다. '나라의 주인은 임금이 아니고 백성'이라는 뜻의 주권재민主權在民 사상은 충격 그 자체였다. 임금이 정치를 잘못하면 백성이 비판할 수 있다는 것이었다. 한승리는 서양의 경우 4년마다 백성들이 선거를 통해 대통령을 선출한다는 것도 알려 줬다.

그는 양반과 상민, 노비로 나누어 사람을 차별하면 절대로 한 나라로 뭉칠 수 없다고 목소리를 높였다. 갑오경장으로 이미 양반·상놈 계급제도가 폐지돼 "만민萬民은 평등"이라는 말도 했다. 지금까지 알았던 세상의 질서가 뒤집어지는 이야기들이었다.

"주권재민", "만민평등"이라는 말에 깊은 감화를 받은 인촌은 한승리 숙소로 찾아갔다. 인촌이 "영어를 배우고 싶다"고 하자 한승리는 군산 금호학교로 오라고 했다. 예수를 믿지 않아도 신학문을 가르쳐 주는 학교를 찾은 것이다. 인촌은 부모의 허락을 받아 백관수와 함께 가게 되었으나 송진우와는 연락이 되지 않았다.

금호학교에서는 국어·산수·역사·지리·영어와 물리·화학·체조·창가도 가르쳤다. 야간부에는 일어과와 직조織造과를 두었다. 인촌은 1908년 10월 일본으로 유학을 떠날 때까지 5개월 동안 금호학교를 다녔다.

금호학교는 1907년 옥구 군산항 민단이 설립한 '군산항 민단강습소'가 발전한 학교다. 금호학교의 설립발기인은 옥구 부윤 이무영이고, 교장은 조병승, 교원은 노철우, 한승리였다. 노철우는 군산 개항 시 옥구 세관에 근무한 경력이 있고 영어에 능통했다. 탁지부度支部 주사를 지낸 한승리는 대한협회 군산지회에 적극 참여해 계몽 활동에 헌신했다. 금호학교는 일제가 기부금취체규칙을 만들어 기부금으로 유지하는 민족주의 성향의 사립학교를 압박하면서 재정난에 빠졌고

옛 시절의 영화가 남아 있는 군산 구시가지 중정리에서.
왼쪽부터 채정룡, 김익남, 이진강, 황호택, 이진원, 김중규.

1910년 국권 상실과 함께 폐교됐다. 금호학교 재산은 군산공립보통학교(중앙초등학교 전신)에 흡수됐다.

인촌은 금호학교에서 멀지 않은 중정리中井里 객주집에서 하숙했다. 금호학교는 지금의 둔율동 성당과 중앙초등학교 사이에 있었다. 중정리의 객주집에서 금호학교가 있는 둔율리까지는 도보로 3분 정도 걸렸다.

갯벌이 있는 곳에서는 짠물이 나서 좋은 우물을 찾기 어렵지만, 마을 이름에 우물 정井자가 들어 있는 중정리에는 수량이 풍부하고 수질이 좋은 우물이 있었다. 군산이 낳은 작가 채만식의 소설《탁류》의 주요 무대도 이곳이다. 중정리는 1950년대까지 군산 최고의 번화가였다. 국도극장 등 번영을 누리던 시절의 자취가 지금도 남아 있다.

미곡을 수출하는 항구도시 군산은 상업이 발달해 100여 명의 객주가 활동했다. 객주들은 화주에게 상품을 위탁받아 매매를 주선하고 숙박업, 창고업, 운송업, 금융업 등을 겸업했던 중간 상인이다. 인촌이 하숙한 집주인 역시 객주로 부친과 상당한 교분이 있었다.

옥구 군산항 민단에서 객주들을 대표하는 이가 김홍두였다. 그는 군산에서 천일상회를 운영하며 신간회 군산지회장 등으로 활동했다. 그의 차남 김용택은 보성중, 일본 메이지대학, 미국 미시간주 호프대학을 졸업한 뒤 시카고 노스웨스턴대학에서 경제학 박사를 받았다. 1940년경 독립운동을 하다가 일경에 체포되어 치안유지법 위반으로 옥살이를 했다. 해방 후 미군정 시절 재무부장 대리를 했고, 이승만 정부에서 사회부 차관을 지냈다. '국민 엄마' 탤런트 김혜자가 그의 딸이다.

객주집과 관련된 에피소드가 또 있다. 인촌이 묵던 객주집에 임피에서 수레로 장작을 실어 오는 젊은이가 있었다. 부지런하고 성실한 그 젊은이를 좋게 봤던 인촌은 나중에 서울에서 사업을 시작한 뒤 일자리를 마련해 주었다.

김씨 성을 가진 젊은이는 서울의 직장에서 받은 월급을 군산집으로 꼬박꼬박 송금했다. 그의 무남독녀 김난영은 아버지가 송금하는 돈으로 군산여고를 다녔고 나중에 서울에 올라와 서라벌예술대학을 나왔다.

금호학교는 둔율동 성당과 중앙초등학교 사이에 있었다.
성당 옆으로 일부 보이는 건물이 중앙초등학교.

김난영은 1961년 KBS 공채 1기 출신 탤런트로, 1964년 김기영 감독의 영화 〈아스팔트〉, TV 드라마 〈춘향전〉, 〈토지〉 등에 출연했다. 김혜자, 정혜선 등과 KBS 공채 1기 동기생인데 1985년 아깝게도 암으로 일찍 세상을 떴다. 이진원 전 군산문화원장이 "군산에서는 잘 알려진 이야기"라며 들려 주었다.

홍명희, 일본 유학길을 안내하다

금호학교에 다니던 인촌이 후일《임꺽정전》작가로 문명文名이 높아진 홍명희를 처음 만난 것도 군산이다. 홍명희와의 만남은 인촌에게 인생의 전기를 제공했다. 그의 부친 홍범식이 금산 군수 부임길에 아들을 데리고 제물포에서 배를 타고 군산으로 왔다. 일본 도쿄 다이세이 중학교에 다니던 명희는 방학 기간이었다.

인촌은 생부의 명으로 군산항에서 이들 부자를 마중했다. 홍명희는 인촌이 하숙하는 객주집에서 일본의 발전상과 도쿄의 모습을 들려주었다. 신교육을 갈구하던 인촌에게 귀가 번쩍 트이는 소식이었다.

홍범식은 부임지 전라도 금산²으로 가는 길에 줄포에 들러 김경중을 만났다. 홍범식과 김경중은 사랑에서 조선의 운명을 놓고 자국의 이익을 저울질하는 미국과 일본의 움직임, 그리고 친일파 그룹 일진회의 동향을 논했다. 이 시간에 또 다른 방에서는 홍명희가 인촌에게 일본으로 유학가게 된 경위와 일본 서점에서 사서 읽은 책들과 일본에서 사귄 친구들에 관해 이야기했다.

"우리가 사는 충청도 괴산에 일본인 부부가 양잠 기술을 가르치러 왔어. 나는 아버님께 부탁해 그 일본인 부부들로부터 일본어를 배웠지. 처음에는 일본인 부부를 따라서 일본여행을 갔다가 일본에 눌러앉아 공부를 할까 하는 생각을 했지. 아버지는 내 마음속을 다 들여다

---

2   금산은 5·16 후에 행정구역이 충남 금산으로 바뀜.

본 듯이 일본에 가서 법학을 공부하라고 하
셨어. 일본의 고서점가에 가면 러시아 문학
작품들도 있고, 영국의 낭만주의 시인 바이
런의 작품도 있어. 러시아 무정부주의자 크
로포트킨의 《빵의 약탈》도 재미있었어. 아
무튼 거기는 서양소설 책들이 많았어."3

홍명희(1888~1968)

홍명희는 일본에서 만난 이광수와 최남선에 관해 신이 나서 말했다.
이들 셋은 후일 문인이자 언론인이 되어 조선의 3대 천재로 불렸다.

인촌은 군산과 줄포에서 홍명희의 이야기를 듣고 일본 유학에 대
한 열망이 불붙었다. 인촌은 도쿄에 유학을 가서 홍명희의 하숙집에
짐을 풀고 그의 안내로 일본 생활에 적응해 갔다. 인촌은 그때 알게
된 홍명희를 1924년 5월 동아일보 취체역取締役 겸 편집국장으로 임
명했다. 두 사람은 인간적으로 가까웠지만 해방공간에서 남북으로
갈라져 이념적으로 다른 길을 걸었다. 홍명희는 북한에서 부수상까
지 지냈다.

인촌이 군산에서 도쿄 유학의 꿈을 굳혔을 때 고하 송진우가 찾아
왔다. 그는 서울의 한성교원양성소에 들어갈 계획을 세우고 와서 인
촌과 함께 가자고 권했다. 그러나 인촌은 고하에게 도쿄 유학을 가자
고 설득해 고하도 동행하기로 했다.

인촌은 군산보통학교 교사 박일동4에게 일본어를 배우며 유학을

---

3 엄상익(2016), 《친일 마녀사냥 1》, 158~162쪽.

준비했다. 한승리의 주선으로 도항증^{渡航證} 발부 절차를 밟으면서 박일 동을 보내 조부와 양부, 생부를 설득하려 했다. 그러나 두 아버지의 반대는 완강했다.

도항증이 나온 날 인촌은 상투를 깎았다. 인촌과 고하는 군산항에서 배를 타고 부산을 거쳐 시모노세키로 떠날 계획을 세웠다. 준비가 끝나고 이틀 뒤면 일본행 배를 타기로 되어 있는 날, 줄포에서 머슴이 '모친 급환'이라는 편지를 가지고 말을 끌고 인촌을 데리러 왔다.

줄포 부모들이 객주집 주인에게 아들의 동정을 살피게 했고, 일본행을 눈치챈 객주집 주인이 줄포에 급하게 알려 벌어진 사달이었다. 인촌은 일본행을 연기하고 머슴과 함께 길을 떠나며 이것저것 물어보았다. 그런데 머슴이 연기가 서툴러 자초지종을 실토하고 말았다.

줄포로 가다가 군산으로 되돌아온 인촌은 두 부모에게 용서를 비는 편지를 쓰고 나서 상투를 자른 얼굴 사진을 찍어 줄포로 보냈다. 아내 고광석에게도 편지를 썼다. 인촌은 이튿날 새벽 고하와 함께 수군진 포구에서 화륜선^{火輪船} '시라카와마루'에 승선했다.

인촌이 일본으로 떠난 해인 1908년에 건립된 군산 세관건물은 당시의 외형을 그대로 유지하고 있어 근대문화유산으로 지정됐다. 거기서 금강 쪽으로 200m 올라오면 군산근대역사박물관 근처에 '뜬다리'

---

4   책에 따라 '박일병'이라는 이름으로도 나오지만《인촌 김성수의 사상과 일화》(동아일보사)에는 한문 이름 朴逸東이 병기돼 있다.

1920년대에 설치된 뜬다리 부두는 군산의 명물이다.

라고 불리는 부잔교浮棧橋가 있다.

군산은 썰물로 바닷물이 빠져나가면 부두에 갯벌이 드러나 배가 정
박할 수 없다. 그래서 1926~1932년에 설치된 것이 부잔교다. 물에
뜨는 정박시설을 만든 후 부두에서 정박시설 사이를 부잔교로 연결해
조수의 높이에 따라 뜬다리와 정박시설이 위아래로 움직여 선착장 역
할을 한다. 뜬다리가 생기기 전까지는 지게꾼들이 쌀가마니를 날라
나룻배에 싣고 나룻배가 다시 화륜선에 옮기는 어려운 이중 작업을
했는데, 이때부터 곧바로 화륜선에 쌀가마니를 실을 수 있게 됐다.

뜬다리에서 금강 쪽으로 500m 가량 올라가면 '째보 선창'이 나왔
다. 아직 축항築港이 되지 않은 질펀한 갯벌에 배를 대는 선창이 있었
다. 군산 사람들은 힘이 세고 인심 좋은 언청이 생선가게 주인의 별명
을 따라 그곳을 째보 선창이라 불렀다. 그 시절 째보 선창에는 고기잡

이에 나서거나 만선의 기쁨을 안고 돌아오는 고깃배, 손님을 태우고 근해 섬들을 오가는 똑딱선들이 분주히 드나들었다. 어선을 따라온 갈매기들의 날갯짓도 바빴다.

금강 쪽으로 가까이는 등대가 보이고 멀리 낮은 산 위로 구암교회와 3·1 운동 100주년기념관이 올려다 보인다. 탐방길을 같이한 군산 출신 김익남 시인의 시가 째보 선창의 정경을 잘 보여 준다.

째보 선창의 등대

11월 하순의 찬 바람 속에서도
몇 초 간격으로 반짝이는 째보 선창의 등대
옛적에는 어부들 만선의 기쁨을 안고
입항을 했던 째보 선창

항구 어판장은 중매인들의 큰 소리
고가의 낙찰에 환호하는 가족들
갈매기들은 부둣가에 널어놓은 고기를
빠르게 낚아채고 있다

이제는 고깃배도 들어오지 않고
인적이 끊긴 항구

늦가을 말 울음소리 같은 찬 바람 속에서도
등대불은 멈추지 않고
변함없는 친구와 같이 반짝하고 있다

인촌이 일본행 배를 탔다는 소식이 본가에 전해지자 부모들은 화들짝 놀라고 아내 고광석은 비탄에 빠졌다. 줄포 읍내에는 대갓집 장손이 가출했다는 소문이 퍼졌다. 하지만 곧 진정되었다.

인촌이 부모와 아내에게 보낸 편지를 받아 본 가족들은 인촌이 단순히 젊은 혈기로 현실도피성 외유를 떠난 것이 아니라는 것을 알았다. 기울어 가는 나라의 젊은이로서 현실에 안주하지 않고 새로운 미래를 찾아 나선 길이었다.

조선은 19세기 말부터 20세기 초까지 세계의 변화에 눈 감고 있다가 국권을 잃어버렸다. 그 시대 조선의 젊은이들은 어떤 고민을 하고 무엇을 찾아다녔을까. 1908년 10월, 군산항을 출항할 때 고하는 18세, 인촌은 17세였고, 모두 결혼한 지 4~5년 된 청년이었다.

그들의 발자취를 따라가 보는 작업은 이제 일본으로 넘어간다.

도쿄 유학 6년(1908~1914)

일본은 1853년 7월 2일 에도만(도쿄만)에 들어와 무력시위를 한 미국 페리 제독의 흑선黑線 함대에 놀라 1년 뒤에 나라의 문을 열었다. 일본은 조선보다 개항이 22년 빨랐다. 일본은 그사이에 미국과 유럽으로 유학생과 사절단을 보내 선진 문명을 부지런히 학습했다. 일본의 지방분권적 특성도 개항과 서구문명 도입에 유리한 조건으로 작용했다.

조선의 개항이 늦어진 데는 중국이나 일본에 비해 시장 규모가 상대적으로 작았고 태평양 횡단 항로로부터 비켜나 있었던 요인도 크다. 대원군은 그나마 은둔의 나라 조선의 문을 두드리는 외국 함정들에 맞서 전쟁을 벌이며 나라의 문을 더욱 굳세게 닫아걸었다. '서양 오랑캐가 침범하는데 싸우지 않으면 즉 화친和親하는 것이요, 화친을 주장하는 것은 나라를 파는 일이다'(洋夷侵犯 非戰則和 主和賣國)라는 척화비斥和碑를 경향 각지에 세워 쇄국 정책을 더욱 강화하였다.

포함외교로 일본을 개항시킨 미국 페리 제독의 흑선 함대.
1952년 미국 보스턴에서 제작한 판화.

1873년 조선에서 대원군이 실각한 후 일본은 1875년 250톤급 전투함 운요호雲揚號를 조선에 보내 미국한테 배운 포함외교gunboat diplomacy로 1876년 조일수호조규朝日修好條規(강화도조약)를 체결했다.

일본 관비 유학생의 근대화 공헌

도쿠가와 막부幕府는 1858년 미일 통상조약을 맺고 나서 1860년 제1회 견미見美사절단을 파견했다. 그로부터 여섯 차례 사절들이 구미歐美를 견학하기 위해 해외로 나갔다.

이승렬은 역저力著《근대시민의 형성과 대한민국》에서 일본과 조선

의 관비官費 유학생들 그리고 조슈번長州藩의
5걸傑 유학생과 호남의 사비私費 유학생들을
비교하는 흥미로운 글을 썼다.[1] 일본은 관
비 유학생들이 근대화에 큰 역할을 했으나
조선은 자발적으로 유학을 떠난 학생들이
민간 영역에서 새로운 주도 세력으로 등장
했다는 내용이다. 호남 유학생들의 유학 자
금은 국가가 아니라 지주경영과 미곡 무역
을 통해서 부를 축적한 지주가 조달했다.

대원군이 세운 척화비

에도 막부가 해외 견문사절단을 파견하
는 와중에 1863년 조슈번은 바칸(지금의
간몬)해협에서 외국 함대를 공격했다. 얼마 후에 미국과 프랑스의 보
복 공격을 받은 조슈번은 처참하게 무너졌다. 서양의 힘을 실감한 그
들은 서양을 배우기 위해 그해 유학생을 파견했다.

1863년 영주의 명령을 받은 다섯 유학생은 막부의 쇄국령鎖國令을
어기고 요코하마항을 떠나 상하이로 향했다. 요코하마에서 상하이를
거쳐 런던에 도착한 조슈 5걸은 '유니버시티 칼리지 런던'[2]에서 영국
과 서양문명을 배웠다.

---

1 이승렬(2021), 《근대시민의 형성과 대한민국》, 33~46쪽.
2 1826년 영국 런던에 설립된 연구중심 종합대학으로 세계 대학 순위에서 9위(2024)에
   올라 있다.

이들 중 이토 히로부미(1841~1909)와 이오누에 가오루(1836~1915)는 근대 일본 정치와 외교의 실세가 되었고, 이노우에 마사루는 철도의 아버지, 야마오 요조는 공학의 개척자, 엔도 긴스케는 조폐산업의 선구자가 되었다.

조슈 5걸이 영국에 도착한 지 2년 후에는 사쓰마번薩摩藩에서 19명의 사무라이들도 유니버시티 칼리지 런던에 왔다. 1863년 영국군과의 전쟁에서 패한 사쓰마가 유학생을 파견한 것이다. 대학에 등록한 14명 중 한 사람인 모리 아리노리는 일본의 초대 주미공사와 문부대신을 지냈다.

공교롭게도 서구에 패한 사쓰마번과 조슈번은 1866년 동맹을 맺었다. 그로부터 2년 후에 그들은 도쿠가와 막부를 무너뜨리고 메이지유신을 단행했다. 메이지 시대 이래 일본의 역사는 이토 히로부미의 역사였다.

호남의 지주 유학생이 실패한 관(官)을 대체

개항 이후 조선에서도 유학생 파견이 시작됐다. 일본 유학생들은 유럽과 미국으로 떠났지만 조선 유학생들은 일본으로 배우러 갔다. 급진 개화파가 주도했던 1기(1881~1884) 유학생은 대략 100명에 이르렀다. 1876년 1차 수신사, 1880년 2차 수신사, 그리고 1881년 박정양이 이끄는 신사유람단이 일본에 파견됐다. 그해 청나라에도 무기

제조법을 배우는 유학생 38명을 보냈다. 1기 유학생 중에는 1884년 김옥균 등이 주도했던 갑신정변에 연루되어 피살되거나 처형된 자들이 적지 않았다.

2기 유학생은 친일적인 갑오 정권(1894~1895)의 후원을 받았다. 대략 200명 정도였다. 191명이 게이오의숙에 입학했고, 나머지 학생들은 도쿄공업학교 또는 일본 육사에 입학했다. 3기 유학생은 1904년 대한제국 정부의 지원을 받아 50명이 일본으로 갔다. 조선의 관비 유학생들은 대한제국이 붕괴하고 식민지로 전락하는 바람에 일본처럼 근대화 과업을 완수하지 못하고 적지 않은 사람들이 식민지 지배 체제에 협력했다.

한편, 관비 유학생들을 대체할 수 있는 청년들이 전북과 전남의 경계인 고창과 담양 일대에서 교유관계를 맺고 있었다. 일본에서는 성공한 관료이 근대화를 이끌었다면 조선에서는 관을 대신해 민간 영역에서 유학파 출신의 새로운 주도 세력이 등장했다. 그들은 바로 경성방직과 동아일보를 세운 김성수, 그의 친구이자 한국민주당(이하 한민당) 수석 총무를 지낸 송진우, 두 사람의 친구였고 광복 후 대법원장이 된 김병로, 호남은행장 현준호, 동아일보 사장을 지낸 백관수 등이다.

이승렬은 일본과 한국의 근대화에 큰 영향을 끼친 인물로 이토 히로부미와 김성수를 비교하고 있다. 제국주의자 이토는 한국인들에게는 비판의 대상이지만 일본인들에게는 메이지 일본의 영웅이다. 김성수는 1915년부터 1940년 중반까지 거의 40년을 온건한 민족주의 운동에 관여했고 대한민국의 부통령을 지냈다.

인촌과 고하의 일본 유학길

이제 1908년 군산항에서 출항한 김성수와 송진우의 유학길을 따라가 보자.

인촌은 군산에서 고하와 함께 화륜선 시라카와마루를 타고 부산을 거쳐 시모노세키에 닿았다. 군산에서 배운 일어는 본고장에서 통하지 않아, 일본인들과 한문 필담筆談으로 의사소통했다.

두 사람은 시모노세키부터 도쿄까지 가는 동안 차창 밖으로 펼쳐지는 풍경에 눈을 떼지 못했다. 지금은 시속 280km 신칸센을 타고 5시간 남짓 걸리는 거리를 이들은 꼬박 1박 2일 열차를 타고 갔다. 그들은 기차를 타고 가면서 히로시마·고베·오사카·교토·요코하마 같은 발전된 도시들을 보았다. 남루한 조선의 모습과 비교돼 부러움을 불러 일으켰다. 일본의 농촌은 숲이 울창하고 논밭은 잘 정리돼 헐벗은 조선과는 대조가 됐다. 언제 일본을 따라잡을 수 있을 것인지 답답한 생각이 들었다.

홍명희는 자기 하숙집에 둘의 거처를 마련해 주고 도쿄를 안내했다. 관공서나 학교의 시설, 즐비한 고층 건물과 화려한 상가를 둘러보았다.

인촌과 고하는 중학교 입학시험을 준비하는 세이소쿠 영어학교에 입학했다. 세이소쿠에서 영어와 수학을 배우고 일어는 개인 교습을 했다. 열심히 공부해 그들은 일본에 온 다음 해인 1909년 긴조중학교 5학년에 편입해 본격적으로 대학입학 시험을 준비했다. 세이소쿠 영어학교와 긴조중학교는 지금도 건물이 나란히 붙어 있다. 인촌은 그

1910년대 와세다대학 캠퍼스 풍경.

해 조부(요협)가 별세해 상을 치르러 일시 귀국했다.

인촌과 고하는 다시 1년 만인 1910년 4월에 와세다대학 예과에 입학했다. 예과가 1년, 본과가 3년이었다. 그해 1월에는 인촌의 장남 상만이 출생했다. 조부의 혼이 이어준 경사였다.

청일전쟁과 러일전쟁을 연달아 승리한 일본은 1910년 8월 22일 총칼로 위협해 한일합병조약을 체결하고 조선의 국권을 빼앗았다. 도쿄 유학생들은 이 소식을 일주일 후에나 신문 호외를 통해 알게 됐다.

밤낮으로 비통해하던 고하는 고향으로 돌아가겠다고 했다. 나라가 망한 판에 공부를 해서 뭐 하냐는 거였다. 인촌은 그런다고 될 일이 아니라며 고하를 극력 말렸다. 인촌은 냉정하게 판단하고 감정에 휩쓸리지 않았다. 상하이에서 일본으로 와 있던 처남 고광준도 귀국했다.

한일합병 이듬해인 1911년 가을 인촌은 예과를 마치고 와세다대학 정치경제학과로 진학했다. 고하는 1년 만에 다시 인촌의 아우 연수季洙를 데리고 도쿄로 돌아왔다. 고하는 메이지대학 법학과에 들어갔다.

인촌이 와세다에 입학한 1910년대의 모습을 담은 풍경화나 사진을 보면 갓 모내기를 한 논들이 큰 건물 서너 채를 둘러싸고 있다. 전통적으로 논농사를 짓던 지역이어서 조도전早稻田(와세다)이라는 지명도 여기서 유래한 것이다.

인촌, 송진우와 장덕수에 유학비 지원

송진우는 가세가 기울어 유학 생활에 어려움을 겪었다. 한 달에 고정적으로 들어가는 유학 비용은 하숙비 12원을 비롯해 수업료, 교통비 등 20원이었다. 고하는 고학을 하려고 했으나 뜻대로 되지 않았다. 인촌은 줄포 집에 편지를 보내 고하의 학비를 보조해 달라고 간청했고 양부 기중은 이를 쾌히 받아들였다. 고하는 인촌의 개인 장학금으로 학교를 다닌 셈이다. 이런 과정을 통해 더 단단해진 우정은 평생 동지로 이어졌다.

인촌은 형편이 어려운 장덕수張德秀도 음으로 양으로 도와줬다. 황해도 재령에서 빈농貧農의 아들로 태어난 장덕수는 보통학교를 마친 뒤 관청의 급사를 하면서 18세 때 보통문관시험에 합격했다. 와세다대학 강의록으로 중등 과정을 마치고 스무 살 되던 해에 와세다대학

예과에 입학했다. 도쿄 일본인 상점에서 일하면서 고학했다. 인촌은 그의 자존심이 상하지 않도록 배려하면서 도움을 주었다.

인촌은 학교 공부를 중하게 여기고 여간해서는 결석하는 일이 없었다. 정치경제학과에 적을 두었지만 인촌이 주력한 것은 정치학보다 경제학이었다. 이에 비해 고하는 신문 잡지 등에 실린 논설을 찾아 읽는데 열심이었다. 연설회가 열리는 날이면 수업을 빼먹고라도 참석했다.

도쿄 유학생들의 네트워킹

이 무렵 도쿄에는 400명가량의 한국 유학생이 있었다. 장차 조국의 미래를 짊어질 엘리트들이었다. 대부분 지주나 관료의 자제들이었다. 조선 유학생들 간에는 대학을 불문하고 교류가 활발했다. 인촌은 새로운 지식을 공부하는 학업 못지않게 친구를 사귀는 기회를 소홀히 하지 않았다. 인촌이 도쿄 유학시절에 사귄 친구들 가운데는 후일 중요한 일을 한 사람들이 많다.

와세다대학 동문에는 장덕수(훗날 동아일보 주필), 안재홍(조선일보 사장·미군정청 민정장관·2대 국회의원), 현상윤(고려대 초대 총장), 최두선(경성방직사장·동아일보 사장·국무총리), 양원모(동아일보 감사역) 등이 있다.

도쿄제국대학에는 박용희(동아일보 감사역·경성방직 전무), 김준연(법무부 장관), 유억겸(미군정청 문교부장·대한체육회장), 김우영(일제

이청천(1888~1957)

관료·나혜석 화가의 남편) 등이 있었다.

메이지대학에는 송진우(동아일보 사장), 조만식(조선일보 사장), 김병로(대법원장), 현준호(호남은행 설립자), 조소앙(대한민국 임시정부 외무부장), 정노식(판소리 연구가· 북한 최고인민회의 대의원) 등이 있었고, 게이오대학에는 김도연(재무부 장관) 등이 있었다.

이외에도 도쿄에서 인촌과 친구로 지냈던 사람들 중에는 여운형(조선건국준비위원회 위원장), 백남훈(5대 국회의원), 신익희(국회의장·대통령 후보), 최남선(3·1 독립선언서 작성자), 홍명희(소설《임꺽정》 작가·북한 내각 부수상), 이강현(경성방직 지배인) 등이 있다.

일본으로 건너간 뒤 두세 번 하숙을 옮긴 인촌은 송진우, 양원모, 정노식 등과 함께 우시고메구(牛込區)의 집을 한 채 빌려 자취 생활을 했다. 독채 자취라 출입이 자유로워서 얼마 안 가 유학생들의 집합 장소처럼 되었다.

이청천, 이응준, 홍사익 등 일본 육군사관학교 학생들도 주말이면 외출을 나와 갈 데가 없어 인촌의 자취집을 찾아왔다. 일본 육사에는 20여 명의 조선 유학생들이 있었다. 본래 조선군관학교 파견생으로 와 있다가 군관학교가 한일합방 전에 폐교됨에 따라 일본 육사에 편입된 학생들이었다.

그들은 졸업 후 전선戰線의 확대와 함께 아시아 각지로 흩어져 운명이 엇갈렸다. 이청천은 상해임시정부 광복군 총사령, 이응준은 광복 후 초대 육군참모총장이 되었다. 홍사익은 일본 육군 중장으로 필리핀 포로수용소장을 지내다가 패전 후 연합군에 의해 전범으로 처형됐다. 고국에 돌아와 교육기관에 종사한 사람도 있었다.

두 부친을 도쿄로 초청한 인촌

인촌의 인생 설계에 영향을 준 사람은 와세다대학 설립자이자 총장이었던 오쿠마 시게노부大隈重信와 게이오대학 설립자 후쿠자와 유키치福澤諭吉였다. 오쿠마는 일본 총리를 두 번이나 역임한 정치가이기도 했으나 인촌이 존경한 것은 교육사업가로서였다. 후쿠자와는 탈아입구론脫亞入歐論을 주창해 한국인에게는 비판을 받지만 일본에서는 계몽운동가이자 일본 근대화의 아버지로

와세다대학 설립자 오쿠마 동상.

불린다. 일생을 교육에 바쳤고 평생 무위無位 무관無冠으로 지냈다.

교육사업을 하자면 막대한 자금이 들어가야 했다. 재정적 후원자인 두 분 아버지를 일본으로 모셔와 일본이 교육을 통해 비약적으로 발전한 모습을 보여주고 싶었다.

인촌이 와세다대학 졸업을 몇 달 앞둔 1913년 10월 양가와 생가의 두 부친이 도쿄에 왔다. 인촌은 두 어른의 방문 시기를 와세다대학 창립 30주년에 맞추었다. 30주년은 원래 1912년이었으나 때마침 메이지 천황의 별세로 기념행사를 한 해 연기했다. 두 분은 명승지와 번화가를 관광하고, 대표적 교육기관들을 둘러보았다.

일본 총리, 구미 대학들의 대표를 비롯한 내외 귀빈 2천여 명, 교직원 300명, 학생 1만여 명이 넓은 운동장을 가득 메운 가운데 진행된 창립 기념행사는 실로 장관이었다. 두 분은 두루마기에 갓을 쓰고 이 광경을 지켜보았다.

두 분 부친이 귀국하기 전날 밤 인촌은 대학을 졸업한 뒤 교육사업을 해보고 싶다는 뜻을 조심스럽게 꺼냈다. 양부는 자신이 설립한 줄포영신학교를 물려받겠다는 뜻으로 알고 처음에는 반가운 기색을 했다. 그러나 인촌의 꿈은 양부의 생각보다 컸다. 서울에서 중등학교를 해보고 싶다고 했다.

생부 경중은 "교육은 나라에서 해도 쉽지 않은 일이다. 교육사업은 아무나 하는 게 아니다. 교육기관을 운영하라고 돈을 지원해줄 수 없다"고 딱 잘라 말했다. 하지만 가슴속에 오래 간직하고 가꿔온 꿈을 아버지의 말 한마디에 포기하고 접어 버릴 수는 없었다.

1914년 7월 와세다대학을 졸업한 인촌은 6년 동안의 유학 생활을 마치고 귀국했다. 인촌이 고국에 돌아온 뒤에도 유학생들과의 인연은 계속 이어졌다.

1919년 1월 도쿄 유학생들은 2·8 독립 선언을 앞두고 밀사 송계백을 중앙학교로 보냈다. 도쿄에는 선언문을 인쇄할 한글 활자가 없었기 때문이다.

백관수(1889~1961)

귀국 후 인수한 중앙학교 숙직실에서 기거하던 인촌과 고하, 기당(현상윤)은 최남선의 신문관新文館 출판사를 통해 활자를 구해 주었다. 이에 그치지 않고, 2·8 독립선언의 불씨를 살려 3·1 운동으로 옮겨 붙이는 일에 착수했다.

1919년 2월 8일, 재일在日 조선YMCA 강당에 학우회 총회를 구실로 일본의 한인 유학생 400여 명이 모였다. 윤창석의 사회로 백관수가 독립선언문을, 김도연이 결의문을 낭독했다. 와세다대학의 숲속에서 유학생들이 교대해 가며 찍은 등사판 유인물을 강당에서 배포했다. 송계백이 서울에서 어렵게 짊어지고 들어온 활자는 일경의 감시로 사용할 수 없었다.

재일 YMCA 회관은 독립선언이 있던 장소에서 수백 미터 떨어진 곳에 1982년 복원됐다. 그 건물 안에 2008년 국가보훈처 지원으로 '2·8 독립선언 기념실'이 들어섰다.

기념실에는 2·8 독립선언에 관한 글이 실린 북한의 〈천리마〉라는 잡지도 전시하고 있다. 2·8 독립선언을 주도하고 해방 후 제헌의원을 지낸 백관수는 6·25 때 납북됐다. 평양 신미리 특설묘지의 백관수

재일 YMCA에 있는 2·8 독립선언 기념비.

묘지 사진도 2·8 독립선언 기념실에 전시돼 있다. 북한의 특설묘지에
는 납북인사와 월북인사의 묘가 함께 안장돼 있다고 한다.

　와세다대학 역사관에는 유학생 중 저명인사를 소개하는 패널이 있
다. 한국인으로는 김성수, 이병철, 이상백 3명이 올라 있다.

　인촌에 관해서는 "한국의 정치가·교육자. 1914년 대학부 정치경
제학과 졸업. 1920년 동아일보사 설립. 1933년 보성전문학교(현 고
려대) 교장 취임. 전후에 정계 진출해 부통령의 지위에 오름. 장남 김
상만은 본교 명예박사"라고 기술돼 있다.

이병철(1910~1987)은 "한국 삼성그룹 창업자. 1931년 전문부 정치경제학과 중퇴. 제당업, 섬유업, 보험업, 무역업 등 다각 경영으로 한국의 최대 재벌그룹을 만들었다. 1969년에 설립한 삼성전자공업을 세계적 기업으로 성장시켰다"고 적혀 있다. 이상백(1904~1966)은 서울대 교수, 대한올림픽위원회 회장과 IOC 위원을 지냈다.

와세다대학에 "인촌의 학적부를 열람 또는 복사할 수 있느냐"고 묻자 국제부문 총괄담당 이사 겐마 마사히코弦間正彦 교수는 "자손에게만 열람 또는 복사를 해줄 수 있다"고 답변했다. 정작 궁금한 학적부를 볼 수는 없었지만 인촌이 매달 학비(등록금)를 납입한 날짜를 적은 서류를 복사해 주었다. 와세다대학은 학비 수납에 철저했다. 학비를 못 낼 경우에 대비한 보증인 이름도 적혀 있었다. 와세다대학은 사립대라 등록금이 비싼 데다 유학생한테는 일본인 학생보다 학비를 더 받았다. 그래서 학비를 제대로 못 내는 학생도 많았다고 한다.

인촌이 와세다대학에서 수학하던 1910년대와 지금은 격세지감隔世之感이 있다. 한국은 그 시절 일본에 국권을 빼앗겼고 백성들은 헐벗고 굶주렸다. 그러나 한국은 110년 만에 경제력에서 일본을 따라잡았다. 국제통화기금IMF에 따르면, 2023년 1인당 GDP는 한국 35,563달러, 일본 33,899달러이다. 국제통화기금은 2024년에 한일 간의 차이가 더 벌어질 것으로 예측했다. 산업 경쟁력에서도 반도체·조선 등 한국이 앞서는 분야가 많고, 영화·가요·패션 등 대중문화에서는 일본을 압도한다.

와세다대학 역사관의 주요 유학생 명단.

우리가 자만하지 말고 노력해야 할 분야도 많다. 노벨상 과학 부문 수상자 수에서는 한국이 발 벗고 뛰어도 일본을 못 따라간다. 시민들의 공공의식에서도 일본은 세계 최고 수준이다. 이번에 일본을 방문해 인촌의 발자취를 따라 도쿄의 거리를 많이 걸어 다녔다. 돌아올 때까지 도쿄의 골목길에서 단 하나의 담배꽁초를 발견하지 못했다.

우리가 일본을 보는 시각도 과거 식민지의 열패감에 젖어 있던 시절과는 달라질 필요가 있다. 김동원 고려대 총장은 "일제강점기에 우리 민족이 선택할 수 있는 저항 방식 중에서 무장 투쟁과 외교 독립운동을 많이 거론했지만 국내에서 식민통치의 압박을 견디며 교육과 산업의 진흥을 통한 실력양성의 길을 걸었던 분들의 삶과 업적에 대해서도 합당한 평가와 조명이 이루어져야 할 것"이라고 말했다.

112

3부

역사의 길

◦ 단식투쟁으로 인수한 중앙학교
◦ 중앙고보와 북촌에서 일어난 3·1운동
◦ 간디의 물레에서 배운 경성방직
◦ 조선민중 대변하는 한글 신문의 탄생

단식투쟁으로 인수한 중앙학교

인촌은 와세다대학을 졸업하고 1914년 7월 귀국해 줄포 집에 머물렀다. 그때 담양군 금성면 손곡리 고향 마을에서 병상에 있던 고하를 여러 번 문병했다. 고하 일대기《독립을 향한 집념》에 따르면 인촌은 먼 길을 올 때마다 이름 있는 의원醫員을 동행하거나 약재를 구해왔다. 병석의 고하는 시골에서 세월을 보내지 말고 속히 서울에 올라가 도쿄에서 말한 대로 교육사업을 시작하라고 재촉했다.

인촌이 서울로 올라온 것은 그해 가을이었다. 인촌은 줄포에서 담양까지 얼추 한 달에 한 번씩은 갔다. 인촌이 고하에게 얼마나 정성을 들였는지 알 수 있는 일화다.

네이버 지도에서 송진우 기념관과 줄포 김상만가家를 찾아보면 호남고속도로를 이용해 자동차로 한 시간이면 갈 수 있다고 나온다. 도보로는 15시간, 자전거로 4시간이 걸린다. 말을 타고 갔더라도 서너

송진우(1890~1945)

시간은 걸렸을 것이다. 의원을 데리고 가는 것도 돈이 없으면 할 수 없는 일이지만 돈이 있다고 아무나 할 수 있는 일도 아니다.

인촌은 동아일보를 1920년 창간했지만 교육사업에 정진하느라 1940년 폐간 때까지 동아일보를 짊어진 사람은 고하였다. 이 일화를 보더라도 인촌의 인적 네트워크는 인간에 대한 정성과 신의일관信義一貫 정신에서 구축된 것이다.

인촌은 서울에 올라와 신문관 출판사에서 최남선, 안재홍 등과 자주 만나 사립학교 설립 구상을 이야기했다. 인촌이 새로 세울 학교의 이름을 두고 고민하자, 최남선이 우리 민족이 성산聖山으로 추앙하는 백두산白頭山으로 이름을 지으라는 아이디어를 내놓았다. 셋이서 논의 끝에 백두산에서 머리 두頭 자만 빼고 백산白山학교라고 짓기로 했다.

백산학교의 설립 신청서류는 총독부 세키야 데이자부로關屋貞三郎 학무국장과 지면이 있는 사람을 통해 제출했다. 그러나 학무국장을 면담하고 온 그는 세키야가 학교 이름에 화부터 내더란 이야기를 전했다.

"백산이면 백두산이라는 것은 삼척동자도 아는데 백산이라구? 이런 사람은 후지산富士山이라고 교명을 고쳐 와도 허가해줄 수 없소."[1]

일본 경찰은 유학생 출신들을 요시찰 인물로 분류하고 감시하며 동

1   인촌기념회(1976), 《인촌 김성수전》, 97쪽.

향을 파악하고 있었다. 그는 "학교 이름이 불온하다는 것은 구실에 불과하고 처음부터 허가해 줄 생각이 없는 것 같다"고 말했다.

호남 대지주의 아들인 인촌이 백산학교 설립을 추진하다 제동이 걸렸다는 소문이 나면서 재정난에 빠진 학교들이 자기네 학교를 인수해 달라고 손을 뻗쳐왔다. 그중의 하나가 중앙학교였다.

총독부는 본래부터 조선인의 손으로 설립한 중학 이상 학교의 존재를 달가워하지 않았다. 거기에다 민족적 색채가 농후한 지역 학회에서 세운 학교를 싫어해 다방면으로 압력을 가했다. 1910년 한일병합조약 이후 운영난에 봉착한 학회와 학교들은 살아남기 위해 통합의 길로 갔다. 기호흥학회, 호남학회, 서북학회, 관동학회, 교남학회 등이 중앙학회로 통합하고, 교명校名도 기호학교에서 중앙학교로 바꾸었다.

인촌은 중앙학교 인수 제의가 들어오자 좋은 기회라고 판단하고 중앙학회 및 학교 관계자들을 만났다. 중앙학회의 김윤식 회장을 비롯해 이상재, 유근, 유성준 등 원로들은 인촌이 출자자로 학회에 들어와 학교 운영을 맡아 달라는 조건을 달았다. 인촌은 그러나 "내가 관심을 갖는 것은 학회가 아니라 중앙학교입니다. 학교와 학회를 다 같이 살릴 자신이 없으니 둘 다 맡으라면 손을 떼겠습니다"라고 해서 뜻을 관철했다.

중앙학교 관계자들과 협의를 마친 인촌은 줄포로 내려가 생부와 양부 두 아버지에게 그간 경위를 설명하고 자금 지원을 요청했다. 양부 김기중은 "중앙학회의 원로들이 나이도 어린 너에게 뭘 보고 대사를 맡겼는지 모르겠다"면서 대견해 했다. 그러나 생부 김경중은 반대했다. 경중은 사돈 고정주와 함께 중앙학회에 흡수·합병된 호남학회의 발기인이어서 학회들의 속사정을 잘 알고 있었다.

"잘 되면 왜 학교를 넘깁니까. 학회도 속 빈 강정이고 학교도 이름만 남았을 뿐 폐교 직전이라고 들었습니다. 작자를 구하는데 부잣집 아들이 걸려든 거지요."

양부는 인촌의 의지가 굳어 굽혀지지 않으리라는 것을 느꼈다. 이틀 뒤 기중은 아들을 불러 3천 마지기의 땅을 내놓았다. 인촌은 감격한 나머지 방바닥에 두 손을 짚고 눈물을 흘렸다. 그러나 그 돈만으로는 부족했다. 인촌은 서울 김윤식 회장에게 편지를 보내 지원을 요청했다. 학회에서는 중앙학교 학감을 지낸 이항직을 줄포로 내려보냈다. 이항직은 그동안의 경과를 소상하게 설명했다.

경중은 중앙학교의 인수 건이 세상 물정 모르는 연소한 젊은이를 상대로 한 농간이 아니라는 것을 알게 됐다. 그래도 움직이지 않았다. 서울의 원로들이 포기한 교육사업을 스물다섯 살 백면서생白面書生이 성공하리라는 믿음이 가지 않았던 것이다.

단식투쟁으로 생부 설득한 인촌

인촌은 아버지 방에서 물러나오며 비장한 결심을 했다. 곡기穀氣를 끊고 단식을 시작한 것이다. 경중은 인촌의 단식에 처음엔 역정을 냈다. 이튿날 아침까지도 아들은 방문을 열지 않았다. 한 울타리 안에서 살며 조석으로 얼굴을 대하는 형은 아우를 나무랐다. 어찌 보면 아들이 자랑스럽다는 생각도 들었다. 주색잡기酒色雜技에 빠져 있는 대지주의 아들들이 많은데 나라의 장래를 위해 교육사업에 헌신하겠다는 태도는 대단하지 않은가. 생부도 아들에게 끝까지 반대하기가 어려웠다.

"성수야 문 열고 나오너라. 네가 이겼다."
경중은 형과 아들의 뜻을 받아들였다.

후일 인촌은 환담 중에 "정말 단식을 한 것은 하루 반이었다. 둘째 날 저녁에는 어머님께서 지어주신 밥을 몰래 먹었다. 양부께서도 눈치 채셨는데 생부만 전혀 모르셨던 것 같다"고 회고했다.
줄포 김상만 가옥에는 인촌이 단식했던 방이 그대로 보존돼 안내인이 설명을 했는데 어머니가 몰래 밥 갖다 준 이야기는 빼놓았다.
아버지들로부터 토지 문서를 받아 재정 문제는 풀렸지만, 더 험난한 난관이 기다리고 있었다. 대한민국 임시정부가 편찬한 〈한일관계사료집 제2〉(1919. 9. 13)는 인촌이 1915년 세키야 학무국장과 1년간 100여 회에 걸쳐 청원과 면담을 한 끝에 인가를 받은 에피소드를 실었다.

줄포 김상만 가옥 안사랑채.
오른쪽에서 두 번째 방 문미에 '인촌이 단식하던 방'이라는 표찰이 붙어 있다.

오전 9시에 조선총독부 내무부 학무국에서 세키야와 만나기로 했다. 약속 시간보다 약간 이른 8시 45분에 도착했다. 명함을 들여보낸 후 4시간여가 지난 오후 1시 20분경 국장실에 들어갔다.

세키야는 서류를 들여다보면서 인촌이 들어온 것을 모르는 척했다. 10분 후에야 고개를 들어 "그대가 김성수인가"라고 물었다.

"그렇소."

"그대는 왜 중앙학교를 인수하려는가?"

"청년 교육을 하고 싶은데 당국에서 신설을 불허하므로 재정난으로 폐교의 위기에 몰린 중앙학교를 인수하려 하오."

"청년을 교육해서 무얼 하려는가?"

"우리 민족도 남과 같이 잘 살게 하고 싶소."

그는 "바보 같은 소리! 조선인의 교육은 조선총독부가 잘 하고 있다. 조선 청년들은 돈이 있거든 사업이나 하라"고 빈정거렸다.

이후에도 밀고 당기는 대화가 몇 차례 더 오갔다.

인촌은 포기하지 않았다, 마침 일본 정부에 영향력이 있었던 와세다대학 교수 나가이 류타로永井柳太郎와 다나카 호즈미田中穂積가 조선을 방문했다. 인촌은 와세다 졸업생이라는 연줄을 타고 그들에게 도움을 청했다. 마침내 1915년 4월 27일 중앙학교 인수에 성공할 수 있었다.

세키야는 학교 인수를 허가하고 나서 이번에는 교원 채용허가를 갖고 딴지를 걸었다. 일본인 교사를 채용하라느니, 조선인 교사는 학무국의 사전심사를 받으라느니 하며 까탈을 부렸다. 인촌은 변명도 하고 접대도 했다.

"세키야 덕분에 명월관에서 술을 마셨네. 술 마시는 일이 애국운동이라는 것도 알게 됐네."

인촌이 주변 사람들에게 전한 후일담이다.

1915년 4월 인촌이 중앙학교를 인수할 때는 교사校舍가 화동 138번지 홍수렛골에 있었다. 북촌 정독도서관(경기고 옛터) 정문 앞에는 중앙학교 옛 교사와 동아일보 창간 사옥 터임을 알리는 표지석이 서 있다. 중앙학교 2대 교장 박승봉은 사재를 털어 한옥을 사들여 교사로 사용했다. 인촌이 인수할 당시 학생 수는 70~80명이었고 개교 이래 7년간 이 학교를 다녀간 학생 수는 300명이었다.

인촌은 교장에 유근, 학감에 안재홍을 초빙하고 자신은 평교사를 맡았다. 유근은 황성신문을 창간하고 주필, 사장을 역임한 언론인이자 휘문의숙, 계산학교 교장을 지낸 교육자였다.

인촌이 이 학교를 인수하자 신입생 수가 전해에 비해 두 배로 늘었

다. 그해 11월에는 총독부가 고등보통학교령을 개정해 3년이던 수업
연한이 4년으로 늘어 학교시설 확장이 시급했다.

화동에서 계동 1번지로 중앙학교 이전

1917년 6월 인촌은 계동 1번지, 지금의 중앙고등학교 터 4,300평을
사들였다. 인촌은 쌀 한 섬에 6원 할 때 매입자금으로 거금 8,800원을
투자했다. 당시 이 일대는 수목이 울창한 산골짜기였다.

그해 7월에는 고향에서 신병을 치료하다 일본으로 건너가 메이지
대학을 졸업한 고하 송진우가 귀국했다. 고하는 "이렇게 구석진 곳에
학교를 지으면 학교 발전에 지장이 있다"고 걱정했다. 이에 인촌은
"밑에서 쳐다보지만 말고 위에서 아래를 내려다보라"고 권고했다.

중앙학교 앞으로는 서울 장안이 한눈에 내려다보이고 뒤에는 북악
의 줄기가 둘러싸고 있었다. 학교 바로 아래 경복궁과 창덕궁 사이에
북촌이 자리 잡고 있었다. 서울은 새로운 시대를 맞아 발전하고 있었
다. 인촌은 앞으로 10년만 지나면 학교 주변이 주택들로 차게 될 것이
라고 내다봤다. 부동산은 무엇보다 위치가 제일 중요하다. 인촌에게
는 부동산의 장래성을 보는 눈이 있었다.

학생들은 수업을 마치면 팔을 걷고 공사장으로 갔다. 교사들은 물
론이고 인촌과 고하도 터를 닦고 돌을 날랐다. 국가를 위해 쓸 인재를
기르는 교육을 위해 모두 한 몸이 되었다.

서울 장안이 내려다보이는 중앙고 본관.

대지를 사들인 날로부터 불과 5개월 만에 교사를 완공했다. 인촌은 1917년 12월, 계동 1번지 새로 지은 교사로 중앙학교를 이전했다.

세키야는 중앙학교 낙성식에 초대받고 와서 새 교사의 위용에 깜짝 놀랐다. 세키야는 젊은 인촌을 늘 '김 군'이라고 불렀고, 학교설립을 신청했을 때도 "부모의 승낙을 받았느냐"고 미성년 취급을 했다. 이런 오만한 태도는 중앙학교에 와 보고 달라졌다. 식장에서 인촌에게 '긴센세이'金先生라고 존칭을 사용했다.

생부와 양부도 낙성식에 참석했다. 거금을 출자한 양부 김기중의 동상은 지금도 중앙고 교정에 자리 잡고 있다.

중앙학교는 교복과 교모도 제정했다. 교사와 학생은 해군 장교복과 비슷한 제복으로 맞추어 입었다. 옷감도 일본산 광목을 쓰지 않고 조선산 무명베를 검게 물들여 사용했다. 이제까지 한복만 입었다가

중앙고 신관 뒤에 있는 김기중 좌상.

서양식 제복을 처음 입어보는 학생이 대부분이었다.

퇴교생들의 보금자리 중앙학교

인촌이 중앙학교 교장으로 있을 때 보성학교와 경신학교에서 일본인 교사 배척운동을 벌이다 학생들이 퇴학당하는 일이 있었다.

보성학교 최린 교장이 퇴학생 8명을 구제해 달라고 전화하자 인촌은 전원을 받아 주었다.

세키야는 인촌을 총독부 학무국으로 소환해서 "불온 학생 8명을 당장 내놓으라"고 호통쳤지만, 인촌이 "자기가 다니던 학교에서 퇴학을 당한 것도 큰 벌인데 다른 학교에 가서 공부도 못 하게 한다면 처벌이 아니라 보복이라고 생각하지 않겠느냐"고 아픈 곳을 찔렀다. 세키야는 다음번에 이런 일이 있을 때는 학무국과 상의하는 조건으로 이번 사건에 한해 불문에 붙이겠다고 경고했다. 보성학교 4학년 때 퇴학당해 중앙학교로 전학 왔던 연극인 서항석(예술원 종신회원)의 회고다.

서항석(1900~1985).

남이 안 하는 것을 해 보라

한국 어류학의 태두 정문기는 경신학교 4학년 때 동맹 휴학을 벌여 퇴학당하고 중앙학교로 왔다. 정문기의 동급생 이희승(국어학자)도 그때 중앙학교로 전학했다. 인촌은 경제와 영어를 가르쳤다. 정문기는 계동 신교사로 이사 온 지 얼마 안 돼 인촌이 수업시간에 한 말을 평생 기억했다.

"공부도 경쟁이다. 학업에서 두각을 나타내려는 것은 사람의 본성이다. 두각을 쉽게 나타내는 방법을 내가 알려줄까. 많은 사람이 몰리는 유행 학과로 가지 말아야 돼. 지금의 유행 학과가 후에 무실無實해지고 지금 유행하지 않는 학과가 나중에 인기를 얻을지도 모르거든. 학문에는 우열이 없으니 남이 안 하는 것을 해 보라 이 말이여."

정문기가 일본 유학을 가서 동경제대 수산과에 들어간 데는 인촌의

정문기(1898~1995).

영향이 컸다. 문과가 대세인 당시 수산학을 하는 것은 다소 엉뚱했다. 정문기는 해방 이후 수산사水産史와 어업사漁業史 연구에서 다대한 업적을 남겼다. 1977년 그가 《자산어보玆山魚譜》의 한글 번역·해설판을 완성함으로써 정약전의 《자산어보》가 대중에게 알려졌다.[2]

인간에 대한 관찰과 배려

김형석(연세대 명예교수)은 1947년 27세에 중앙학교에 부임해 퇴직할 때까지 7년간 근무했다. 중앙학교 교사들은 인촌을 교주校主라고 불렀다. 교사와 학생들을 아끼고 사랑하는 학교의 주인 같은 인상이었기 때문이다. 인촌은 여러 분야의 사람들을 대할 때 배려 깊고 따뜻한 인간관계를 가졌다.

1950년 6월 25일(일) 북한군의 남침 소식이 전해졌다. 이북에서 공산당 정권을 체험한 김형석은 이 전쟁은 적화통일을 노리는 전쟁이기 때문에 오래갈 것이라는 판단이 들었다. 월요일 아침 출근해 심형필 교장에게 "학교에서 은행에 예금해둔 돈을 찾아 교직원들에게

---

2   동아일보편집부 편(1986), 《인촌 김성수의 사상과 일화》, 116~117쪽.

3개월 봉급을 미리 줬으면 좋겠다"고 건의
했다. 심 교장이 인촌에게 김형석 교사의
정세 판단과 봉급 선지급 의견을 보고했
고, 인촌이 받아들여 중앙학교 교직원들은
몇 달 동안 경제적 고통에서 벗어날 수 있
었다.

김형석(1920~).

　부산 피란생활 때도 인촌에게 또 도움을 청해보자는 의견이 나왔
다. 교사들의 뜻에 따라 이번에도 김형석이 나서게 되었다. 인촌 선생
을 찾아가 인사를 드렸더니 뜻밖에도 그를 기억하고 있었다. 선생들
의 생활비 걱정을 이야기하자 인촌은 "우리 집에서 자고 가라. 오늘은
늦은 시간이니까 내일 아침에 생각해보자"고 말했다.

　인촌은 다음 날 아들에게 심부름시켜 은행에서 돈을 찾아오게 했
다. 김형석이 "제가 영수증을 써드려도 되느냐"고 하자 "그럴 필요
없다. 내가 교장에게 말하면 되니까"라고 했다. 나중에 심 교장에게
들으니 그 돈은 학교 공금이 아니고 인촌이 개인적으로 도와준 돈이
었다.

　김형석은 피란지 부산 분교에서 교감으로 승진했다. 처음엔 "선배
들이 많다"고 사양했으나 교장은 "인촌이 허락했다. 그대로 따르라"
고 말했다. 인촌은 전쟁기에 북한 실정을 잘 아는 30세 젊은 교감의
필요성을 느꼈던 것 같다.[3]

3　김형석 인터뷰.

민족의식이 담긴 무궁화와 인절미

해마다 정월 초하루가 되면 모든 학교에서는 천황의 하사품이라 하여 일본 왕실의 문장인 국화꽃 무늬가 찍힌 '모찌'(흰 찹쌀떡)를 학생들에게 나누어줬다. 그러나 중앙학교는 일본 떡 대신 인촌의 집에서 참깨와 콩가루를 얹어 만든 인절미를 한지에 싸서 나눠주었다. 인촌은 중앙학교 개교기념일인 6월 1일에도 인절미를 주었다.

학생들 중에는 인절미는 집에서 먹는 것이고 안 먹어본 모찌를 먹고 싶어 하는 이들도 있었다. 중앙학교와 보성전문을 졸업하고 국회의원, 문교부 장관을 지낸 윤택중은 인촌이 "우리 고유의 인절미를 한지에 싸서 주는 것은 특별한 의미가 있다"는 말을 가끔 했다고 회고했다. 대부분 학생들은 그 말이 무슨 뜻인지를 모르고 인절미를 받아먹었다.[4]

원래 중앙학교 교모에는 무궁화를 바탕으로 중앙中央이라는 한자가 들어가 있었다. 그러나 1938년 경기도청 내무국이 종로경찰서에 중앙학교의 모자와 배지를 압수하라고 지시하는 바람에 교모에서 무궁화 무늬가 사라지고 월계관 무늬가 등장했다.[5]

---

4   인촌김성수서거 50주기추모집간행위원회(2005), 《인촌을 생각한다》, 63쪽;
    동아일보편집부 편(1986), 《인촌 김성수의 사상과 일화》, 118쪽.
5   김중순(1998), 《문화민족주의자 김성수》, 80쪽.

조선말을 안 놓은 수업

일본이 수업시간에 한국어 사용을 금지했던 1939년까지도 중앙학교
는 한국어를 선택과목으로 개설했다. 영어교사였던 변영태(광복 후
외무부 장관)는 1945년 해방 때까지 영어 수업시간에 영어 외에는 한
국어를 사용했다. 체육교사였던 조철호와 박창하도 체육 수업시간에
한국어를 썼다. 수업에서 한국어 사용이 많고 일본어 수업시간이 적
었기 때문에 중앙학교 학생들은 상급학교 입시에서 상대적으로 불리
했다.[6] 이렇게 조선말을 쓴 학교는 중앙학교를 제외하면 전국에서 평
안도의 오산학교밖에 없었을 것이다.[7]

중앙학교를 나온 채문식 전 국회의장은 "인촌 선생을 보고 총을 들
고 독립운동도 안 했고, 외국에 가서 항일운동도 하지 않았느냐고 말
하는 사람도 있지만, 그 시대의 한국 땅에서 인촌 아니고 누가 그같이
민족의식이 맥박 치는 그런 학교를 경영했던가를 생각한다면 그런 말
을 못할 것이다"라고 회고했다.[8]

---

6   김중순(1998), 《문화민족주의자 김성수》, 80쪽.
7   인촌김성수서거 50주기추모집간행위원회(2005), 《인촌을 생각한다》, 61쪽.
8   동아일보편집부 편(1986), 《인촌 김성수의 사상과 일화》, 112~113쪽.

중앙고보와 북촌에서 일어난 3 · 1 운동

1914년에 발발한 1차 세계대전은 미국이 영국, 프랑스 쪽에 가세하면서 연합국 측을 승리로 이끌고 국제정치의 주역으로 등장했다. 미국 우드로 윌슨 대통령은 1918년 1월 전후戰後 문제 처리에서 국제연맹의 창설을 제안하고, 14개조의 평화 원칙을 제안했다. 14개조 안에는 식민지의 민족자결民族自決이라는 대원칙이 포함돼 있었다. 1910년 이후 국권을 빼앗기고 일본의 식민지가 된 조선 백성들이 기대를 품게 하는 서광曙光이 비친 것이다.

　민족자결주의의 흐름을 타고 먼저 중국 상하이와 미주 교포들이 독립선언 운동을 시작했다. 1917년 9월에는 뉴욕에서 25개 약소민족 대표자 제 1차 회의가 열렸는데, 하와이 교민회에서 파견한 박용만이 참석했다. 1918년 12월 제 2차 약소민족 대표자 회의에는 민찬호와 정한경이 참석했다.

워싱턴에서는 서재필, 안창호, 이승만 등을 중심으로 윌슨 대통령에게 한국의 독립을 호소하는 진정서를 제출하고 1919년 1월 파리평화회의에 이승만, 민찬호, 정한경 등을 민족 대표로 파견하기 위해 모금 운동을 시작했다. 상하이에서 신한청년당은 파리평화회의에 김규식을 대표로 파견했다.

국내에서도 중앙학교, 천도교와 보성전문, 연희전문, 세브란스의전, 경성의전의 일부 청년학생층에서 민족자결주의의 기세를 탄 독자적 움직임이 있었다.

1917년 중앙학교가 화동에서 계동의 신교사로 옮기면서 교장 사택 겸 숙직실에서 송진우와 현상윤이 함께 기거하게 되었다. 1918년에는 인촌이 계동 132번지 김사용의 집(현재의 인촌 고택)을 매입했다. 인촌은 송진우, 현상윤과 숙직실에서 함께 잠을 자고 식사는 인촌 고택에서 날라다 먹을 때가 많았다. 송진우 29세, 김성수 28세, 현상윤 26세였다.

당시 숙직실은 강당을 지으면서 철거했다. 숙직실 터에는 '국가보훈처 지정 현충시설'이라는 표지석이 서 있다. 아담한 기와집이었던 숙직실은 가까운 곳에 '3·1 기념관'이라는 이름으로 1973년 복원했다.

여기서는 〈사상계〉 1963년 3월호에 실린 기당 현상윤의 유고遺稿 "3·1 운동 발발의 개략"이라는 글을 골격으로 삼아 당시 상황을 서술한다. 현상윤은 보성전문 교장을 지내고 고려대 총장 재임 중에 6·25

'3·1 기념관'이라는 현판을 달고 복원된 중앙학교 숙직실.

전쟁이 발발해 납북됐다. 북으로 끌려가던 중 1950년 9월 황해도에서 미군 폭격으로 사망한 것으로 전해진다. 〈사상계〉는 현승종의 주선으로 가족들이 보관하던 유고를 3·1 운동 43주년을 맞아 게재했다. 집필 시점은 1945년 해방 후에서 1950년 전쟁 발발 사이로 추정된다. 참여한 사람들과 모의하고 실행한 내용 등이 구체적이다. 이런 글을 해방 이전에는 쓸 수 없었을 것이다.

월슨의 민족자결주의 소식이 전파되면서 숙직실의 세 청년은 만날 때마다 이와 관련한 이야기를 했다. 국내에서 큰 운동을 일으키려면 먼저 동학東學의 후신으로 신도 수가 많은 천도교天道教를 움직이는 것이 상책이라는 데 의견이 일치했다.

교사 현상윤은 평북 정주 출신으로 평양 대성학교를 다니다가 105인 사건으로 학교가 문을 닫자 서울로 올라와서 최린이 교장으로 있는 천도교 계열 보성학교를 다녔다. 그 후 일본 와세다대학에서 수학하고 귀국해 중앙학교 교사로 재직하고 있었다.

천도교를 끌어들이자면 교주教主를 움직여야 하는데 교주 손병희의 손발 노릇을 하는 사람이 최린, 오세창, 권동진이었다. 보성중학 교장 최린과 현상윤은 보성학교의 사제지간이었다. 현상윤이 여러 차례 최린을 만나 의사를 타진했더니 호응하는 기색을 보였다. 이후 송진우와 함께 동행해 최남선을 만났다. 1918년 11월경부터 최남선을 포섭하는 노력을 하면서 천도교의 중진 오세창, 권동진을 통해 손병희의 참가를 권유했다.

중앙학교 숙직실 찾아온 도쿄 유학생 밀사

중앙학교가 3·1 운동을 촉발한 결정적 계기는 1월 초순경 도쿄 유학생들의 밀사인 송계백이 서울 중앙학교 숙직실로 와세다대학 선배인 현상윤을 찾아오면서다.

숙직실에서 송계백이 쓰고 있던 모자를 벗어 뜯어보니 안에 잔글씨가 가득 쓰인 비단 수건이 들어 있었다. 백관수가 초안을 작성하고 이광수가 다듬은 도쿄 유학생들의 독립선언서였다. 송계백은 "일본에서는 조선글 활자를 구할 수 없어 인쇄를 못 하고 있습니다. 국내에서 활자를 구해 내가 갖고 들어가야 합니다. 백관수 선생이 '중앙학교로 찾아가면 도와 줄 것'이라고 했습니다"라고 말했다.

현상윤(1892~1950)

인촌이 "인쇄 활자는 최남선의 신문관을 이용하면 되겠다"고 거들었다. 때마침 중앙학교를 방문한 최남선에게 도쿄 유학생들의 독립선언서를 보이자 그때까지 주저하는 모습을 보였던 최남선은 "국내의 독립선언서는 내가 짓겠다"고 나섰다. 현상윤은 그 비단 수건을 최린을 경유해 손병희에게 보여줬다.

손병희는 "어린 학생들이 저렇게 운동을 한다는데, 우리가 어떻게 앉아서 보고만 있을 수 있느냐"고 화답했다. 그는 그날로 천도교 최고 간부회의를 열어 논의를 하고 천도교의 참여를 결정했다. 비단 수건 선언서를 신문관에서 채자探字해 활자 보따리를 든 송계백이 도쿄로 떠났다.

최린, 송진우, 최남선, 현상윤은 천도교의 참여가 결정된 날 저녁 재동의 최린 집에서 만나 축배를 들고 구체적 방안을 마련했다. 임무를 분담해 선언서와 관련 서류는 최남선이 작성하기로 하고, 최남선과 송진우가 민족 대표 제1호 손병희 외에 박영효·이상재·윤치호·한규설·윤용구·김윤식 등 구舊 왕조 시대의 인망이 높은 중신들을 접촉했다. 그러나 이들은 민족 대표가 되기를 거부했다.

최남선은 선언문은 쓰겠지만 광문회光文會와 출판사新文館 때문에 민

손병희(1861~1922)

족 대표는 맡을 수 없다고 했다. 최린은 최남선을 보고 "최남선이 승낙하지 않으면 나도 못 한다. 천도교만으로 이 운동을 진행할 수도 없다"고 해 운동이 중단될 지경에 이르렀다.

도쿄의 백관수에게서 송진우에게 '2·8 샀다'는 전보가 왔다. '2·8 샀다'는 백관수와 송진우가 사전에 약속한 암호로 2월 8일에 거사를 하겠다는 연락이었다.

현상윤은 네댓새 지난 뒤에 최남선을 자택으로 방문해 기독교 측을 끌어들이려면 장로교 장로로 서북지방에 영향력이 큰 오산학교 교주 이승훈을 움직이는 것이 좋겠다는 데 의견이 합치했다. 최남선이 이승훈의 상경을 요청하는 편지를 썼다. 이 편지는 현상윤을 거쳐 정노식[1]에게, 다시 정노식의 집에 유숙하던 오산학교 출신 김도태[2]를 거쳐 무사히 이승훈에게 전달했다.

드디어 2월 11일 오산학교 교장 이승훈이 서울에 올라왔다. 그러자 최남선은 관헌의 주목을 피하기 위해 자신은 이승훈을 만나지 않겠으니 송진우와 현상윤이 대신 만나라고 했다. 이에 김성수, 송진우,

1 일제강점기에 판소리와 관련한 《조선창극사》를 썼다. 3·1 운동 관련 옥고를 치렀다. 1948년 월북해 최고인민회의 대의원 등을 지냈다.
2 오산학교를 졸업하고 신흥무관학교 교사로 재직했다. 3·1 운동 관련 48인으로 옥고를 치렀고 휘문중학교 교장을 지냈다.

인촌 고택 안채

ⓒ 장희율

현상윤은 계동 인촌 고택에서 이승훈을 만나 그동안 독립운동을 추진한 경과를 설명했다. 이승훈은 기독교와 천도교의 합작 제의를 쾌락快諾했다.

이승훈은 인촌에게서 운동비 수천 원을 받아 황해도와 평안도를 향해 출발했다. 그 후 이승훈은 질풍같이 관서關西 지방을 순행巡行해 장로교의 길선주 · 양순백 · 이명룡 · 유여대 · 김병조와 감리교의 신홍식 등과 만나 민족 대표 승낙을 받고 인장을 모아 신홍식과 함께 서울로 왔다.

그러나 최남선이 한 번도 만나주지 않으므로 이승훈은 기독교 단독으로라도 독립운동을 전개할 것을 결심했다. 그러던 중 2월 21일 최

남선이 비로소 이승훈을 만나 재동 집으로 최린을 함께 방문했다. 이 자리에서도 이승훈이 기독교만으로 독립운동을 전개하겠다는 뜻을 밝히자 최린은 "독립운동은 민족 전체에 관한 문제이니 종교의 차이를 따지지 말고 마땅히 기독교와 천도교가 합동하자"고 하여 큰 고비를 넘겼다.

오산학교 교장으로
3·1 운동을 주동한 이승훈
(1864~1930)

한용운이 선언문을 썼더라면

기독교와 천도교의 제휴가 성공하고 최린, 이승훈, 함태영은 불교도 합류시키기로 하고 한용운韓龍雲에게 승낙을 받았다. 한용운이 백용성을 끌어들여 두 승려가 이름을 올렸다. 만해卍海 한용운은 1905년 27세 때 강원도 인제군 백담사에서 불문에 귀의했다. 뛰어난 시인이었다.

애초 한용운은 서명을 안 하는 최남선에게 선언문의 기초를 맡긴다는 것은 가당치 않으니 집필자를 바꿔야 한다고 주장했다. 서명자가 집필해야 한다는 그의 말에도 일리가 있었다. 그는 자신이 직접 선언문을 쓰고 싶었을 수도 있다. 그러나 만해는 대의를 위해 주장을 굽히고 선언문의 집필을 최남선에게 넘기고 본문의 윤문潤文을 맡고 공약 3장을 새로이 추가했다.

吾等은 茲에 我 朝鮮의 獨立國임과 朝鮮人의 自主民임을 宣言하노라
(오등은 자에 아 조선의 독립국임과 조선인의 자주민임을 선언하노라)

이렇게 시작하는 독립선언문은 한문 범벅에 토씨만 우리말로 썼다. 그보다 6년 늦은 1926년 출간한 한용운 시집에 실린 〈님의 침묵〉은 아름다운 우리말이 물 흐르듯 흘러간다.

님은 갔습니다. 아아, 사랑하는 나의 님은 갔습니다.
푸른 산빛을 깨치고 단풍나무 숲을 향하여 난 작은 길을 걸어서, 차마 떨치고 갔습니다.
황금의 꽃같이 굳고 빛나던 옛 맹세는 차디찬 티끌이 되어서 한숨의 미풍에 날아갔습니다.

독립선언문의 집필을 한용운이 맡았더라면 지금의 젊은이들에게도 술술 읽히는 글이 되지 않았을까 하는 아쉬움이 남는다. 독립선언문의 필자로서 서명을 마다했던 최남선은 후일 '민족개량주의를 주장하며 친일파로 변절했다'는 비난을 받았다. 1949년 1월 반민족행위특별조사위원회(이하 반민특위)에 체포되어 서대문 형무소에 수감됐으나 병보석으로 출감했다. 한용운은 독립운동가로서 평생 절개를 지키다 해방 한 해 전 조국 광복을 보지 못하고 성북동 심우장尋牛莊에서 눈을 감았다.

3·1 운동 민족 대표들이
거사 전 마지막 모임을
가진 손병희의 집터 표지석.

선언문의 인쇄는 천도교에서 경영하는 보성사普成社에서 했다. 선언문에 서명하기까지 6차례의 비밀 회합이 있었다. 1차는 최린 집, 2차는 중앙고보 숙직실, 3차는 박희도 집, 4차는 함태영 집, 5차는 세브란스 병원 이갑성 숙직실, 2월 28일에는 손병희의 집에서 마지막 모임을 가졌다. 다음 날 거사 준비 상황과 조직, 동원 계획을 점검했다. 당초 탑골공원을 독립선언문 선포식장으로 정했으나 학생들이 모여드는 장소여서 혼란이 예상되므로 서울 인사동 태화관에서 거행하기로 했다. 이날 최종적으로 33인이 서명 날인을 했다.

천도교인 15명, 기독교인 16명, 불교인 2명이었다. 유교계 인사들도 접촉했으나 한 명도 참여하지 않았다.

3·1 운동의 택일擇日은 절묘했다. 일제의 독살설이 나도는 고종 황제 인산因山 날이 이틀 뒤 3월 3일이었다. 중앙고를 나와 경성직뉴에 근무 중이던 국어학자 이희승의 〈내가 겪은 3·1 운동〉은 보기 드문 명문이다.[3] 지면 제약상 다소 줄여서 옮겨본다.

며칠 전부터 전국 각지에서 남녀노소의 구분 없이 인산을 구경하기 위하여 서울로 올라오는 사람이 어마어마하게 많았다. 한평생 이런 기회를 얻기란 수월한 일이 아니었다. 필자(이희승)의 가족도 상경한다는 통지를 받고 서울역에 마중 나갔다. 서울역에는 서울로 밀려드는 승객을 운반하기 위하여 임시열차가 뻔들이로 도착하였다. 서울역

이희승(1896~1989).

출구에서는 인파가 폭포수처럼 줄을 지어 쏟아져 나왔다.

국상이라 남자는 백립白笠에 흰 두루마기를 입고, 여자들도 흰 저고리에 흰 치마로 차리어 어디를 가나 인파를 이룬 곳은 순백 일색이었다. 그 광경은 만경창파萬頃蒼波가 아니라 만경백파白波의 장관이었다.

기회는 대단히 좋았다. 밖으로부터 민족자결주의의 선풍이 불어왔고, 안에서는 서울이 생긴 이래 처음으로 많은 군중이 모여들어 어떤 운동이나 거사를 하기에는 천재일우千載一遇의 기회였다. 더욱이 고종 독살 소문이 퍼졌기 때문에 온 국민의 감정은 극도로 격앙되어 있었다.

모교(중앙학교) 하급생에게 이날의 광경을 들은 일이 있다. 학생들은 거족적으로 큰 운동이 전개되리라는 것은 전혀 몰랐다. 평일대로 수업시간에 교실에 들어가서 공부하는 척했으나 웬일인지 마음이 안정되지 못하였다는 것이었다. 마침 현상윤 선생의 시간인데 현 선생도 책을 가르칠 생각은 아니하고 세계대전과 평화회의 전망, 민족자결주의 등에 대한

---

3   이희승(1969), 〈내가 겪은 3·1 운동〉, 《3·1 운동 50주년 기념논집》, 399~405쪽.

이야기로만 한 시간을 채우고 마지막에 가서는 영어로 "굿 챈스Good Chance, 굿 챈스"라고 하면서 의미심장한 힌트를 주더라는 것이다. 그러다가 오후에 이르러 탑골공원에서 만세 소리가 들린 후로는 학생이 전부 거리로 뛰어나가 버리고 학교는 텅텅 비었다.

이날 서울 거리의 광경은 열광적으로 독립 만세를 열창하는 군중들, 또 어느 틈에 만들었는지 종이로 만든 태극기의 물결, 이러한 대열 앞에는 학생이 선두에 섰으며, 여기에 호응한 서울시민, 지방에서 모여든 사람들, 어쨌든 인해人海 작전 모양으로 사람이 너무도 어마어마하게 많으니까 이것을 바라보는 일반 사람들도 기가 콱 질리지 않을 수가 없었다.

이와 같은 맹렬한 기세이므로 처음에는 일본 관헌들도 수수방관하고 있을 따름이었다. 일본인도 처음에는 얼떨떨하여 국제적 성원으로 한국이 진정으로 독립되었는지도 알 수 없다는 태도였다. 그러나 저들의 본국에 알아보고, 국제적 정보도 받아 보았음인지 오후 늦게부터는 그들의 태도가 달라졌다. 우선 거리에 일본 군대의 행렬이 나타났다. 평화적 만세 군중에 대하여 창과 칼 같은 무기를 기탄없이 사용했다.

3월 5일 저녁에도 서울 시내 각지에서 산발적으로 만세 운동이 일어났는데 내가 근무하는 회사(경성직뉴)가 있는 장충단 부근에서 부상자가 많이 나왔다. 운동을 진압하기 위해 출동한 것이 순경이나 헌병이 아니라 노가다 패를 동원해 불시에 습격을 감행했다. 지극히 야만적인 사실은 그들이 흔히 들고 다니는 사쿠라 몽둥이에 못을 삐죽삐죽 몇 개씩 박아서 마구 후려갈기는 것이었다. 평화적 방법으로 만세를 부르는 동포들에게 악랄한 수단으로 보복하는 것은 이만저만한 비인도적 행위가 아니었다.

엄중하고 악독한 탄압으로 서울의 만세운동은 3월 1일과 같은 상황을 재현할 수는 없었다. 그러나 이 불길은 전국 각 지방 방방곡곡으로 아니 퍼진 데가 없었다. 그것은 곧 인산 구경을 왔던 시골 사람들이 3월 1일 서울의 광경을 생생히 목도했으므로 고향에 돌아가서는 같은 방법으로 독립만세 운동을 일으켰기 때문이다.

독립선언문의 민족 대표 33인은 기독교, 천도교, 불교계 인사 중심으로 돼 있고 교육계 인사들은 들어가지 않았다. 초반부터 깊숙이 개입돼 있던 김성수, 송진우, 현상윤 등 중앙학교 사람들은 빠졌다. 이들은 후방에 남아 있으면서 2차, 3차, 몇 차든지 계속해 운동을 관철하기로 했다.[4]

인촌은 3·1 운동 민족 대표 회합에 나가서 공식적으로 사퇴했다. 한용운은 "최초에는 각계 명사들이 너도나도 참여의사를 표방했는데 최종 날인하는 자리에는 오지 않고 연락도 없이 슬그머니 빠진 인사들이 너무 많았다"라고 말했다. 인촌은 그러나 모임에 먼저 도착해 사퇴의사를 밝혔다는 것이다. 인촌은 "양가 부친이 만류하므로 마음을 바꾸었다"고 양해를 구했다.[5] 학교를 보호하기 위한 행동이라는 것을 공개적으로 말하기는 어려웠을 것이다.

4   최형련(1969), 〈3·1 운동과 중앙학교〉, 《3·1 운동 50주년 기념논집》, 321~322쪽.
5   만해사상연구회 김관호·전보삼(1981), 《한용운 사상연구 제 2집》, 285쪽.

인촌 중앙학교 살리기 위해 줄포행

이 사건과 관련이 없는 것처럼 알리바이를 만들기 위해 인촌을 2월 하순 줄포로 내려가게 한 사람들은 송진우, 현상윤 등 중앙학교 식구들과 이웃에 사는 기독교인 박승봉이었다.[6]

인촌 고택은 계동 132번지에 있고, 박승봉의 집은 135번지에 있어 가까운 이웃이었다. 박승봉은 조선이 미국과 수교 관계를 맺고 나서 주미 공사관의 초대 참사관을 지냈다. 평안도 정주의 이승훈이 상경하면 박승봉의 집에서 묵으며 기독교 인사들과 접촉했다.

그런데 일제 사법부는 3·1 운동 주모자로 48인을 골라 재판에 넘겼다. 독립선언서에 서명한 민족 대표 중 재판을 받은 사람은 31인이었다. 천도교 직무도사였던 양한묵은 감옥에서 숨겼고, 기독교 목사인 김병조는 3·1 운동 직후 상하이로 망명했다. 따라서 재판을 받은 48인 중 민족 대표를 빼고 남은 주모자급은 17인이다.

송진우는 일본의 수사망이 좁혀오면서 체포돼 1년여 넘게 고문 수사를 받고 옥살이를 했다. 현상윤도 20개월 동안 옥고를 치렀다. 중앙학교에서 48인 중 두 명이나 배출한 것이다.

이병헌 편저 《3·1운동 비사》에는 경성지방법원 검사국 검사 가와무라 시즈나가河村靜永의 "송진우 취조서"가 전재돼 있다.

---

6   최형련(1969), 〈3·1 운동과 중앙학교〉, 《3·1 운동 50주년 기념논집》, 321~322쪽.

– 피고는 최린 최남선과 같이 금번에 조선독립을 계획했는가?

"계획한 일은 없고 예수교와 천도교가 독립운동을 하는 것을 알았다."

– 피고는 김성수에게 조선 독립운동의 말을 하지 않았는가?

"김성수는 향리鄕里에 가 있었다."

송진우가 사전에 준비한 답변이었다. 일본 경찰은 송진우의 몸을 발가벗기고 개가 할퀴고 물어뜯는 고문을 하고, 물을 흠뻑 적신 가죽 조끼를 입히고 뜨거운 난로 옆에 앉혔다. 가죽조끼의 물기가 마르면서 죄어들어 가슴이 터질 것만 같았다. 그래도 송진우는 공범 김성수를 불지 않았다.[7]

인촌은 중앙학교의 교주校主였다. 도산 안창호 선생이 설립한 평양 대성학교는 105인 사건으로 폐교당했다. 이승훈의 오산학교는 3·1 운동 때 일본 군인들이 불태웠다. 중앙학교는 3·1 운동의 책원지策源地였고 48인 중에 두 명의 주동자를 배출한 학교다. 교주가 주동자로 참여했다면 중앙학교는 대성학교나 오산학교 이상의 참화를 당했을 것이다. 살얼음판을 걷는 것보다도 어려운 시대였다. 중앙학교 인사들은 3·1 운동이 즉시 한국의 독립을 가져다 줄 것이라고 판단하지 않았다.[8]

---

7   고하송진우선생 기념사업회(2023),《독립을 향한 집념》, 200쪽.
8   김중순(1998),《문화민족주의자 김성수》, 88~89쪽; 최형련(1969), 앞의 글, 321~322쪽.

월슨의 민족자결주의 원칙은 1차 세계대전의 패전국 독일, 오스트리아 등이 식민지를 내놓게 하고, 승전국 영국과 프랑스가 패전국의 식민지를 차지하지 못하게 하기 위한 것이었다. 따라서 인도 같은 전승국(영국)의 식민지는 해당하지 않았고, 패전국이나 내전 상태의 러시아 지배하에 있던 일부 약소민족에게만 적용되었다.[9]

일본은 아시아 국가 중에서는 유일하게 전승국에 가담해 중국 산둥반도의 독일 조차지와 남양군도를 차지했다. 강대국들의 땅따먹기 게임에서 승전국 일본의 식민지 한국은 해당 사항이 없었다. 한국의 독립은 한 번의 운동으로 끝날 일도 아니고 결국 국제무대에서 판가름 날 수밖에 없었다.

송진우와 현상윤은 인촌에게 서울을 떠나라고 종용했다. 고하는 단판 승부는 자폭 행위밖에 안 된다는 뜻을 강조했다. 인촌은 동지들에게 등을 떠밀려 거사 이틀 전인 2월 27일 줄포로 내려갔다.[10] 나라의 장래를 위해 교육기관을 살려놓은 것도 중요한 독립운동이었다.

9 인도는 2차 세계대전이 끝난 뒤인 1947년 영국에서 독립했다.
10 동아일보편집부 편(1986), 《인촌 김성수의 사상과 일화》, 133쪽.

근대사의 표지석 줄지어 늘어선 북촌

경복궁과 창덕궁 사이에 있는 북촌은 삼청동·가회동·계동·원서동·
재동·안국동·화동·사간동·소격동·인사동 일대를 아우른다. 북촌에
는 구체제의 왕실 사람들과 고위 관료들이 많이 살았다. 여기 나오는
북촌의 역사와 인물은 이승렬 박사와 그의 저서《근대 시민의 형성과
대한민국》에 신세진 바 크다.

기와집이 즐비하던 북촌 풍경이 달라진 계기는 1884년 갑신정변
甲申政變이었다. 북촌에는 갑신정변에 가담한 인사들이 여러 명 살았다.
정치 쿠데타가 실패하자 개화파는 대부분 일본으로 망명했고, 역적들
에게는 적몰가산籍沒家産, 파가저택破家瀦澤 같은 형벌이 내려졌다. 적몰
가산은 중죄인重罪人의 재산을 몰수하고 가족까지 처벌하는 연좌제였
다. 파가저택은 죄인이 거처하던 집을 헐고, 집터에 연못을 만드는 것
이었다.

김옥균(화동), 홍영식(재동), 서광범(사간동) 등 북촌에 살던 개화
파들의 집터에는 이때 다른 건물들이 들어섰다. 조선 최초의 관립 중
학교인 한성중학교(경기고 전신)는 1900년 화동 260번지 파가저택을
당한 김옥균의 집터에 세워졌다. 부근에는 "중등교육 발상지"라는 표
지석이 서 있다.

이 터는 1900년 고종 황제 칙령에 의해 우리나라 최초의 관립 중등학교
로 건립된 경기고등학교가 있던 자리이다.

옛 경기고 자리에 있는
김옥균(1851~1894) 집터
표지석.

역적의 집에 연못을 팠다가 다시 메우고 학교를 세운 것이다. 경기

고가 강남으로 이사 가면서 지금은 정독도서관이 들어섰다. 수령 210

년(1986년 지정 보호수)의 회화나무는 그대로 남아 있다.

한국 근대사에 등장하는 건물의 표지석을 북촌 이곳저곳에서 만날

수 있다. 정독도서관 정문에서 길을 건너면 1917년까지 중앙학교 교

사였고, 1920년 창간한 동아일보 사옥 터였음을 알리는 표지석이 서

있다. 여기서 가회동 쪽으로 조금 더 가면 윤치소와 그의 아들(윤보선

전 대통령)이 살았던 윤보선가※가 나오고 그 앞에는 조선어학회 터

임을 알리는 표지석이 있다. 윤보선가는 높은 솟을대문에 가려 집 안

이 보이지 않는다.

재동의 홍영식 집터(현재 헌법재판소 내)에는 제중원과 광제원이,

윤보선가 솟을대문.
윤보선 전 대통령의 아버지
윤치소(1871~1944)가
매입해 자손들에게 물려줬다.

ⓒ 황호택

사간동의 서광범 집터에는 관립 안동소학교, 관립 덕어德語(독일어)학교, 사립 광동학교가 들어섰다.

현대건설 사옥 앞에는 계동궁桂洞宮 터 표지석이 있다. 흥선대원군의 조카이자 고종의 사촌 이재완이 살던 집이다. 갑신정변 때는 고종이 잠시 이 집으로 피신했다.

북촌의 세대교체, 인촌과 천도교인 · 기독교인들의 이주

조선 왕조의 권문세가들이 살던 북촌에 천도교와 호남 지주, 평안도의 기독교인 등 그동안 조선 왕조에서 차별받던 세력이 들어온 것은 세대교체를 보여주는 상징적 변화다. 정치적 사회적 헤게모니가 바뀐 것이다. 지금 돈과 사람이 강남으로 몰리듯 그 시대에 서울로 올라오는 신흥 세력은 두 왕궁 사이에 있는 북촌으로 왔다. 사대문 안에서 문화와 경제의 중심지도 종로 일대였다. 천도교 중앙대교당도 1919년 봄 경운동에 착공했다.

재력 있는 천도교 인사들이 먼저 북촌에 들어왔다. 교주 손병희는 가회동 170번지 큰 기와집에서 살았다. 지금의 가회동 주민센터 옆이다. 일본 유학을 다녀와 천도교 계열 보성학교 교장을 지낸 최린은 계동 127번지와 재동 37번지를 거처로 사용했다. 현재 최린의 집터는 헌법재판소 안에 들어가 있다. 손병희와 최린은 가까이 살며 수시로 소통했다.

1917년 계동 1번지에 중앙학교 교사가 신축되었다. 1918년에는 인촌이 계동 132번지 집(현재 인촌 고택)을 인수했다. 서울에 올라와 처음 산 집이다. 중앙학교 숙직실과 계동 김성수의 한옥에는 도쿄 유학을 다녀온 지주 출신 고학력 엘리트들이 드나들었다. 북촌의 새 이주자들이 3·1 운동을 이끌었기 때문에 중앙학교 숙직실이 3·1 운동의 책원지라면 계동·가회동·재동의 골목길과 기와집들은 3·1 운동의 발상지라고 할 수 있다.

간디의 물레에서 배운 경성방직

1905년경부터 인도에서 물레는 스와데시(국산품 애용) 운동의 상징이 되었다. 마하트마 간디는 영국산 면직물을 사지 않고 직접 물레를 돌려 실을 잣고 베틀로 짠 천으로 지은 옷을 입어야 영국으로부터 독립을 이룰 수 있다고 생각했다. 1915년 중앙학교를 인수한 인촌은 간디에게서 큰 영향을 받았다. 중앙학교 교복을 수입산 광목으로 만들지 않고 국산 무명베를 사용한 것도 마하트마 간디의 물레에서 그 정신을 배운 것이다.

인촌은 동아일보 사장 시절인 1926년 10월 12일 간디에게 '조선을 위한 고언苦言'을 구하는 편지를 보냈다. 이 편지에 대한 간디의 답신을 동아일보 1927년 1월 5일 자에 실었다. "내가 보낼 유일한 부탁은 절대적으로 참되고 '무저항적' 수단으로 조선이 조선의 것이 되기를 바란다는 것뿐입니다."

그러나 무명베 교복은 여러모로 불편했다. 투박해서 옷 태가 나지 않을 뿐더러 광목보다 쉽게 구겨지고 헤졌다. 무엇보다 한번 빨려면 잔손질이 많이 갔다.

마침 중앙학교에는 물리, 수학 과목을 담당하는 이강현이란 교사가 있었다. 그는 도쿄 구라마에 고등공업학교 방직과를 졸업한 조선 최초의 방직 기술자였다. 인촌이 그를 알게 된 것은 도쿄 유학시절이었다. 당시 유학생들은 대부분이 문과 전공이었으나 공업학교에서 방직을 전공한 이강현은 보기 드문 존재였다.

그는 귀국 후 경성상업회의소에서 발행하던 〈상공월보〉에 매월 방직 지식에 관한 글을 쓰고 있다가 중앙학교 교사로 초빙 받았다. 그는 교사를 하면서 틈틈이 영세한 조선의 방직업계 동향을 살폈다. 그러던 차에 경성직뉴가 경영난에 빠졌다는 소식을 접했다.

경석직뉴는 수구문水口門(지금의 광희문) 인근에서 직뉴업자 18명이 뜻을 모아 설립한 민족기업이었다. 윤보선 전 대통령의 부친인 윤치소가 초대 사장이었다. 1911년에는 직기 74대에 원동기 5마력과 3마력짜리를 갖추고, 직공 수 90명이었는데도 민족자본으로 세워진 직조공장으로서는 최대 규모였다. 생산제품은 댕기, 분합粉盒, 허리띠, 주머니끈, 염낭끈, 대님 등 끈 종류가 주류였다.

그런데 얼마 지나지 않아 경성직뉴는 심각한 경영난에 봉착했다. 옷차림 문화가 한복에서 양장으로 빠르게 변화하고 있었다. 경성직뉴가 만든 제품 수요는 급격하게 줄어들었다. 더욱이 조선에 방직공장을 세운 일본계 회사가 대량으로 광목을 생산하고 일본산 직물이 대거 수입되면서 판로 확보가 어려워졌다. 마침내 경성직뉴는 1917년 무렵 파산 위기를 맞았다.

이강현이 경성직뉴 인수를 건의하자 인촌은 '우리의 광목'을 우리의 손으로 짜서 입자는 생각에서 이 사업에 뛰어들었다. 인촌은 이강현을 경성직뉴 지배인으로 임명하고 최신식의 소폭 역직기 40대를 일본의 도요타 직기에서 들여와 설치했다.

경성직뉴 '우리의 광목' 최초로 생산

경성직뉴는 기술과 경험이 부족한 상태에서 근대적 공장을 세우고 기계를 가동하는 작업이 쉽지 않았지만 와사직瓦斯織, 와사단瓦斯緞을 비롯해 추동복秋冬服용 한양목漢陽木, 모시 대용품인 한양사漢陽紗 등을 생산해 냈다. 이들 제품에 '직녀성織女星'이라는 상표를 붙여 시장에 내놓았다.

우리의 땀과 기술로 직조한 최초의 기계생산 면포 제품이었다. 그렇지만 당시 소비자들은 일본에서 들어온 광폭 면포를 선호해 경성직뉴가 생산하는 소폭 면포는 경쟁이 되지 않았다. 국내 면포 시장은 농가에서 소량을 생산해 자급자족하는 수준에 머물러 있었다. 광목은 일본에서 대부분 수입해 쓰는 실정이었다. 광목의 수입 규모는 연간 2,700만 원에 이를 만큼 대단한 규모였다.

인촌은 경성직뉴를 경영하면서 얻은 기술과 경험으로 방직회사를 설립해도 성공적으로 운영할 수 있을 것이라는 확신이 들었다. 마침

1911년 조선인이 세운 직조공장 경성직뉴. 경성방직의 전신이다.

1919년 3·1 운동 이후 일제가 표면적으로나마 문화정치로 정책 노선을 전환한 것도 방직회사 설립을 추진하는 데 유리한 환경이 됐다.

　인촌은 '경성방직회사'를 설립하면서 조선 최초로 주식회사 제도를 도입했다. 인촌 자신의 자본만으로 회사 설립이 가능했는데도 그는 전국 방방곡곡을 돌며 경성방직주식회사 주주를 모집했다. 아직 주식회사라는 개념이 생소하던 시대에 국민을 계몽하면서 일인일주人—株 운동을 벌였다. 1주당 가격은 50원이었고 4회 분납에 1회 불입금은 12원 50전으로 쌀 두 말 값을 넘는 금액이었다. 2만 주를 발행해 자본금 100만 원을 조달할 계획이었다. 지금의 금액으로 환산하면 1,200억 원이 넘는 거금이었다.[1]

　발기인의 면면은 김기중, 김경중, 김성수 3부자父子, 경성방직의 초대 사장을 맡은 조선 왕조 중신 박영효, 경주 최 부자로 알려진 최준, 경성방직 초대 전무를 한 파주 출신 실업가 박용희, 동래 구포 출신 윤상은, 영광 출신 조계현, 대구 출신 이일우, 경성직뉴 전무를 지낸 군산 출신 변광호, 서울 출신 실업가 장두현, 장춘재, 봉산 출신 이성준 등이었다.

발기인들이 인수한 주식이 3,790주, 일반 공모주가 16,210주에 달했다. 경성방직이 당초 계획대로 2만 주 발행에 성공한 것은 마침 그해에 일어났던 3·1 운동과 대한민국 임시정부의 출범으로 국민들의 애국심이 고양돼 있었기에 가능했다.

면포 자급은 조선경제 독립을 위한 급선무

발기인들이 총독부에 제출한 창립취지서는 일본어(가타카나)로 작성되었다. 이를 현대어로 간추리면 다음과 같다.

조선에서 면포의 수요는 연간 4,200만 원이며 이 중 2,700만 원은 수입품에 의존하고 있는 형편이다. 이의 자급自給을 도모함은 조선경제 독립을 위해 급선무라고 할 것이다. 우리는 경성방직주식회사를 창립해 우선 면직물의 제조를 제1기 사업으로 시작하며, 장래 적당한 시기가 도래하면

---

1   (주)경방(2019),《경방 100년사》, 94쪽.

궁극적으로 실을 뽑는 방적紡績 공장을 겸영하고자 한다. 그리하며 조선 공업의 발달을 도모하는 동시에 자급은 물론 남은 것은 만주에도 수출할 것이다. 더불어 다수의 조선인에게 직업을 주고 공업적 훈련을 하는 동시에 주주의 이익을 도모함을 목적으로 한다.

창립취지서와 함께 제출됐던 사업계획서는 경성방직 직원이었던 이희승이 작성했다. 이희승은 조선어학회 사건으로 옥고를 치른 국어학자로 훗날 서울대 문리대학장을 역임했다. 그는 이강현이 초안한 사업계획안을 제출용 서식으로 바꿔 작성하는 일을 했는데, 총독부 식산국에서 계속 트집을 잡는 통에 예닐곱 번 이상 수정했다고 《경방 70년사》에서 회고했다.

경성방직은 1919년 10월 5일 서울 종로구 인사동 태화관에서 창립총회를 개최했다. 불과 7개월 전인 3월 1일 민족지도자들이 모여 독립선언서를 낭독했던 역사적 장소다.

갑신정변의 주역이자 철종의 사위인 박영효를 사장으로 추대한 것은 그가 총독부에 상당한 영향력을 발휘할 수 있는 인사였기 때문이었다. 박영효는 "조선에 조선 사람이 세운 기업이 하나쯤은 있어야 하지 않겠느냐"는 논리로 총독부를 설득했다. 회사 설립에 주도적 역할을 한 김성수 취체역2은 주요 직책을 맡지 않고 박용희 전무와 이강현

---

2   예전에, 주식회사의 이사(理事)를 이르던 말.

요릿집 태화관.

지배인을 중심으로 돌아가는 구조를 짜놓았다.

경성방직은 1920년 3월 영등포(현재의 타임스퀘어 자리)에 5천여 평 규모의 공장 부지를 마련했다. 본격적인 공사에 들어갔을 즈음 회사의 존폐를 고민해야 하는 사건이 터졌다. 일본 출장길에 오른 박용희 전무와 이강현 지배인은 예정대로 도요타 직기에 방직기 100대를 발주했다. 박용희는 먼저 귀국하고 이강현은 일본에 남아 오사카의 도매점 두 곳과 면사 구매계약을 체결했다. 이즈음 이강현은 오사카에서 '삼품三品'이라는 선물거래 방식을 알게 됐다.

삼품이란 면화棉花, 면사棉絲, 면포棉布를 이른다. 이 삼품은 실물이 없는 상태에서도 일정한 기일을 정해놓고 선물거래를 할 수 있었다. 이강현은 회사 초기 자금난을 해소해보기 위해 회사 공금을 삼품 거래에 투자했다. 시기적으로 면 제품 가격이 급등세를 타면서 처음에는 다소 이득을 보았다. 그러나 1차 세계대전 종전과 함께 삼품이 오사

카로 쏟아져 들어오면서 가격이 반토막 아래로 폭락했다. 막차를 탄 이강현은 무려 10여만 원에 이르는 막대한 손실을 입었다. 회사를 막 창립한 경성방직에 매머드급 위기가 몰아닥쳤다.

엎친 데 덮친 격으로 불황까지 겹쳐 경성방직은 자칫 문을 닫아야 할지 모르는 절박한 상태가 되었다. 중역 일부는 회사를 해산하자는 의견을 내놓았다.

돌파구가 보이지 않았지만 인촌은 경성방직의 간판을 내릴 수가 없었다. 3·1운동 이후 고조된 민족의식에 동승해 출범한 회사이기 때문이었다.

민족정신 '태극성' 상표 빅 히트

인촌은 자금난을 해결하기 위해 마지막 비빌 언덕인 고향 집을 찾아갔다. 두 분 아버지께 그동안의 경과를 다 말하고 "회사가 다시 살아나려면 8만 원 정도의 자금이 필요하다"며 회생책에 대해 자세하게 설명했다. 생부 경중은 돈을 벌지 못하는 사업을 하느라 집안 돈을 끌어다 쓰는 인촌이 못마땅했다. 중앙학교는 그래도 처음 시작하는 교육사업에 자금을 댄다는 기대가 있었지만, 경성방직은 발기인으로 주금株金을 낸 지 얼마 되지 않아 사업도 본격화하기 전에 대형 사고를 내고 돈을 또 달라 하니 밑 빠진 독에 물 붓기라는 생각이 들었을 법도 하다. 인촌이 자금을 지원해 달라고 하자 생부는 "너는 아직도 내 아들인 줄로 아느냐"고 타박했다는 말이 집안에 전해 내려온다.

경성방직 오너 경영자 김연수.

양부 김기중은 이튿날 아들을 불러 "재산이라고 남은 게 이것뿐"이라며 농 속 깊이 간직한 땅문서를 내놓았다. 1920년 7월 인촌은 부친이 내준 토지문서를 가져와 이를 담보로 조선식산은행에서 8만 원의 융자를 받았다.[3]

인촌은 영등포 공장 건설을 이어가기 위해 이강현을 현장감독으로 임명하고 사택까지 주어 상주하도록 했다. 삼품 사태의 책임이 무거운 이강현을 중용한 것은 인재를 아끼는 인촌의 신의일관信義一貫 철학에서 나온 것이다.

김연수는 1922년 경성방직 정기주주총회에서 취체역과 지배인을 맡으면서 경영에 참여했다. 김연수가 경영의 전면에 나선 것은 인촌의 요청에 따른 것이었다. 김연수는 교토제국대학 정경학부를 졸업한 경제학사였다. 그는 경성방직의 전체 주식 2만여 주 가운데 절반에 가까운 9,274주를 인수하면서 경영에 뛰어들어 경성방직의 사실상

---

3   동아일보편집부 편(1986), 《인촌 김성수의 사상과 일화》, 146쪽.

경성직뉴의 별표 고무신 광고. 세로쓰기로 오른쪽부터 읽어야 한다.

오너 경영자로 나섰다.

김연수는 실적이 부진한 경성직뉴의 신사업으로 고무신 제조업을 시작했다. 오랫동안 짚신이나 나막신을 신었던 조선인에게는 혁신적 상품이었다. 1923년부터는 '별표 고무신'을 시장에 내놓았다. 1925년 경성직뉴를 고무신 제조회사인 중앙상공주식회사로 상호를 변경해 계속 유지하다가 1944년 경성방직에 흡수 합병했다.

1935년 박영효 초대 사장이 고령을 이유로 사임하자 경성방직은 김연수 전무를 제2대 사장으로 선출했다. 김연수 전무가 경영 전면에 나선 것을 계기로 경성방직은 보다 공세적인 판매활동에 들어갔다. 그 결과 직기 100대의 설비로는 들어오는 주문을 다 소화하기 어려워 20대를 증설했다.

경성방직은 판매 확대를 위해 상표를 새로 만들었다. 그동안 경성방직은 '삼성'과 '삼각산'이라는 두 개의 상표를 사용했다. 이 두 상표는 상표등록을 하지 않고 사용한 임시 상표였다. 중역들은 새 상표를 개발하기 위해 지혜를 모았다. 인촌은 "도안은 전문가에게 맡기더라도 아이디어는 우리가 내야 한다"며 태극선 부채의 태극 문양을 제시했다.

태극은 민족혼의 상징이라는 점에서 경성방직의 설립 정신과 잘 어울렸다. 하지만 태극기가 나부낀 3·1 운동의 기억이 생생한 총독부의 심사를 통과하기 어려웠다.

다행히 당시 상표등록은 총독부가 맡지 않고 일본 정부에서 직접 담당하고 있었다. 이강현 상무와 유흥 사원이 도쿄로 건너가 기존에 사용하던 '삼성'과 '삼각산'으로 상표등록원을 냈다. 그러나 특허국이 다른 면직물의 등록 상표와 부딪친다는 이유로 불허했다.

이강현이 먼저 귀국하고 도쿄에 홀로 남은 유흥이 열흘 남짓 궁리한 끝에 인촌이 제안한 바 있는 태극 문양을 상표로 등록신청 했다. 위험 부담이 없지는 않았지만 조선총독부와는 달리 일본 본토의 관리들은 태극에 대한 인식이 별로 없을 것이라는 기대가 있었다.

유흥은 동그란 원 안에 영문 알파벳 S 자를 그려 넣은 태극마크를 도안해 상표등록을 신청했다. 특허국 관리는 'S'가 영어로 방직을 의미하는 'Spinning'이라고 설명하자 허가가 수월하게 나왔다. 유흥은 내친김에 태극 문양의 원 주변에 조선 8도와 태극 8괘를 상징하는 8개의 별을 그려 넣은 도안과 '태극성'이라는 문자로 등록을 신청해 허가를 받는 데 성공했다. 이외에도 '불로초', '목탁', '삼신산', '천도天桃',

'산삼', '춘향' 등 우리 고유의 문화나 토산품을 상징하는 단어로 상표를 창안했다. 1925년 4월경부터는 이 상표를 단 제품들이 시장에 모습을 나타냈다.

태극마크를 영어 'S'자로 둘러대 상표 심사 통과

태극성 상표를 출시하면서 경성방직은 일본 제품과 경쟁하는 조선 상품임을 알리는 판매 전략을 썼다. 아울러 기존의 일제 광목들보다 높은 품질을 구현함으로써 도요보의 삼에이(3A)표보다 더 높은 가격을 받을 만큼 시장의 반응이 좋았다.

누가 보더라도 태극기를 연상할 수밖에 없는 태극성 상표로 곳곳에서 해프닝이 벌어졌다. 한번은 태극성을 판매하던 영업사원이 경찰에 붙들려 조사받기도 했다. 드디어 일제 경찰은 상표등록 책임자였던 이강현을 호출해 심문했다. 하지만 총독부 경찰들로서도 본국에서 허가한 상표이기 때문에 직접적 제재를 가하지는 못했다.

1925년 3월 16일 경성방직은 본사에서 주주총회를 개최해 창립 5년 만에 비로소 흑자전환에 성공한 영업실적을 공개했다. 큰 금액은 아니었지만 주주들은 환호했다.

그러나 1925년 여름 흑자 전환의 들뜬 분위기가 채 가시기 전에 을축년乙丑年 대홍수가 발생했다. 한강이 역대 최고 수위를 기록하면서 용산, 영등포, 뚝섬 일대가 물에 잠겼다. 경성방직 영등포 공장은 천장까지 물이 차오르는 침수 피해를 당했다. 기숙하던 직원들은 2층으로 올라가 목선을 타고 대피하는 소동이 벌어졌다.

물이 빠져나간 뒤의 공장은 폐허나 다름없었다. 모든 방직기가 침수돼 진흙과 뒤엉켜 가동이 불가능했다. 창고에 있던 1만 4천여 필의 광목

태극성표 '우리 광목' 신문광고.

과 원사는 흙탕물로 뒤범벅되었다. 경성방직은 전 직원이 합세해 침수된 기계들을 녹슬지 않도록 분해하여 꼼꼼하게 청소했다. 흙탕물에 젖은 광목은 세척해서 햇볕에 말렸다. 건조하려고 널어놓은 광목이 영등포와 여의도 양말산(지금의 국회의사당 자리)까지 하얗게 뒤덮을 정도였다. 다행히 가을 성수기에 접어들면서 수요에 비해 광목이 부족해 햇볕에 말린 광목도 모두 팔려나갔다.

1927년 3월 정기주주총회에서 경성방직은 처음으로 주주들에게 이익배당을 실시했다. 사실 이익배당이 가능해진 데는 순이익보다 총독부의 지원보조금이 큰 몫을 했다. 지원보조금은 일본 기업의 조선 내 사업을 지원해 시장지배력을 높이기 위해 시행한 제도였다. 그런데 경성방직도 만난萬難을 이겨내고 꿋꿋하게 살아남았기 때문에 지원보조금을 받을 수 있었다.

카터 J. 에커트는 '경방이 초기의 존속 기간에 정부의 정례적 지원이 없었더라면 아마도 살아남지 못했을 것이라고 해도 지나치지 않다. … 1930년대가 돼서야 회사의 재무상태가 안정되고 보조금이 더는 불필요해졌다'고 기술했다.[4] 경방이 초기에 총독부 보조금을 받은 것을 들어 경방의 경영을 친일로 비난하는 이들도 있지만 그렇다면 일본 기업들만 보조금을 받고, 조선 기업들은 받지 않고 말라 죽었어야 한다는 논리인지 모르겠다.

경성방직 제품은 조선물산장려운동의 간판 상품이었다. 당시 신문 광고를 보면 '우리의 옷감, 조선의 자랑, 태극성 광목'이라고 돼 있다. 인촌은 일제강점기에 영등포 공장에서 채용공고를 할 때 '우리는 조선인만 채용합니다'라고 써 붙였다. 민족기업이라는 칭호는 여기서 생겼다.

김연수는 사장 취임 직후 숙원사업인 실을 뽑는 방적공장을 건설했다. 경성방직은 안정적 원사 공급체계를 갖춤에 따라 비약적 성장의 계기를 마련했다.

조선 기업의 만주 진출 효시가 된 남만방적은 전적으로 대주주 사장 김연수의 의지로 이루어진 것이었다. 인촌은 그해 경성방직의 고문 자리마저 내놓았다. 인촌은 중앙학교 및 보성전문학교의 교장과 동아일보 사장을 맡은 일은 있어도 경성방직의 사장은 맡은 적이 없다. 만주 진출 이후의 경성방직에 관해서는 인촌 사상의 발자취를 따라가는 이

---

4   카터 J. 에커트 저, 주익종 역(2008), 《제국의 후예》, 132~133쪽.

책의 취지를 벗어나는 것이다. 그 부분에 대해서는 에커트의 《제국의
후예》나 주익종의 《대군의 척후》 등 연구서들이 다수 나와 있다.

여성도 공부해야 나라가 발전한다

이제 김성수, 김연수 시대를 건너 뛰어 김용완 시대의 경성방직(이하
경방)으로 넘어간다. 인촌은 막내 누이 김점효의 신랑감 김용완을 교
동보통학교로 직접 찾아가 선을 보았다. 충청도 예산 광산 김씨 양반
가의 후예인 열네 살 김용완은 세 살 위인 김점효와 혼인했다.

　인촌은 보통학교와 서당만 다니고 살림을 하는 김점효에게 남편을
따라 유학을 가라고 권유했다. 인촌은 여자도 교육을 받아야 나라에
보탬이 된다는 생각을 강하게 갖고 있었다.

　그런 이야기를 할머니(김점효)한데 들었다고 김준 경방 회장은 회
고한다. 김점효는 1남 4녀를 두었는데 아들과 함께 딸들도 다 유학을
보낸 걸 보면 인촌의 영향을 크게 받은 것 같다.

　인촌은 김점효의 시아버지를 설득했지만 "시집 온 여자가 유학은
무슨 유학이냐"며 수용하지 않았다. 김점효는 유학을 못 간 것이 엄청
한이 되었던지 그 한을 손자들에게 가끔 이야기했다.[5]

　김용완은 결혼 후 중앙중학교를 거쳐 1929년 일본 히로시마고등

5　김준 인터뷰.

김용완(1904~1996) 흉상.

사범학교 수학과를 졸업하였다. 귀국 후에는 김연수가 김용완을 삼수사(현 삼양사)에 데려다 놓았다. 김점효도 "인촌은 학교 사업을 하느라 돈 버는 일과 관계없으니 작은 오빠 밑에 가서 돈 버는 일을 배우라"고 남편을 코치했다. 김용완은 1938년 경성방직 지배인으로 취임하여 김연수 사장 밑에서 일했다.

경성방직의 전후 복구과정은 미국 방송에 보도될 정도로 감동적이었다. 인촌상륙작전 때 하늘에서 쏟아붓는 듯한 폭격에도 불구하고 경성방직 공장들은 지붕만 날아가고 벽체는 온전했다. 임직원들이 스스로 공장에 돌아와 공장을 복구하는 데 힘을 보탰다.

1956년 3월 3일 국내에서는 처음으로 증권시장이 문을 열었다. 대한증권거래소(지금의 한국거래소)가 개장하면서 처음 상장이 된 기업은 총 12개 기업이었다. 대부분이 금융기관이거나 공기업이었고 일반 민간 기업은 경성방직을 포함해 4개사에 불과했다. 경성방직은 회원번호 001번을 받아 '1호 상장기업'이라는 명예를 안게 되었다.

대한민국 상장기업 1호 경방의 변신

1958년에는 경성방직의 지분 구조에 큰 변화가 일어났다. 김연수가 경성방직 전체 주식의 약 30%에 달하는 자신의 주식 전부를 경성방직 발전에 기여한 임직원 등 관련자에 매각했다. 매각이란 형식을 취했지만 발행한 지 30년이 지난 상장기업의 주식을 액면가격으로 매각했기 때문에 사실상 무상으로 내놓은 것이나 다름없었다.

김연수 사장이 청춘을 다 바쳐 일궈놓은 회사의 주식을 선뜻 내놓은 것은 전쟁으로 잿더미가 된 회사의 복구를 위해 땀 흘린 임직원에 대한 보답이었다.[6] 이로써 경성방직은 주식 지분이 널리 분산된 공개 법인의 성격을 갖게 되었다.

김연수는 "나는 형님(인촌) 사업과 연을 끊고 내 사업만 하고 싶다"며 "나는 경방에서 손 떼고 삼수사(삼양사의 전신)만 하겠으니 경방은 할려면 용완이가 해라"고 권유해 김용완 사장 시대가 열렸다.[7]

김용완은 5·16 쿠데타가 일어난 1961년 전국경제인연합회(현 한국경제인협회, 이하 전경련)의 창립 회원이 되어 1964년 이래 6차례 회장을 지냈다. 그는 박정희 전 대통령의 비서실장인 김정렴과 거의 같은 기간을 전경련 회장으로 일했다.

8·3 사채私債동결에 대한 최초의 아이디어도 김용완에게서 나왔다.

---

6   (주)경방(2019), 《경방 100년사》, 208~209쪽.
7   김준 인터뷰.

고리高利 사채를 쓰다가 부도 직전에 몰린 기업들의 호소를 김정렴 비서실장에게 전달한 것이다. 1971년 7월 중앙청에서 수출확대 회의를 주재한 후 박 대통령은 김용완을 전용차에 태우고 청와대로 돌아와 의견을 들었다. 이때 김 회장은 모든 기업이 고리 사채 때문에 전전긍긍한다는 실상을 낱낱이 설명하며 "특단의 조치가 없으면 기업의 연쇄도산을 막을 수 없다"고 직소直訴했다.

8·3 사채동결 조치는 연쇄부도의 위기에 빠진 기업들을 구제하기 위해 사채를 신고받고, 신고된 사채를 일시적으로 동결해 준 것이다. 그해 8월 2일부터 8월 9일까지 신고된 기업보유 사채는 3년간 동결하며 3년 후 5년간 연리 16.2%로 분할상환하는 것이었다. 김용완은 사채동결 조치를 건의하기 전에 부산에 있던 공장 부지를 팔아 경방과 본인의 부채를 다 갚았다.

사채동결 조치에 따라 1972년 8월 9일까지 7일간 이루어진 사채 신고 금액은 3,456억 원이었고, 신고 건수는 40,677건이었다. 통화량의 80%에 해당했다. 8·3 조치는 전경련과 청와대가 현장과 밀착한 경제정책을 수행하기 위해 협력한 대표적 사례다.[8]

경성방직은 1970년 상호를 경성방직에서 '㈜ 경방'으로 변경했다. 경성방직은 일제강점기 민족자본을 대표하는 선구적 기업이었지만

---

8   〈경제의 성장과 안정에 관한 긴급명령(1972)〉, 행정안전부 국가기록원.
    https://www.archives.go.kr

영등포 타임스퀘어 전경.

국제화 시대에 수출 주도 기업으로 가기 위해서는 해외시장에서도 통용될 수 있는 세련된 상호가 필요했다.

경방은 1974년 용인에 널찍한 부지를 마련해 제2공장을 지었고, 1975년에는 김각중 회장 시대가 열렸다. 김각중도 아버지 김용완에 이어 전경련 회장을 두 차례 지냈다.

경방은 2009년 쇠락한 영등포 공장 지역에 임대형 쇼핑몰 타임스퀘어를 지었다. 옛 사무동은 원형대로 보존했다. 일제강점기의 산업 관련 건축물로 근대 공업사와 건축사적 가치를 지닌 국가등록문화유산이다.

조선시대에 서울에 배추, 무를 공급하던 채소밭이 일제강점기에 공장 지대로 변했고, 그 공장들이 다 어디로 갔는지 지금은 13,400평 부지에 첨단 도시형 엔터테인먼트 공간이 들어섰다. 1백 년 동안에 상전벽해桑田碧海가 두 번이나 이뤄진 셈이다.

경방은 전체 매출액 3천억 원 중 방직 부문이 3분의 1을 차지하고 부동산 부문이 더 커진 디벨로퍼developer 회사로 변모했다. 일제강점기 조선 1위 기업의 현재 모습이다. 경방은 베트남에도 방적회사를 설립했다.

조선민중 대변하는 한글 신문의 탄생

구한말 이후 조선에서는 신문이 일본의 침략에 대항해 민족의식을 고양하고 새로운 지식을 보급해 민중을 계몽하는 기능을 했다. 1905년 을사늑약 이후 이토 히로부미 통감부는 신문발행 허가제, 사전 검열제, 법 위반 시 형사처벌 등을 담은 신문지법新聞紙法으로 신문을 억압했다. 1910년 강제병합 이후 황성신문은 운영난으로 자진 폐간했다. 대한매일신보는 조선총독부의 일본어 신문 경성일보가 인수해 매일신보로 바꾸어 총독부 기관지를 만들었다. 이로써 조선인의 의사를 대변하는 모든 신문이 국내에서는 없어지고 말았다.

일제는 무력 진압으로 수천 수만 명의 희생자를 낸 기미년 만세운동을 겪고 나서 통치 기조를 이른바 무단武斷 통치에서 문화文化 통치로 전환했다. 새로 부임한 사이토 마코토齋藤實 총독은 조선인들의 불만을 해소하는 굴뚝 기능을 하는 언론 자유를 약간 허용하겠다는 변화를

장덕수(1894~1947).

보였다.

3·1 운동 이후 지하신문이 수십 종 쏟아져 나와 광범위하게 유통되고 있었다. 3월 1일만 해도 지하신문인 조선독립신문은 초판으로 1만 부를 찍어 3·1 운동을 알렸다. 지하신문의 독자 수는 등사판으로 복사해 유포되는 신문까지 합하면 발행 부수의 몇 배였다. 차라리 민간지를 허가해 감시 및 통제를 쉽게 하기 위해 소수의 조선 신문을 허가했다고 볼 수도 있다.[1]

이상협과 장덕수는 민족의 의사를 대변하는 신문을 창간하는 데 뜻을 모으고 평소 언론 사업에 뜻이 있던 인촌과 접촉했다. 중앙학교 교장 최두선이 중간에서 그들의 의사를 인촌에게 전달하는 역할을 맡았다.

최두선은 인촌에게 "총독부가 민간 신문을 한두 개 허용한다는데 민족진영에서도 해야지 않겠느냐"고 권유했다. 인촌은 처음에는 신문사 설립이 간단하지 않다고 사양했다. 한말韓末에 황성신문 사장으로 명성을 날렸던 유근이 나서 거들고, 이상협이 만든 사업계획서를 보여주자 인촌의 마음이 움직였다.[2]

인촌은 동아일보도 경방처럼 공개 주식회사로 발족했다. 전국 각

1   김중순(1998),《문화민족주의자 김성수》, 119~120쪽;
    인촌기념회(1976),《인촌 김성수전》, 174쪽.
2   동아일보편집부 편(1986),《인촌 김성수의 사상과 일화》, 153~156쪽.

지역을 대표하는 유력 인사들을 주주株主로
만들기 위해 6개월 동안 방방곡곡을 찾아
다녔다. 그래도 경방의 경우는 방직회사 주
식을 사면 이익 배당이 돌아오리라는 막연
한 기대를 했지만, 신문업은 돈을 못 버는
사업으로 인식돼 모두 주저했다. 전국 13
도에서 독립운동을 하는 마음으로 참여한
발기인이 78명이었다.

최두선(1894~1974).

총독부는 10여 건의 신문발행 허가 신청 중에서 동아일보. 조선일
보, 시사신문 등 3건만 허가했다. 총독부는 민족지, 친일지, 중간지에
서 각각 하나씩을 선정했다. 총독부 기관지 매일신보까지 합하면 친
일지가 우세했지만 총독부의 의도대로 되지는 않았다. 시일이 흐르면
서 세 신문 모두 민족 대변지로 면모를 뚜렷이 했다.[3]

동아일보는 창간 예정일을 3·1 운동 1주년인 1920년 3월 1일로 잡
고 준비를 서둘렀으나 자금난으로 4월 1일에야 발행하게 됐다. 김성
수가 저당을 잡히고 대출을 받아 겨우 첫 호를 인쇄했다. 창간 사옥은
중앙학교가 종로구 계동 1번지로 이사한 뒤 비어 있던 화동 138번지
중앙학교 구舊교사였다.

동아일보라는 제호는 유근의 아이디어에서 나왔다. 유근이 "고구
려는 동아(동아시아)의 최강국으로 군림했다. 동아 전체를 무대로 삼

---

3   인촌기념회(1976), 《인촌 김성수전》, 180~181쪽.

아 조선과 일본은 대등한 동아의 일원이라는 뜻을 강조해야 한다"는 의견을 내자 반대하는 사람이 없었다.

창간사 "일제 통치 10년은 악몽이었다"

신문발행 목적은 "주지主旨를 선명宣明하노라(우리의 뜻을 널리 밝히노라)"는 제목의 창간사를 읽어보면 명확해진다. 창간사는 1920년대 국한문 혼용 문장으로 한문이 주류였다. 그러나 최남선이 1년 전에 쓴 독립선언서보다는 한글이 많이 들어간 편이다. 당대의 문장가 설산 장덕수가 쓴 창간사 초반부를 현대 글로 바꿔 보면 다음과 같다.[4]

> 동방의 무궁화 동산, 2천만 조선민중은 새로운 공기에서 호흡하며 새로운 빛을 목도하노라. 이는 실로 살아 있음이고 부활이다. 혼신의 힘으로 먼 길을 가고자 함이니 그것은 다름 아닌 자유의 발달이다. … 돌아보건대 한일 강제병합이 일어난 지 10년, 그사이에 조선민중은 일대 악몽의 늪에 빠져야 했다. … 부르짖고 싶어도 부르짖을 수 없었고, 달음질치고 싶어도 몸을 제대로 가눌 수 없었다. 지난 10년, 2천만 조선민중은 그렇게 악몽에 빠져 있었다. … 그러나 시대가 변하여 언론의 자유가 다소 용인된다고 하니, 조선민중은 자신의 의사를 표현하고 그것을 전달해주는

---

4   〈동아일보〉, 2018년 1월 26일.

친구를 열망하고 기대하고 있다. 이에 동아일보가 세상에 태어났으니 그것을 어찌 우연이라 말할 수 있으리오. 실로 민주의 열망과 시대의 동력으로 태어난 것이다.

일제 10년 통치를 악몽이라고 규정한 창간사의 말미에 3대 주지가 나온다. 한 세기를 넘어 현재까지 살아 있는 동아일보의 사시社是다.

1. 조선민중의 표현기관으로 자임自任하노라.
2. 민주주의를 지지하노라.
3. 문화주의를 제창하노라.

1920년 9월 25일 동아일보는 창간한 지 6개월이 채 안 돼 총독부에 의해 무기정간 처분을 받았다. 9월 24일과 25일 제사祭祀 문제를 논한 사설에서 일본 황실의 삼종신기三種神器라는 종鐘, 옥새, 검劍을 우상 숭배라고 비판한 것이 문제였다. 같은 날 '대영大英과 인도'라는 논설로 일본의 식민지 정책을 영국에 빗대어 논한 것도 총독부의 심기를 건드렸다.

동아일보 창간호.

조선 최초의 순직기자

정간한 지 닷새가 지난 10월 1일 통신부장 겸 조사부장이던 장덕준이 사장실로 인촌을 찾아와 북간도北間道 출장 취재를 가고 싶다고 말했다. 봉오동 전투와 청산리 전투에서 타격을 입은 일본군이 북간도의 69개 마을에서 방화, 주민 학살 등 보복을 하고 있다는 것이었다. 신문은 정간 중이었지만 장덕준은 편집회의의 논의를 거쳐 북간도로 출장 취재를 갔다. 11월 6일 북간도 용정龍井에 도착했다는 전보가 날아왔다.

며칠 뒤에는 장덕준의 전보 대신에 회령의 일본군 수비대장 이름으로 장덕준이 행방불명됐다는 전보가 도착했다. 동아일보는 3개월 반의 무기정간 처분을 종료하고 속간이 됐는데 장덕준은 돌아오지 않았다. 이듬해가 다 가도록 소식이 없었다.

여러 조사와 취재로 미루어 일본군은 만행이 세상에 알려질까 두려워 그를 유인해 사살한 것으로 추정됐다.

장덕준은 한국 신문사상 최초의 순직 기자가 됐다. 창간사를 쓴 장덕수의 형이었다. 훗날 해방공간에서 장덕수마저 동족의 흉탄에 쓰러져 비명에 간 형제의 죽음이 많은 이들의 가슴을 아프게 했다.

이 무렵 인촌의 동지이자 친구 같은 관계인 송진우와 현상윤이 3·1운동 사건과 관련해 1년 반 미결수 구금을 끝내고 석방됐다. 송진우는 1921년 9월 박영효, 김성수에 이어 동아일보 3대 사장이 되고, 현상윤은 1922년 4월 중앙고보 교장으로 취임했다. 고하는 그 뒤로 사

장덕준(1891~1920)

장 또는 주필, 때로는 고문으로 1940년 폐간 시까지 동아일보와 운명을 같이했다.

신문사도 이익을 내야 직원들 월급도 주고 신문을 찍을 수 있다. 그런데 통 수지가 맞지 않았다. 신문을 보는 사람, 보고자 하는 사람은 많았으나 돈을 내고 신문을 구독해야 한다는 개념이 성립되지 않았던 시대였다. 돈을 내고 신문을 사 볼 수 있을 만큼 경제적, 교육적 수준이 갖춰진 사람도 많지 않았다. 서무경리 국장을 하던 양원모는 월급 때가 되면 인촌에게 도장을 받아 은행에서 돈을 빌려다 월급을 주는 것이 예사였다.

총독부 꼬붕 깡패 박춘금의 행패

보통학교를 중퇴하고 일본에 건너가 부랑배 생활로 한밑천 잡은 박춘금이라는 주먹 건달이 있었다. 총독부 경무국장 마루야마 쓰루키치丸山鶴吉는 친일 어용단체 10여 개를 합쳐 '각파 유지연맹'을 만들게 하고 박춘금을 끌어들였다.

마루야마의 부름을 받고 서울에 온 박춘금은 동아일보에 단도와 몽둥이를 들고 나타나 재외동포들을 위해 모금한 돈 중에서 교포들에게 보낼 돈을 자기에게 달라고 했다. 그걸 들어주지 않자 7, 8회나 행패를 부렸다.

동아일보가 이런 분위기에서 각파 유지연맹를 사설로 두 차례나 비판했다. 그 후 인촌과 고하가 식도원이라는 음식점에 갔다가 박춘금을 만났다. 웃통을 벗어부친 괴한 10명과 함께 나타난 박춘금은 술상을 뒤엎으며 인촌과 고하에게 폭행을 가했다.

박춘금 일당은 인촌과 고하에게 신문에 사과문을 내고 재외동포 성금 3천 원을 달라고 협박했다. 박춘금은 단도를 뽑아 술상 위에 박고 허리춤에서 권총을 뽑아 인촌과 고하를 겨누었다. 계속되는 폭행과 협박에 고하가 개인 자격으로 '인신공격은 유감이었다'는 짤막한 각서를 써주고 인촌은 3천 원을 주겠다고 약속해 겨우 풀려났다.

인촌은 이튿날 3천 원을 은행에서 찾아 보따리에 싸 들고 경무국장 마루야마를 찾아갔다. 인촌이 "이 돈을 박춘금에게 전해주시오"라며 보따리를 내밀자 마루야마는 "내가 왜 그 돈을 전해준단 말이오"라고 시치미를 뗐다. 인촌이 "박춘금이 말끝마다 총독부 고관들을 팔고 다니는데 모르시는 모양이군요"라고 들이받았다.

마루야마는 "그자가 정말 그랬다면 혼을 내줘야겠다"고 말하고, 인촌에게 돈을 그냥 가져가라고 했다. 박춘금은 이후로도 천하에 어려울 게 없다는 태도는 여전했지만 인촌만은 어려워했다고 한다.[5]

총독부는 기관지 매일신보의 사회면 톱으로 이 사건을 다루며 신문의 모든 기능을 동원해 인신공격을 가했다. 매일신보 보도로 동아일

---

5   동아일보편집부 편(1986),《인촌 김성수의 사상과 일화》, 173~177쪽.

보에 내분이 생겼다. 상무취체역 겸 편집국장인 이상협은 "동아일보 사장이 친일 폭력배에게 사과문을 써준 것은 있을 수 없는 일"이라고 공격했다. 고하가 사장직을 사퇴했고 인촌도 취체역取締役을 내놓았다. 이상협은 편집국의 중견기자 여럿을 데리고 조선일보로 옮겨갔다.

동아일보는 사태 수습을 위해 임시주주총회를 열어 남강 이승훈을 4대 사장으로 모시고 홍명희에게 주필 겸 편집국장을 맡겼다. 홍명희는 남강의 요청으로 오산학교 교감을 하고 있다가 남강을 따라 동아일보로 왔다. 남강은 3·1 운동의 동지였던 인촌과 고하를 난국에서 구해주기 위해 나섰다. 남강의 사장 재임 기간은 5개월로 짧았지만 1930년 4월 세상을 뜰 때까지 동아일보 고문직을 유지했다.

조선총독부 청사와 마주 보는 동아 신사옥

이승훈에 이어 5대 사장으로 취임한 인촌의 과제는 사옥 신축이었다. 화동 사옥은 협소하고 교통도 불편했다. 1924년 3월 중순 광화문통 (현 세종로) 139번지에 7만 원을 들여 4백여 평을 매입했다.

신사옥은 3층 철근 콘크리트 벽돌 건물로 서울에서는 몇 손가락 안에 드는 최신식 건물이었다. 광화문통 북쪽에서는 조선총독부 청사 건축공사가 한창이었다. 총독부는 북악산 아래 경복궁 궁궐을 헐어내고 터를 잡았다. 동아일보사가 총독부의 길목을 지키는 형세였다.

공사 중에 인촌은 중앙학교 공사 때처럼 추운 겨울에도 현장에 나

동아일보 광화문 사옥.
4층 이상은 나중에 증축한 것이다. 서울시 유형문화재 131호.

와 설계도를 들고 사다리 위에서 감독했다. 건물이 완공 됐을 때 3층 옥상에 올라서면 고층 건물이 없을 때라 일망무제一望無際로 청량리까지 바라다 보였다.

중앙고보생들의 6·10 만세운동

인촌이 동아일보 신사옥 건설에 심혈을 기울이고 있던 1926년 6·10 만세운동이 일어났다. 1926년 4월 26일 대한제국의 마지막 황제였던 순종이 승하했다. 인산因山은 6월 10일로 잡혔다. 고종 황제의 인산을 계기로 3·1 운동이 일어났던 것이 불과 7년 전이었던 만큼 뭔가 터질 것 같은 분위기에서 민심은 술렁거리고 있었다,

장지는 양주의 금곡이었다. 인산 행렬은 돈화문을 출발해 종로·을지로·동대문·청량리를 거쳐 금곡으로 가도록 돼 있었다.

종로, 을지로, 동대문에서 청량리에 이르는 대로변에는 학생들이 도열해 황제의 마지막 길을 배웅했다. 학생들 뒤에는 시민들이 구름처럼 모였다. 인산 행렬이 단성사 앞에 이르렀을 무렵 중앙고보 학생들이 태극기를 펼쳐 들고 조선독립만세를 불렀다. 중앙고보의 주동자는 이동환, 박용규였다. 행렬이 진행하면서 이번에는 관수교 부근에 있는 연희전문 학생들이 만세를 외치고 삽시간에 시민들까지 가세하여 서울 장안은 조선독립만세 함성으로 뒤덮였다.

이 만세 사건으로 검거된 학생은 106명이었는데 검찰에 송치된 83명 중 중앙고보생이 절반 이상인 46명이었다. 중앙고보는 주동자가 나온 데다 그들이 뿌린 격문에 인촌의 이름이 들어가 있어 표적이 됐다.

조선민중아!
우리의 철천지 원수는 자본제국주의 일본이다.
2천만 동포야, 죽음을 결단코 싸우자.
만세 만세.
조선독립 만세!

단기 4259년 6월 10일
조선민족 대표 김성수 최남선 최린

학생들이 사전에 알리지도 않고 이름을 써 넣었지만 인촌은 종로경찰서에 연행돼 조사 받았다. 경찰은 검거된 학생 중 중앙고보생이 많은 것에 대해서도 따졌다. 아침에 연행된 인촌은 봉변을 당하다 저녁때가 다 되어서야 풀려났다.

일본어 신문 경성일보는 1927년 3월 26일자 기사에서 6·10 만세사건 피고인 이병립 등 11명은 재판장의 질문에 대해 "조선의 독립은 결코 틀림이 없다. 아무리 징역을 오래 살린다 하더라도 조선독립의 이념은 머리에서 떠나지 않는다"고 발언했다고 보도했다. 2심 공판 때는 일본인 검사가 논고 중에 "한강이 역류逆流한다 해도 조선의 독립은 절대로 안 된다"고 말해 피고인들을 분통 터지게 만들었다.

조선어학회에서 제정한 한글맞춤법을 앞장서 쓰다

조선어학회는 1933년 한글맞춤법 통일안을 제정했으나 시행이 쉽지 않았다. 모든 신문 잡지와 출판물이 호응해줘야 성공할 수 있는데 활자를 다시 주조하기에는 막대한 비용이 필요했기 때문이다.

조선어학회는 회원들에게 매체를 분담시켰는데 김선기[6]에게는 선친(김철중 동아일보 총무국장)을 고려해 동아일보를 맡겼다. 인촌과 고

---

6 일제강점기 조선어학회에서 활동하였으며, 해방 후 문교부 차관, 한글학회 이사 등을 역임한 언어학자.

하의 적극적 지원으로 동아일보가 한글맞춤법 시행안 10만 부를 인쇄해 전국에 홍보하고, 앞장서 새 맞춤법을 시행해 김선기는 조선어학회에서 체면이 살았다. 김선기는 동아일보에 파견돼 맞춤법 교열하는 일을 맡기도 했다.

인촌은 "공무국에 알아보니 7만 원이면 새 활자를 만들 수 있다고한다. 우리가 솔선수범하자"며 밀고 나갔다. 동아일보가 당시 1만 부나갈 때였다.

인촌은 해외에서 우리글에 대한 자부심을 가질 기회가 있었다. 인촌이 영국에 갔을 때 지식인들이 조선은 중국어를 쓰느냐, 일본어를쓰느냐, 문자는 어느 나라 걸 쓰느냐고 꼬치꼬치 물어 가방 속에서 동아일보를 꺼내 보여주며 "이것이 우리나라 문자이고 고유한 말"이라고 대답했더니 모두들 놀랐다고 했다.[7]

1942년 일제가 만들어낸 조선어학회 사건으로 김선기는 이병기[8]와 연행돼 옥고를 치르고 나와 인촌을 만나러 갔다. 이극로[9]는 고문을당한 끝에 사전 편찬은 독립운동의 일환이고 '조선기념도서출판관朝鮮紀念圖書出版館'의 책임자로 있던 인촌도 관련이 있는 것처럼 자백했다.

7   동아일보편집부 편(1986),《인촌 김성수의 사상과 일화》, 215~216쪽.
8   조선어학회 사건으로 옥고를 치르고 광복 후 서울대, 전북대 교수를 지냈다
9   조선어학회 사건으로 징역 6년을 선고받고 함흥형무소에서 복역하다가 1945년 광복을 맞아 풀려났다.

북촌에 있는 조선어학회 터
표지석.

인촌은 일제 경찰이 "이극로의 자백을 어떻게 생각하느냐"고 물어 "조선어 사전 하나 편찬해 독립이 된다면 왜 진작 편찬하지 이제야 했겠느냐"고 답변했다.

조선어학회 활동을 했던 이희승이 표준어 사정위원회를 우이동 봉황각에서 열었을 때 인촌은 거금 300원을 쾌척했다. 철자법위원회를 1회 개성, 2회 인천, 3회 서울 화계사에서 열었을 때 그때마다 적지 않은 돈을 내주었다고 이희승은 회고했다.

인촌은 우리글과 우리말을 사랑한 사람이다. 인촌이 계동 인촌 고택에서 가까운 사돈(며느리 홍정임의 부친) 집에 들렀을 때 소나무를 가리키며 "둥글게 깎았으면 더 예쁘겠다"고 말했다. 그러자 사돈이 " '다마'처럼 깎으면 좋겠다는 말씀이군요"라고 받았다. 그러자 인촌은 "다마가 아니라 '구슬' 같은 거지요"라고 말했다. 홍정임의 동생 홍병표는 인촌이 돌아간 뒤에 선친이 "다마라는 말을 안 썼어야 하는

데 내가 인촌한테 실수했다"고 말했다는 것이다. 그 정도로 우리말에
침투해 들어오는 일본말을 인촌은 경계했다.[10]

정부 없는 시대의 충무공 유적보존 운동

고하의 일대기 《독립을 향한 집념》은 정부 없는 시대에 동아일보의
사회 공헌으로 물산장려 운동, 충무공 유적보존 운동, 브나로드 운동
등을 꼽았다.

국산품을 애용하자는 물산장려 운동은 일본의 방해공작이 심했다.
브나로드는 러시아어로 '민중 속으로'라는 뜻이다. 19세기에 러시아
지식층이 농민, 노동자 속에 들어가 계몽운동을 일으킨 데서 따온 것
으로 조선에서 80%에 이르는 문맹자의 눈을 뜨게 하려는 운동이었
다. 이광수의 소설 〈흙〉이 이때 동아일보에 연재돼 인기를 끌었다.

충무공 유적보존 운동은 1931년 5월 13일자 동아일보에 충무공
13대 종손이 진 빚 3,400원 때문에 충남 아산군 음봉면 사정리 소재
충무공 묘소의 위토가 경매에 붙여진다는 보도가 계기가 되었다.

정인보 논설위원이 5월 14일자에 "민족적 수치"라는 사설로 충무공
의 유적을 보전하자고 호소했다. 이 사설이 나간 다음 날 독지가가 5원

---

10 홍병표 인터뷰.

을 기탁한 것을 시작으로 전국에서 성금이
답지해 우선 2,277원 22전을 은행에 갚고
10여 년 만에 위토 문서를 다시 찾아 왔다.
1931년 6월부터는 편집국장 이광수가 소설
〈이순신〉의 연재를 시작했다.

이상범 화백이 그린 충무공 영정.

2단계 사업으로 대원군 때 철거한 현충사
를 다시 건립하는 공사를 시작했다. 새로 꾸
민 사당 안에는 후손이 보관하던 검劍, 금대金
帶, 일기, 칙지勅旨 등 충무공 유물을 안치했
다. 1년 동안에 전국에서 2만여 명과 400여 단체가 모은 성금은 1만
7천 원이 넘었다.

미술기자 청전靑田 이상범이 현충사에 모실 충무공의 영정을 그렸
다. 청전은 한산도 제승당에 있는 영정을 답사해 수채로 소형 영정을
베끼고, 통영 여수의 사당에 있는 영정 몇 점을 보고 왔다. 이상범은
3, 4회에 걸쳐 초안을 잡아 고하 등 간부들의 의견을 들어 2개월 만에
현충사에 봉안할 영정을 완성했다.

아산 현충사 영정은 1949년에 김은호, 1953년에는 장우성 화백의 작
품으로 교체됐다. 이상범의 작품은 문중에서 따로 보관하다 실종됐다.

국가 없던 시대에 "조선의 노래"를 제정한 것도 자랑거리다. 동아
일보는 1930년 9월 국민 창가를 공모했다. 당선작은 나오지 않았다.
동아일보는 심사위원 이은상에게 응모한 여러 작품 중에서 좋은 구절

을 뽑아 새 가사를 만들도록 했다. 1931년 1월 21일자 지면에 익명생 匿名生이라는 이름으로 "조선의 노래"가 발표됐다. 이듬해 작곡가 현제명이 이 가사에 곡을 붙여 노래가 완성됐다.

백두산 뻗어내려 반도 삼천리
무궁화 이 동산에 역사 반만년
대대로 예 사는 우리 이천만
복되도다 그 이름 조선이로세
(2절, 3절 생략)

현제명이 곡을 붙인 "조선의 노래"는 애국가 다음으로 널리 불렸다. 일제는 1938년 이 노래를 금지했지만 입에서 입을 타고 퍼져 나갔다. 광복 후 "조선의 노래"는 "대한의 노래"로 제목을 바꾸고 가사를 약간 손질해 국민 애창곡이 됐다.

4부

가슴 뛰는 길

。3·1만세 동참한 「옥중의 꽃」 이야주
。민립 보성전문과 고려대학교
。손기정 가슴에서 일장기 지우다
。독립운동 하다 감옥 간 아들과 며느리,
　딸 결혼식 안 간 인촌

3 · 1 만세 동참한 '옥중의 꽃' 이아주

1920년 4월 1일 동아일보가 창간하고 그로부터 3주가 되는 21일, 여학생의 출옥기出獄記가 실려 독자들의 가슴을 아프게 했다. '출옥자出獄者의 감상感想'이라는 제목이 달린 출옥기는 1919년 3월 1일 만세 시위에 가담했다가 징역을 살고 나온 정신여학교 4학년 이아주李娥珠의 글이었다. 형무소의 열악한 실태와 조선 여성에 대한 인권유린을 생생하게 보여주는 글이다. 요즘 맞춤법에 맞추어 글을 정리해 본다.

저는 쓸쓸하고 냉랭한 철창 속에서 지독한 괴로움을 당할 때 설상가상으로 감기와 위병으로 더욱 괴로움을 당했습니다. 짐승과 같은 대접을 받아가며 7, 8개월 동안 예심인지 무엇인지 걸려 있다가 13개월 되는 달에 몸에 붉은 옷을 걸게 될 때 나는 다만 달게 받았습니다.

붉은 옷을 입힌 후에 죽 둘러 앉히더니 "네가 소위 조선 여자냐. 네까

짓 것들이 건방지게 웬 정치에 상관하느냐. 아직 조선 여자는 정치에 상관할 정도가 못 된다. 너희는 지금 겨우 가정이나 개량하고 자녀나 잘 양육하여라" 할 때 조선 여자 중 하나인 저는 가슴을 칼로 베이는 듯이 느끼었습니다.

그래서 붉은 옷을 입은 후에 때를 따라 들어오는 콩밥 한 줌과 소금물과 '구린내 나는 무우 몇 조각'[1] 을 주는데 처음에는 저것을 먹고 어떻게 사나. 이전에 우리 집 개도 저런 대접은 안 받았을 터인데…. 어떻게 사람을 이렇게 대섭하나 하고 이제는 꼭 숙었다 했더니 모진 것은 목숨이요, 배가 고프니 안 먹을 수 없어서 차차 행습行習이 되니까 평소에 우리 집에서 고량진미膏粱珍味 먹을 때보다 더 맛이 나서 꿀보다도 맛난 것은 그 콩밥이었습니다.

이것을 먹고 목숨을 보전하여 나가던 중 날마다 하는 일은 피아노 테이블 위에 놓는 레이스 만드는 것인데,[2] 별별 공상으로 가슴이 찢어지는 듯하고 끊어질 듯이 고픈 배를 쥐고 홀로 울 때는 금할 수 없이 세상의 무정함을 느끼게 됐습니다.

아아 인정도 모르고 의리도 모르는 그 간수들. 다시 생각하여도 이가 갈립니다. 지리한 세월이 유수 같아서 어언간 엄동설한이 되니까 사정없이 올라오는 인왕산의 혹독한 바람,[3] 칼날 같은 눈보라는 애처로운 우리의 살을 에는 듯할 때 수족의 감각은 없어지고 갈 바를 모르고 나오는 애

---

1 단무지를 설명한 것 같다.
2 형무소에서 여성 수인들에게 레이스 만드는 작업을 시켰다.
3 서대문 형무소(지금의 서대문 독립공원) 뒤에 인왕산이 있었다.

련한 생각은 끝이 없이 배회했습니다.

철창 사이로 들어오는 밝은 달은 외로운 우리의 강산을 두루 비추고 고향의 부모형제도 비추련마는 부모의 소식을 몰라 홀로 더운 눈물로 베개를 적실 때 고개를 숙이고 묵묵히 주님께 기도를 올리어 스스로 위로하였습니다. 백두산에 쌓인 눈과 같이 쌓이고 쌓인 나의 원한을 다 말할 수 없음이 원통합니다. 옥중에서 지은 글 한 귀를 외우겠습니다.

해는 지고 바람은 찬데

몰려오는 눈조차 이리 맵도다.

정숙한 이 내 몸에 포박捕縛이 웬 말인가

무죄한 이 내 몸에 악형惡刑이 웬 말인가

귀히 기른 이 내 몸에 철창생활이 웬 말인가

북악산北岳山 머리에 눈이 쌓이고

반야중천半夜中天에 달은 밝은데

청춘의 끓는 피 참기 어려워

느껴 울음이 목 맺히도다.

'무죄한 이 내 몸에 악형이 웬 말인가'라는 대목은 고문에 대한 고발이다. 손자인 김병철 전 고려대 총장은 "할머니의 앞가슴에 일본 순사에게 채찍으로 맞아 난 상처가 그대로 남아 있었다"고 증언한다.[4]

---

4 이진강, "인촌김성수 선생과 이아주 여사", 〈용인 이씨 종보〉, 2024. 2. 1.

일제는 감옥에서 저항하는 수인들에게는 잔혹한 고문을 일삼았다. 유관순은 서대문 감옥에서 고문 후유증으로 숨졌다.

독립기념관장을 지낸 김삼웅이 쓴 《서대문형무소 근현대사》는 3·1 운동 후 서대문 감옥에서 수형 생활을 한 여성 10명의 행적을 간략히 적어놓고 있다.

이아주는 평북 강계에서 태어나 18살에 서울로 올라와 정신학교에 입학했다. 3·1 항쟁이 일어나던 해 졸업반이었던 그녀는 3월 5일 남대문 근처에서 30여 명 학생을 이끌고 만세운동에 참가했다가 왜경에 체포되어 기소됐다.

체포된 후 취조를 받는데 왜경이 "너희들이 만세를 부른다고 독립이 될 줄 아느냐"고 다그칠 때 그는 "언젠가는 꼭 될 줄 안다"고 자신있게 답변했다. 결국 그는 경찰서 유치장을 거쳐 서대문 감옥으로 넘겨지고….

국가기록원의 "독립운동 관련 판결문"에 따르면 이아주는 경성지방법원(1심)에서 1919년 11월 6일 출판법 및 보안법 위반으로 징역 6개월을 선고받고, 경성복심법원(항소심)에서 1920년 2월 27일 항소기각 판결로 징역 6월이 확정됐다. 출판법 위반은 독립선언문을 배포한 행위에 적용됐다. 보안법은 조선독립만세를 외치며 시위를 벌인 죄다.

인촌이 후일 반려자가 된 이아주를 처음 본 것은 1919년 8월이다.

인촌은 중앙학교를 경영하면서 경성방직 설립을 추진하고 있었다. 도쿄 유학시절부터 가깝게 지내던 김우영이 변호사 개업하면서 맡은 첫 사건이 정신여학교 만세시위였다. 정신여학교는 1887년 6월 미국 선교사 애니 엘러스A. J. Ellers가 정동에 개교한 미션스쿨이다. 일제강점기 정신여학교 학생

이아주(1899~1968)

과 교사들은 3·1 운동에 적극적으로 가담해 일제로부터 탄압받았다.

인촌은 김 변호사의 처녀 변론을 방청하기 위해 법정에 갔다. 이아주는 흰 저고리에 검정 치마를 입고 피고인석에 다른 구속 학생들과 앉아 있었다. 판사는 감옥 생활을 하는 여학생들에게 동정이 갔던지 "다시는 만세운동을 하지 않는다고 약속하면 관대히 처분하겠다"고 회유했다. 판사 말을 따라 만세운동을 않겠다고 서약한 여학생들은 무죄 방면되거나 집행유예 선고를 받아 풀려났다.

일본인 판사는 이아주에게 "너는 철없는 여학생이다. 내가 관용을 베풀어 석방해 줄 테니 다시는 이런 불량한 짓을 하지 말아라. '그런다'고 약속하면 내보내 주마"라고 말했다.

그런데 이아주는 당돌하게 약속을 거부했다.

"조선 사람으로서 그런 약속을 어떻게 하겠습니까. 석방되면 그때 가봐서 생각할 일이지, 그걸 미리 약속 못합니다."

그런 이아주에게 일본인 판사는 마구 호통을 쳤다. 인촌은 법정에서 그 모습을 지켜보면서 '대단한 여학생'이라는 생각이 들었다.

연지동 옛터에 보전된 정신여학교 본관.

1919년 10월 27일 향리 줄포에서 장흥 고씨가 3남(상선)과 4남(상흠) 쌍둥아들을 낳고 산후 과다출혈로 별세했다.

항소심 재판은 겨울에 열렸다. 김 변호사는 이번에도 인촌에게 같이 가자고 권했다. 감기에 걸린 인촌은 두터운 외투를 끼어 입고 또 방청을 갔다. 2심에서도 이아주는 태도를 바꾸지 않아 1심 형량대로 실형이 선고됐다.

이아주의 집은 압록강을 사이에 두고 중국과 경계를 이룬 평북 강계군 공북면이었다. 강계에서 용인 이씨 38세손 함흥파 이봉섭의 딸로 태어난 이아주는 18세에 서울에 올라와 정신여학교에 입학했다.

공판 방청하다 감복해 필생의 반려자로 생각

형무소에서 영어囹圄의 세월을 보내는 동안 서울에는 보살펴 줄 만한 사람이 없었다. 인촌은 김 변호사에게 내의도 넣어주고 사식도 차입해 주라고 부탁했다.

이아주는 옥중에서 이하선염耳下腺炎이라는 병을 얻어 세브란스 병원에 입원해 수술을 받았다. 서른한 살의 홀아비는 가끔 병실을 찾아 문병했다.[5] 그러다 정신여학교 교사인 김필례 집으로 찾아가 중매를 서달라고 부탁했다.

이아주는 미혼의 여성이고 인촌은 상처했으니 재취再娶 자리였다. 이아주가 퇴원해 고향인 평북 강계에서 정양하고 있을 때 김필례가 인촌의 간곡한 뜻을 알리는 편지를 여러 번 보냈는데 통 답이 없었다. 알고 보니 완고한 부친이 재취 자리라 반대했던 것이다. 김필례가 가부간에 답을 달라고 독촉 편지를 보내자 마침내 "선생님 말씀에 따르겠어요"라는 답이 왔다. 인촌에게 즉각 전보를 쳤더니 "감사 감사 감사, 김성수"라는 회답 전보가 왔다.

이아주는 독실한 기독교 신자여서 서울YMCA에서 신식으로 혼례를 올렸다. 신랑은 서른한 살이었고 신부는 여덟 살 아래인 스물세 살이었다. 신혼여행은 서울의 조선호텔로 갔다. 중매를 한 김필례 부부에게 인촌이 신혼부부가 묵는 신혼방 옆에 방을 잡아주었다. 김필례

---

5 김중순(1998), 《문화민족주의자 김성수》, 95쪽.

부부는 전래(傳來)의 우리 풍습대로 복도에서 문에 귀를 대고 신방을 엿들었다.[6]

재혼 다음날 양부 김기중이 "집안 풍습을 배워야 한다"며 신부를 줄포로 데려가 인촌을 다시 홀아비 신세로 만들었다. 갈 데가 없는 인촌은 매제인 김용완(후에 경방 회장을 지냄) 집 아랫목에 누워 맨날 한숨만 푹푹 쉬고 있었다. 그러다 수시로 막내 여동생 김점효에게 "아버지께 편지를 올려 올케 좀 보내달라고 해라"고 졸랐다. 점효는 오빠의 청을 거역할 수 없어 눈물 어린 편지를 올리곤 했다. 이 덕에 1년 예정으로 내려갔던 올케가 6개월 만에 상경해 인촌이 홀아비 신세를 면할 수 있었다. 이때 당대의 신여성이 6개월 만에 구여성으로 변해 올라왔다고 한다.[7]

인촌이 일제의 눈치만 살피는 사업가였다면 독립만세운동으로 형무소 살이를 한 전과가 있는 여성과 결혼하지는 않았을 것이다. 김우영은 "인촌은 당시 상처하고 독신 생활을 하고 있는 부호여서 구혼자들이 많았는데도 이아주 학생의 애국정신에 감복해 필생의 반려자로 생각하고 있었다"고 회고했다.[8]

---

6   동아일보편집부 편(1986), 《인촌 김성수의 사상과 일화》, 170쪽.
7   "[경방그룹 이야기②] 충청양반 가문의 명예와 품행", 〈이코노미 톡뉴스〉, 2020. 12. 11.
8   동아일보편집부 편(1986), 《인촌 김성수의 사상과 일화》, 168쪽.

정신여학교 회화나무와 독립투사 김마리아 흉상.

　필자 이진강은 '인촌과 이아주의 결혼은 전후 관계를 살펴보면 독립운동이라는 큰일을 해 나가고자 하는 동지적 결합'이라고 용인 이씨 종보宗報에 썼다.

　이아주는 정신여학교를 다니며 기독교와 항일 정신의 세례를 받았다. 재판기록 문서를 보면 이름과 별명을 적는 칸에 '주님을 사랑한다'는 의미의 이애주李愛主라는 이름이 나온다.

　정신여중고 연지동 본관 뒤에는 수령 558년(2024년 기준)의 회화나무가 서 있다. 정신여중·고는 1978년 송파구 잠실동으로 이전했으나 학교 부지를 사들인 소유주가 역사가 서린 연지동 본관을 그대로 보전하고 있다. 이 나무 앞에는 "3·1 운동 당시 김마리아 선생이 영도한 대한민국 애국부인회의 산실이었던 정신여고가 일본 관헌의 수색을 받았을 때 비밀문서와 태극기 그리고 교과목으로 금지되어 있는 국사 교재들을 이 고목의 빈 구멍에 숨겨 위험한 고비를 넘겼고, 후일 각종 비밀문서를 보존하여 역사적 자료를 남기게 한 유서 깊은 수목입니다"라고 쓰인 안내판이 서 있다. 정신여학교를 졸업하고 모교에서 교사로 일했고, 독립운동을 하다 두 차례나 옥고를 치른 독립투사 김마리아의 흉상도 바로 옆에 있다. 이런 분위기에서 교육을 받은 이아주는 감옥살이를 하고 나와서도 용기 있게 신문에 옥중기를 실은 것이다.

이아주는 인촌과의 사이에서 5남 3녀 8남매를 두었다. 전 부인 소생 4남 1녀를 포함해 모두 13남매를 잘 키웠다. 대식구 살림은 상차림만도 큰일이었다.

인촌은 어란魚卵을 좋아했다. 어란은 생선에서 알집을 꺼내 참기름을 발라 그늘에서 며칠 말리는 과정에서 공이 많이 드는 음식이었다. 요즘도 고급 일식집이 아니면 어란을 내놓지 않는다. 인촌은 밥상에 어란을 두 쪽 이상 내놓으면 비싼 거라고 야단을 쳤다. 그런데 며느리(홍정임, 5남 김상오 부인)가 인촌 밥상을 들고 가면 나이 어린 시동생들이 지나가다 상에서 어란을 얼른 집어먹었다. 다시 어란 두 쪽을 새로 썰어 상에 올려놓으면 이번에는 다른 시동생이 맛있다며 가져갔다.

이아주 여사가 언젠가 친척들과 식사하는 자리에서 "나같이 팔자 나쁜 여자도 없다"고 신세 한탄을 한 적이 있다. 그러자 막내딸 순민이 "아버지가 어머니밖에 몰랐는데 왜 팔자 나쁘다고 하세요"라고 반론을 폈다. 실제로 인촌은 그 시대 보통 지주들처럼 소실을 두지도 않았고 기방 출입도 안 했다. 27살에 중앙학교 교장이 돼 행동이 조심스러웠다는 것이다.

이아주는 팔자가 왜 나쁜지를 막내딸에게 이야기했다. "첫째로 여자가 남편 먼저 보내는 것이 큰 불행이다. 두 번째로 너는 모르겠지만 내가 계모 밑에서 자랐는데 내가 또 계모 노릇을 했다. 그리고 세 번째로 남자들도 잘 안 가는 형무소살이를 했다."9

인촌 묘소가 고려대 구내에 있을 때 이아주 여사가 거의 매일처럼 나와 하얀 소복차림으로 잔디와 나무, 화초들을 가꾸었다고 목격자들이 전한다. 2005년 3월 7일 노무현 정부에서 3·1 운동에 참여한 공로로 이아주 여사에게 대통령 표창이 추서됐다.

---

9 홍병표 인터뷰.

민립 보성전문과 고려대학교

인촌의 장인 고정주는 창평 상월정에 1906년 영학숙을 설립했다. 귀화인 교사를 초빙해 아들 고광준, 사위 인촌, 고하 송진우 등에게 영어와 신학문을 가르쳤다. 인촌, 고하, 고광준이 유학길을 떠나자 1908년 고정주는 창흥의숙(창평초등학교의 전신)을 설립해 수많은 인재를 양성했다.

인촌의 생부 김경중은 사돈 고정주가 회장인 호남학회에 가입해 교육 구국救國 운동을 했다. 양부 김기중은 1909년 줄포에 초등교육기관인 영신학교(줄포초등학교의 전신)를 설립했다.

처가와 본가에서 교육 운동의 영향을 받은 인촌은 일본 유학에서 돌아와 중등교육기관인 중앙고보를 인수해 발전시켰다. 인촌의 궁극적 목표는 고등교육기관 설립이었다.

조선에서는 구한말 이후 여러 차례 민립民立대학 설립 운동이 일어났으나 일제의 방해와 자금난으로 좌절된 바 있다. 조선에 대학이 없어 한국의 젊은이들은 대학교육을 받을 기회를 놓쳤다. 소수의 부유층 자제만이 일본과 중국 등 해외유학을 통해 대학에 진학할 수 있었다.

인촌은 1920년대 초반 민립대학 설립 운동에 참여해 스스로 대학을 세워보겠다는 꿈을 키웠다. 총독부가 대학설립 허가를 내주지 않자 전문학교를 세워 장차 대학으로 발전시켜 보겠다는 구상을 했다.

세계 최고수준 대학들을 시찰하다

인촌은 선진국들의 교육시설을 돌아보고 세계적 수준의 대학을 세우려는 계획을 갖고 있었다. 인촌은 중앙학교, 경성방직, 동아일보가 경영 면에서 안정되어 처음으로 휴식을 취할 수 있는 여유가 생기자, 1929년 12월 3일 세계여행 길에 올랐다. 유람 여행이 아니라 세계 최고 수준의 대학들을 시찰하는 여행이었다.

일본 고베항에서 여객선을 타고 상하이에 들렀다가 남지나해, 인도양, 수에즈 운하를 거쳐 이탈리아 나폴리에 입항했다. 상하이에서는 안창호를 만나 임시정부에 후원금을 내놓았다. 이탈리아 나폴리항에는 영국에서 유학 중인 장덕수가 마중 나왔다.

서구 여러 나라 중에서도 영국은 인촌에게 가장 깊은 인상을 주었다. 영국에서 유학 중이던 윤보선, 이활, 신성모 등을 만나 이야기를 들었다. 그가 귀국 2년 후에 장남 상만을 영국에 유학 보낸 것도 이때 받은 인상이 좋았기 때문이었다. 인촌은 런던에 자리를 잡고 1년여에 걸쳐 아일랜드·스페인·포르투갈·스웨덴·노르웨이·핀란드·독일·덴마크·체코·오스트리아·스위스·소련을 둘러보았다.

붉은 혁명으로 태어난 사회주의 국가 소련을 유심히 살펴보았으나 실망이 컸다. '계급 없는 사회'를 지향한다는 나라에서 계급 차별이 다른 나라보다 더 심했다. 소련의 정부 관리나 당 지도자들의 생활은 어느 나라의 귀족 못지않게 호화판이었다. 그들은 일반 국민 위에 군림하고 있었다. 반면에 노동자, 농민들은 길거리에서 손발에 동상이 걸려 죽어가고 있었다.[1]

유럽과 미국 여행에서 유수의 대학들을 둘러봤다. 유럽에서는 영국 옥스퍼드대학·캠브리지대학, 프랑스 소르본대학, 독일 베를린대학·하이델베르크대학, 체코 프라하대학 등을 방문했다.

인촌은 유럽에서 1년 동안 머무르다 1931년 봄 미국으로 건너갔다. 1차 세계대전의 결과로 미국은 세계 1등 국가가 됐다. 컬럼비아·하버드·예일·듀크대학에서 관계자들을 만나고 시설을 무비카메라에 담았다.

---

1   인촌기념회(1976),《인촌 김성수전》, 314~318쪽.

고려대 본관 앞에 서 있는 인촌 동상.
단기 4292년(서기 1959년) 고려대 교우회가 건립했다.

하와이에서 만난 독립운동가 이승만

인촌은 미국에서 3, 4개월 머무르다 귀국하는 길에 하와이에 들러 이승만을 만났다. 이승만은 국내외에서 이름이 높았지만 직접 대면은 처음이었다. 당시 인촌은 41세였고 이승만은 열여섯 살 위였다.

이승만은 "국내의 애국동포 여러분이 고초를 당하는 소식을 들을 때마다 나라 밖에서 편히 지내는 이 몸이 부끄럽고 한스러운 마음을 금할 수 없소"라고 위로의 말을 했다. 그는 동아시아와 미국을 중심으로 한 세계정세를 설명하고 머지않아 독립이 될 때까지 동아일보가 나라 안에서 조선의 혼魂을 지켜달라고 당부했다.

천하 정세를 분석하는 그의 말을 듣고 있자니 조선의 독립이 멀지 않은 것 같았다. 장차 조선이 독립하면 나라를 이끌고 갈 사람이 바로 이 사람이구나 하는 인상을 받았다.

경성에 돌아온 것은 1931년 8월 12일이다. 양부가 "세계를 두루 돌아다니며 얻어온 것이 무엇이냐"고 묻자, "세계 일류대학을 세우는 방법을 배워왔습니다"고 대답했다. 양부는 보성전문학교 교장이 찾아와 인촌이 돌아오면 보성전문을 인수해달라고 부탁하고 갔다고 전해 주었다.

인촌은 각 대학을 무비카메라로 찍은 필름과 대학 관계자들과 만나 주고받은 대화 내용을 기록한 일기장을 갖고 들어왔다. 이 소중한 자료는 인촌이 보성전문학교 건물을 지을 때 참고가 되었으나 광복 후 전쟁 통에 어디로 갔는지 현재는 모두 남아 있지 않다.

최초의 민간 고등교육기관 보성전문

보성전문학교는 1905년 대한제국 황실 재정을 담당하는 내장원경內藏院卿 이용익李容翊이 고종 황제의 하사금을 받아 설립했다. 보부상 출신인 이용익은 전설적 인물이다. 함경북도 단천에서 금광에 투자해 거부가 되어 명성황후의 친정 일족인 민영익의 문객門客이 되었다. 1882년 임오군란 때 충주로 피신한 명성황후와 민영익 사이를 빠르게 오가며 연락한 공으로 고종의 신임을 얻었다. 내장원경에 이어 국가재정을 총괄하는 탁지부度支部 대신을 지냈다.

이용익은 친로반일親露反日적 정치적 입장을 취하다 을사늑약의 체결과 더불어 러시아로 망명해 1907년 블라디보스토크에서 객사했다. 사망 시에 고종에게 '광건학교廣建學校, 인재교육人材敎育, 국권회복國權回復'을 강조하는 유소遺疏를 남겼다.

이용익이 서거한 후, 손자 이종호李鍾浩가 잠시 학교 경영을 맡았으나 경영난에 봉착했다. 그 후 천도교가 경영권을 이어받았지만 3·1운동 민족대표였던 손병희와 보성전문 교장 윤익선이 3·1 운동에 연루돼 구속되면서 보성전문은 어려움을 겪었다. 학교의 재정 상태는 호전되지 않고 내부 갈등까지 생겼다. 재단 이사회는 학교를 구할 수 있는 사람을 물색하다 절친한 친구 김병로를 보내 인촌에게 보성전문 인수를 권유하게 됐다.

인촌은 동아일보 창간 전에 한양전문을 설립하려다 총독부 허가가 나오지 않아 그만둔 일도 있었다. 인촌 입장에서는 보성전문학교를 인수해 총독부의 허가를 새로 받을 필요도 없이 전문학교를 세울 수 있게 된 것이다.

고려대 대학원 건물 앞에 있는 보성전문 설립자 이용익 흉상

보성전문학교(이하 보전普專)은 명색이 전문학교라지만 좁은 터에 교사가 옹색했다. 인촌은 새로운 교사를 신축하기 위해 부지 매입을 서둘렀다. 새 캠퍼스 부지는 고양군 숭인면 안암리(현 서울 동대문구 안암동) 일대였다. 안암동 일대 7만여 평에 제기동 일대 8천여 평, 종암동 일대 3만여 평과 애기능²으로부터 돈암동에 이르는 임야를 사들였다. 엄청난 교지 매입에 사람들은 연신 놀라움과 궁금증을 표했다. 고하는 "그 너른 땅을 사들여 농사를 지으려는 건가"라고 물었다.

인촌은 청사진을 제시했다. "내가 찍어온 활동사진 못 보았는가. 미국 컬럼비아대학 건물과 주위 구내를 보라고. 하이델베르크대학은 대학촌일세. 파리 대학은 8대학까지 있는데 파리 중심부의 일부를 차지

---

2 한 건설업체가 아파트 공사를 위해 고려대 담장 옆에서 땅을 파던 중 석함(石函) 두 개를 발견했다. 석함 속에는 태(胎) 항아리가 들어 있었다. 박물관 학예과장은 즉시 공사 현장으로 달려가 공사 인부들에게 돼지 두 마리와 막걸리를 주고 석함을 가져왔다. 태 항아리는 나중에 국보(분청자인화문태호)로 지정됐다. 안타깝게도 묘비석이 사라져 태의 주인공(왕자 또는 공주)이 누구인지는 모른다. 고려대에 애기능이라는 지명(地名)이 생긴 유래다.

천도교 3대 교주(校主)로 보성전문 운영을 맡았던 손병희 흉상. 고려대 문과대 건물 앞에 있다.

하고 있네. 건물부터 웅장하고 멋지게 지을 생각이네. 대리석으로 지으면 좋겠지만 조선에는 대리석이 나지 않으니 화강암으로 지을 생각이네."

고려대가 오늘날 도심 안에 광대한 교지를 확보한 것은 인촌이 서구의 유명 대학들을 보고 돌아온 덕이다.[3] 현재 세계 100위권 대학에 진입한 고려대는 빼곡히 건물이 들어차 미래를 내다본 인촌의 안목을 말해준다.

인촌이 구미 각 대학의 건축을 살펴보고 교사를 석조 건물로 짓기로 마음을 굳혔다. 석조石造는 외관상 위엄이 있을 뿐 아니라 수명이 영구적이었다.

석조 건물을 고딕 양식으로 짓는 구상은 인촌이 유럽과 미국의 대학들을 둘러보며 생긴 듯하다. 유럽의 고딕 건물들이 대리석으로 지은 데 비해 인촌은 한국에서 쉽게 구할 수 있는 화강암을 썼다. 가까운 종암동에 화강암 채석장이 있었다.

도서관은 미국 듀크대학의 퍼킨스도서관을 모델로 했다. 오천석 보성전문 교수는 자신이 갖고 있던 미국 여러 대학의 카탈로그에서 듀크대 도서관을 인촌에게 제안했다. 이를 참조해 보성전문 도서관을

---

3   유진오(1977), 《양호기》, 46쪽.

창작한 이는 경성고등공업학교 출신 건축가 박동진이었다.

김현섭 고려대 건축학과 교수는 "화강암이 일본 목조 건축의 유약성과 대비되는 강인한 면모와 영원성(eternity)을 지녔고 돌로 지은 총독부 건물에 맞서는 민족 독립의 군건한 의지를 표상한다고 해석할 수 있다"고 말했다.[4]

웅장한 석조건물은 '겨레에 대한 격려'

인촌은 1933년 여름, 안암동 부지에서 교사(고려대 본관) 신축공사를 시작했다. 안암산 기슭, 동남쪽 성동 벌판을 바라보는 자리에 총 건평 1,144평의 고딕 양식 석조 3층 건물이었다. 당시 서울에 석조 고딕 양식洋式 건물은 총독부 건물을 빼놓곤 없었다.

설계는 박동진이 맡았다. 인촌은 자택 신관 2층에 설계실을 차리고 박동진과 두 달 동안 침식을 같이 했다. 세계일주 때 찍어온 사진 중에서도 가장 마음에 드는 것을 골라 박동진에게 그런 식으로 설계하도록 주문했다. 박동진은 "내가 한 일은 인촌이 지정하는 양식의 건물을 건축공학적으로 뜯어 맞춘 것에 불과하다"고 말할 정도였다.

1934년 9월 본관 3층 화강암 건물은 공사비용이 예산을 훨씬 초과해 완공되었다. 완공 직후 본관의 내외부는 유진오가 《양호기養虎記》에

---

4 안암캠퍼스 이전 90주년 기념학술대회(2024.11.4).

소설가의 세밀하고 유려한 필체로 묘사해 놓았다.

인촌이 구미의 어떤 대학의 건물을 본받아 보성전문의 본관을 지은 것인
지는 모르겠으나 나의 보는 바로는 영국의 케임브리지대학, 미국의 예일
대학 등의 건물이 인촌의 머릿속을 왕래했던 것이 아닌가 싶다. 튼튼하고
웅장하고 호화로운 보전 본관 건물은 외관에 못지않게 내부도 호화찬란
했다. 교장실을 비롯하여 중요한 사무실의 벽과 방바닥은 모두 오크재材
로 마감하였으며, 교장실 책상과 책장은 화류樺榴색으로 단장하고, 응접
세트는 오크재에 황금색 실크 빌로드를 씌운 것이어서 그 호화로운 풍은
서양 어느 궁전의 일실一室을 연상시키는 것이었다. … 지금 안목으로 본
다면 이런 정도의 시설은 그토록 놀랄 일도 못 되지만 그 당시로서는 총
독부 건물이라면 몰라도 그 외에는 그 유례를 찾을 수 없는 초호화판이었
다. … 인촌의 근검 절제는 세상이 다 아는 바다. 그 인촌이 그 지독한 일
정 압제하에 왜 그렇게 호사스런 교사를 지었을까. 그곳에는 무언의 깊은
뜻이 있었던 게 틀림없다. 그것은 오기요, 반항이요, 겨레에 대한 격려요.
스스로의 분발이었던 것이다.[5]

본관 교사는 안팎으로 하나의 미술품같이 우아하고 고고한 고딕 건
축미도 눈부시지만 세부에까지 미친 인촌의 속 깊은 고뇌와 배려를
엿볼 수 있다.

———
5   유진오(1977),《양호기》, 47~49쪽.

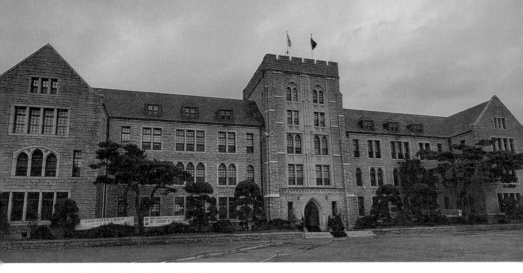

화강암 석조 건물로 지은 고려대 본관

본관 정문 앞 돌기둥에는 억센 기상을 상징하는 호랑이상像 두 개가
조각되었다. 인촌은 호랑이상에 대해 우리나라에는 예부터 호랑이가
많았고, 호랑이는 영특하고 용맹하고 기품이 있으니 민족의 상징으로
삼을 만하다고 했다.

본관 기둥에 새긴 무궁화 한 쌍

뒷문 기둥에는 우리나라 국화인 무궁화 한 쌍을 두드러지지 않게 조
각하여 붙였다. 어떻게 보면 오얏꽃 같기도 하고 무궁화 같기도 하다.
  유진오는 오얏꽃에 대해서는 특별히 인촌의 말을 들은 기억이 없다
고 《양호기》에서 술회했다. 오얏꽃은 조선 왕조의 문장紋章이었다. 인
촌이 조선 왕조의 복귀를 바랄 리 없지만 일제의 손에 폐기된 민족의

상징으로 그것을 새겨 붙였던 것이 아닌가 싶다고 유진오는 추정했다.

유진오의 《양호기》 때문에 고려대에서는 "오얏꽃 대 무궁화" 논쟁이 오래 지속됐지만 무궁화의 판정승으로 끝났다. 인촌이 설립한 중앙고보의 교모나 동아일보의 제호題號를 연상해 본다면 뒷문 기둥의 꽃은 무

고려대 본관 뒷문 기둥에 붙어 있는 무궁화 조각

궁화가 분명하다. 유진오가 인촌의 말을 직접 듣지 못해 잘못 추정한 것 같다.

원래 중앙학교 교모에는 무궁화가 들어가 있었다. 그러나 1938년 경기도청 내무국이 이것을 문제 삼는 바람에 교모에서 무궁화가 사라졌다.

동아일보는 1930년 1월 1일 신년호부터 1면의 '동아일보' 제호 바탕에 무궁화로 수놓은 한반도 지도를 넣었다. 제호의 배경인 무궁화 도안은 1938년 2월 10일 조선총독부의 압력에 의해 강제 삭제되기까지 8년여 동안 사용했다. 광복 후 중간重刊된 1945년 12월 1일자부터 다시 무궁화가 동아일보의 제호로 돌아왔다. 동아일보 창간사 "주지를 선명하노라"에도 조선반도를 '무궁화 동산'이라고 표현했다.

동방 아세아 무궁화 동산 속에 2천만 조선민중은 일대 광명을 견_見하도다.

무궁화를 투박한 돌에 새겨놓으니 오얏꽃과 잘 구분이 되지 않을 수도 있지만, 인촌의 마음속에는 분명히 무궁화가 있었다. 보성전문 초대 설립자이고 대한제국의 마지막 충신이었던 이용익이 안암동 본관을 지었더라면 기둥에 오얏꽃을 새겼을지도 모르겠지만, 인촌은 생각이 달랐다.

무궁화를 정문 기둥에 붙이지 않고 뒷문 기둥에 붙인 것은 바로 의도를 숨기는 기도비닉企圖秘匿이었다. 오얏꽃 설이 떠돌아도 중앙학교 모표나 동아일보 제호 같은 소동이 날까봐 사실을 바로잡지 않고 그냥 놓아두었을 것이다.

학교 간판 들고 송현동에서 안암동까지 행진

1934년 9월 28일 거행된 대망의 새 교사 입주 행사를 《양호기》는 이렇게 묘사하고 있다.

전 교직원, 학생이 교기를 앞세우고 학교 간판, 각종 우승기, 우승컵 등을 들고 송현동 교사를 떠나 안암동을 향해 도보로 열 지어 행진했다. 하늘은 맑게 개고 길 가는 사람들도 걸음을 멈추고 서서 우리의 행렬을 축복해주었다.

고려대 대학원 도서관

　본관을 짓고 나서 인촌은 도서관 건립 공사를 시작했으나 본관 공사에 돈을 많이 쓰는 바람에 자금난에 부딪쳤다. 인촌은 도서관, 강당, 체육관 등 캠퍼스 확장 종합계획을 세우고 보성전문 30주년 기념일을 기해 보전普專 대확장을 위한 모금운동을 개시했다. 30만 원을 목표로 김성수, 김연수 형제가 각각 2만 원을 내놓았고 전국 각지와 해외에서까지 성금이 답지하면서 1935년 말까지 모금 총액은 17만 원으로 추산됐다. 인촌은 이 모금 활동에 쓰려고 새 차를 한 대 구입했는데, 전국의 유지有志들을 찾아 방방곡곡을 돌아다니는 동안에 폐차가 되다시피 했다.

　인촌이 감격한 빈자貧者의 한 등燈도 있었다. 인촌의 고향 인촌리에서 멀지 않은 흥덕에 사는 과부 안함평이 평생 주막을 해서 번 돈으로 장만한 서른 마지기 논문서를 들고 직접 상경했다. 그녀는 젊어 청상 과부가 된 다음부터 흥덕에서 술장사를 40년 했다. 이렇게 번 돈으로 농토 서른 마지기를 장만했다. 시골에서는 중농 규모의 포실한 전답이었다. 공사장에서 교장실로 달려온 인촌에게 그녀는 "학생들을 가르치는 데 써 달라"고 말했다. 인촌은 "뜻이 그렇다면 절반만 내놓으십시오"라고 말렸으나 그녀는 막무가내였다. 인촌은 과부가 세상을 떠나자 재단이 묘소를 관리하고 제사를 지내게 했다. 도서관 한 모퉁이에는 '안함평 기념실'을 만들어 민속자료를 전시했다.

보전 30주년을 기념해 1935년 6월 도서관 준공식이 거행되었다. 본관 왼쪽 언덕에 자리 잡은 도서관은 5층탑을 가진 4층 석조 콘크리트의 고딕 양식으로 총 건평이 873평이었다. 그 양식과 구조는 박동진이 인촌과 의논 끝에 교수 오천석의 모교인 미국 듀크대학 도서관을 참고로 했다. 500명 재학생의 절반을 수용할 수 있는 2층의 대열람실은 자리마다 전기스탠드를 갖추고 가죽을 씌운 회전의자를 놓았다. 3층에 마련된 서고는 책 20만 권을 소장하고 있었다.

도서관 1층에는 32개 연구실을 마련해 모든 교수가 연구실을 가질 수 있었다. 그때 교수들이 개별 연구실을 가진 국내 학교는 경성제국대학밖에 없었다. 지금 이 도서관은 '대학원 도서관'으로 이름이 바뀌었다. 고려대 대학원 도서관은 국보 1점(용감수경), 보물 9점(삼국유사 등)을 포함한 한적漢籍 귀중서 5,200여 책, 근대 문화재를 포함한 동서양 귀중서 3천여 책을 보유하고 있다.

바로 옆에 있는 중앙도서관(신관)은 1978년에 개관한 개교 70주년 기념 도서관으로, 인문·사회 분야의 도서를 130만 권 소장하고 있다. 2010년 외국학술지 지원센터(인문학)로 지정됐다.

인촌 선생의 혼이 담긴 본관(서울시 사적 제285호)과 겨레의 정성을 모아 건립한 중앙도서관(서울시 사적 제286호)은 고려대 캠퍼스의 든든한 모체이자 상징이 되었다.

국보 보물 등 20여 점 갖춘 고려대 박물관

1934년 개관한 고려대 박물관은 혼천시계渾天時計, 동궐도東闕圖, 분청자인화문태항아리 등 국보 3점과 보물 4점, 국가지정기록물 제1호 '유진오 제헌헌법 초고' 등을 소장하고 있다. 역사상 중요 문화유산은 물론 김홍도, 정선, 장승업 등의 고회화 작품, 이중섭, 박수근, 권진규 등의 근현대미술작품에 이르기까지 유물들의 가치가 크다.

4층에는 고려대 설립자인 인촌 기념전시실이 있다. 인촌 전시실은 교육구국의 신념을 가지고 보성전문학교와 고려대를 이끌어 온 인촌 김성수 선생의 일대기와 정신을 표현한 공간이다. 입구에는 공선사후 公先私後, 신의일관信義一貫, 담박명지淡泊明志 등 인촌의 좌우명을 새긴 유리판이 서 있다. 인촌은 자신의 인격을 상징하는 좌우명의 휘호를 남겼는데 아쉽게도 원본은 남아 있지 않다.

인촌 기념전시실에서는 중앙학교, 보성전문학교, 고려대에 이르기까지 교육자로서의 업적과 기업인 언론인 정치인으로서의 생애를 살펴볼 수 있다. 손기정의 보성전문 상과 입학(1937) 사진첩도 전시돼 있다.

ⓒ 황호택

고려대 박물관 4층에 있는 인촌기념전시실.

ⓒ 황호택

인촌기념 전시실에 있는 인촌의 자켓과 트렁크.

평양박물관에 간 인촌의 고미술품

인촌은 보성전문을 인수할 무렵부터 고미술품에 관심을 가졌다. 재력가의 취미라기보다 보전에 박물관을 세워 민족의 유산을 전시하고 일본으로 흘러 들어가는 것을 막자는 의도였다. 총독부도 1933년부터 조선의 보물·고적·명승·천연기념물 보전령을 제정해 문화유산을 지정 보호하기 시작했다.

인촌이 사업이 아닌 일에 돈을 아끼지 않은 것은 문화재였다. 그런데 수십 년 동안 하나 둘 수집한 골동품이 대부분 해방과 함께 하루아침에 실종되고 말았다.

인촌은 경기도 연천군 전곡면에 있는 황무지 60만 평을 사들여 한탄강 물을 끌어다 해동농장을 조성했다. 해동농장은 주변의 경치가 좋아서 가족과 함께 가끔 찾아오는 친구들의 휴양소 구실을 했다. 1945년 4월 경성에 소개령이 내려지자 해동농장에서 가까운 연천에 집 한 채를 사서 세간과 추사秋史 병풍을 비롯한 귀중한 서화 등 문화유산을 옮겨 놓았다.

그러다 몇 달 안 돼 38선이 그어지면서 전곡이 이북 땅이 되었다. 그 후 세 트럭분이나 되는 문화유산이 어떻게 된 줄 모르고 있다가 해방 다음 해 여름에 남하한 피란민에게서 평양박물관에 진열돼 있다는 소식을 들었다. 평양박물관 직원이었던 이 피란민은 '인촌비장仁村秘藏'이라고 새겨진 돌 인감과 그 상자 등 3점을 갖고 월남했다. 그것마저도 6·25 때 없어지고 말았다.[6] 인촌이 세계일주를 하며 무비카메라로

촬영한 해외 일류대학들의 활동사진과 메모 등도 연천에 있다 북으로 넘어간 것으로 추정된다.

손기정, 보전 입학 후 한 학기 다니고 중단

1936년 베를린올림픽 마라톤 우승자 손기정은 선수단 임원들이 차일피일 미루며 해외에 붙잡아둬 하루라도 빨리 가고 싶은 고국에 돌아오지 못했다. 일장기 말소사건 이후 민족 감정의 고조高潮를 우려한 일제가 양정고보생 손기정의 귀국을 늦추었다는 것을 나중에야 알게 됐다. 뒤늦게 귀국했지만 대학 진학이 막연했다. 계동 댁으로 인촌을 찾아가 "보성전문에 입학시켜 달라"고 간청했다.

인촌은 입학 부탁은 뒷전으로 미루고 "손 선수가 왔으니 환영회를 해야겠다"며 친구들을 불러 주연酒宴을 마련했다. 인촌은 일어나서 손기정의 우승을 축하해주는 의미로 창唱을 했다. 그 뒤 손기정은 1937년 보전 상과에 입학했지만 일제의 간섭으로 한 학기 만에 메이지대학으로 떠나야 했다.

손기정은 보스턴마라톤대회 우승자 서윤복과 함기용을 지도하며 한국 마라톤 발전에 기여했다. 고려대는 1996년 손기정에게 명예졸업장(제1호)을 수여했다.

---

6   인촌기념회(1976), 《인촌 김성수전》, 374~375, 405~406쪽.

© 동아일보

손기정(1912~2002).

보성전문은 1938년 본관과 정문 사이에 대운동장을 조성했다. 육상 트랙은 전체 400m에 직선 트랙이 140m였다. 1936년 손기정이 마라톤 금메달을 딴 베를린올림픽의 주경기장을 모델로 했다. 김세용 고려대 건축학과 교수는 "베를린올림픽 주경기장의 스케일을 본뜬 것은 인촌의 아이디어였다. 학교 발전계획에 따라 이 운동장이 사라질 때 많은 교우들이 아쉬워했다"고 말했다.

스포츠는 보전 학생들의 일상 깊숙이 자리잡은 삶의 일부였다. 전교생 580명 가운데 300명이 운동부에 가입해 있었다. 운동부원들은 각자 소속된 운동부 배지를 교복의 오른쪽 옷깃에 달았다. 가운데 '普專'(보전)이라는 글씨가 써 있고 빨간색, 흰색, 파란색으로 구성된 삼각 깃발은 운동 경기가 개최될 때마다 학교를 상징하는 깃발로 꾸준히 사용되었다.

1922년 창설된 보전 축구부는 1928년 전조선축구대회에서 첫 우승한 이래 식민지 조선 축구의 대들보 역할을 하며 수많은 축구 스타를 길러냈다. 그중에서도 김용식은 한국 축구의 전설로 불린다. 그는 조선인으로는 처음 1936년 베를린올림픽 축구경기에 출전했으며,

1948년 태극기를 달고 한 번 더 올림픽에 나갔다.

보성전문과 연희전문은 1925년 제5회 전조선정구대회에서 처음 맞대결을 펼쳤다. 두 학교의 경기가 있는 날이면 교기와 학생회기가 휘날렸다. 보전과 연전 학생들은 교가와 응원가를 부르며 열띤 응원전을 펼쳤다.[7]

척식학교로 전락한 보전의 마지막 모습

일본은 1943년 8월 조선징집령을 단행해 조선의 장정들을 전쟁터로 내몰기 시작했다. 그해 10월 20일에는 특별지원병제를 실시해 모든 전문학교 학생과 대학생들을 전쟁터로 보내는 홍보 활동에 착수했다. 이른바 학병學兵 또는 학도병이라 불린 징집이다. 자진해서 지원하는 젊은이가 없었기 때문에 행정력을 동원해 협박 공갈로 지원을 강요하고 거부하면 체포, 구금했다.

비슷한 시기에 총독부 학무국은 전문학교의 법문계法文系를 폐지하고 이공계와 실업계만 남겼다. 식민지 백성은 기술과 실업 계통 공부만 하면 그만이고, 법문 계통 공부를 할 필요가 없다는 민족 차별적 논리였다.

---

7   고려대학교 박물관 디지털 아카이브, 기획전시 "보전 깃발이 날리는 곳에". https://archives.korea.ac.kr

미국 선교사가 설립한 연희전문은 태평양 전쟁이 터지자마자 적산敵産으로 편입돼 총독부 관리로 넘어가고 일본인 교상이 취임했다. 학교 이름도 '경성공업경영전문학교'로 바뀌었다. 보성전문도 1944년 4월 신학년도부터 교명校名이 '경성척식경제전문학교'로 변경됐다. 천년 가까이 내려온 사람의 성도 갈아치우는 판에 교명을 바꾸는 것이 무슨 대수냐는 태도였다. 척식拓殖과는 농업 계통을 주로 가르치고 법학 관계 과목은 한두 개만 살아남았다.

유진오는 전문학교 부교장에서 졸지에 척식과장으로 직책이 바뀌었다. 척식과장은 식민지 개척 일꾼을 길러내는 직책이었다. 유진오가 치욕스러워서 그만두겠다고 하자, 인촌이 "다들 그만두겠다고 하면 나 혼자서 어떻게 하라는 것이냐. 이런 때는 참고 견디는 것이 민족을 위한 길 아니겠느냐"고 달랬다.

2학년 학생들은 부평 조병창에 동원돼 일본군의 소총 부품을 깎는 일을 했다. 새로 입학한 1학년 학생들은 운동장에서 교련을 했다. 일제는 심지어 안암캠퍼스의 50, 60년생 소나무들까지 징발해 학교는 민둥산이 되었다.

유진오는 1945년 심신이 다 피곤해 지탱할 수 없는 지경이 되자 인촌을 찾아가 마지막 인사를 드렸다. 1년째 자릴 깔고 누워 있는 인촌은 정말 환자같이 얼굴이 초췌했다. 인촌은 유진오를 더는 붙잡지 않고 "보전과의 인연을 아주 끊지나 말아주시오"라고 할 뿐이었다.[8] 해방을 몇 달 앞둔 보전의 마지막 모습이다.

인촌은 민립대학을 설립하겠다는 의지를 관철하기 위해 1940년 보성전문학교의 대학 승격을 추진했으나 총독부의 허락을 받지 못하여 실패하였다. 1920년대 이래 민립대학 설립 운동은 매번 좌절되어 1945년 광복을 맞을 때까지 이 땅에는 단 하나의 민립 또는 사립대학이 설립되지 못했다. 경성제국대학은 관립대학이었다.

해방과 함께 보성전문은 총독부가 강요한 경성척식경제전문학교라는 이름을 버리고 정식으로 교명을 되찾았다. 미 군정청은 1946년 광복 1주년 기념일인 8월 15일자로 고려대의 설립허가를 통지했다. '고려대학교'라는 교명은 인촌이 명명命名한 것이다. 인촌은 훗날 우리 정부가 수립돼 국호를 정할 때도 '고려'로 하자고 제안할 만큼 이 명칭을 좋아했다. '보성', '조선', '고려' 3개의 교명을 놓고 검토했으나 보성은 전문학교 때 이름이었다. 대학이 되었으니 바꾸는 것이 좋다는 생각이었다. 조선은 개국 당시부터 국내에서만 우물쭈물하고 세력이 밖에까지 미쳐본 일이 없었다. 고구려는 한때 요동까지 세력을 팽창했고 그 웅대한 기상과 자주불기自主不羈한 정신이 취할만했다. 다만 세 글자 이름은 불편하니 구句자를 생략하고 고려를 취하는 것이라고 인촌은 설명했다.[9]

8   유진오(1977), 《양호기》, 118~125쪽.
9   이은상, 〈신생공론〉, 1955, 6·7월호.

인촌은 보성전문과 고려대를 일으키는 데도 재산과 힘을 쏟아 부었지만 이를 지키는 데 더 큰 어려움을 겪고 마음고생을 했다. 일제강점기에는 압박과 회유, 온갖 공작이 정신을 옥죄었다. 그러나 이를 이겨내고 오늘날 세계 100위권 대학으로 성장하는 기틀을 마련했다.

손기정 가슴에서 일장기 지우다

1936년 8월 9일 제11회 올림픽이 열리던 독일 베를린에서 조선 민족을 들뜨게 하는 소식이 전해졌다. 손기정은 마라톤 경기에서 2시간 29분 12초라는 세계 신기록으로 1위를 했다. 남승용은 3위로 입상했다.

국내외 전문가들이 두 선수가 3위 이내로 입상하리라는 예측을 했고 국내의 신문들은 다투어 그 보도 준비를 했던 터라 신속하게 이 소식을 알렸다. 이날 새벽 동아일보 속보판 앞에는 비를 맞아가며 수백 명의 군중이 모여 '손기정 만세!', '남승용 만세!'라고 환성을 터뜨렸다. 손기정 출신 학교인 신의주제일보통학교 학생 600여 명은 깃발을 들고 신의주 시내를 행진했다.

국가보훈처[1]는 2021년 8월 이달의 독립운동가로 송진우, 이길용,

---

1 2023년 6월 국가보훈부로 승격.

여운형 3위을 선정했다. 이들의 공적은 1936년 베를린올림픽 마라톤 시상식에 선 손기정, 남승룡 사진의 일장기를 지우고 신문에 게재한 일이다. 송진우는 당시 동아일보 사장, 이길용은 동아일보 운동(체육)기자, 여운형은 조선중앙일보 사장이었다.

©동아일보

1936년 8월 13일 자 2면에 실린 손기정과 남승룡 사진. 오른쪽에 있는 남승룡 선수의 가슴에 있는 일장기와 달리 손기정 선수의 일장기는 하얗게 지워져 있다.

조선중앙일보는 1924년 최남선이 시대일보로 창간해, 사주가 바뀌면서 중외일보中外日報, 중앙일보, 조선중앙일보로 제호를 계속 바꾼 신문이다. 동아일보, 조선일보와 함께 조선의 3대 일간지에 들었으나, 일장기 말소 사건 직후 자진 휴간했다가 경영난에 회사 내분이 겹쳐 폐간했다.

조선의 신문들은 사흘 연속 손기정 우승 기사로 지면을 가득 채웠지만 정작 시상식 장면 사진을 구하지 못했다. 나흘 뒤인 8월 13일에야 시상식 사진을 신문에 실을 수 있었다. 동아일보는 이 날짜 신문에 화보 5장을 싣고 2면에는 손기정을 클로즈업한 사진을 게재했다. 국가보훈부의 공훈전자사료관은 "2면의 클로즈업 사진에서는 자세히

보지 않으면 일장기의 상징인 붉은 원의 존재를 거의 알아차릴 수 없다. 국기를 나타내는 직사각형의 흔적도 흐릿하기는 마찬가지였다"고 기술했다. 이어 "신문 제작에 관여한 공장 직원의 민족의식의 발로였는지, 아니면 단순히 인쇄상의 실수였는지 알 도리가 없다"면서 "(총독부 검열자들이) 2면과 7면에 걸쳐 사진을 실은 동아일보에서 '불순한 의도'를 읽기는 쉽지 않았을 것"이라고 추정했다.

그러나 일제강점기와 해방공간에서 활약했던 기자들의 회고록을 담은 《신문기자 수첩》(1948년, 모던출판사)에 실린 이길용의 수기를 보면 동아일보에서는 일장기 말소가 비일비재했다고 회고했다.

이길용은 "지방이건 서울이건 신문지에 게재해야 할 무슨 건물의 낙성식이니, 무슨 공사의 준공식이니, 면소니 군청이니 또는 주재소 등의 사진에는 반드시 일장기를 정면에 교차해 다는데 이것을 지우고 싣기는 부지기수였다"면서 "우리로서 어찌 손기정 선수 유니폼에 선명했던 일장기 마크를 그대로 실을 수 있을 것인가?"라고 반문했다.

학계에서는 손기정 선수의 사진에서 일장기를 말소한 최초 보도를 둘러싸고 근년에 이르기까지 논란이 있었다. 조선중앙일보가 동아일보보다 먼저(1936년 8월 13일) 일장기를 말소한 사진을 보도했으나 당시는 문제되지 않다가 동아일보가 같은 달 25일 사진을 비교적 크게 보도해 경기도 경찰부의 조사를 받으면서 조선중앙일보의 최초 보도가 알려졌다는 주장이 있었다.

일장기 말소 사건의 조선중앙일보 원조론元祖論은 부산대 신문방송학과 채백 교수의 저서 《사라진 일장기의 진실》과 최인진 한국사진사

연구소장의 저서《손기정 남승룡 가슴의 일장기를 지우다》등이 나오면서 근거를 잃었다. 두 책은 "동아일보가 손기정 일장기를 처음 말소한 날은 8월 25일이 아니라, 조선중앙일보와 같은 8월 13일"이라고 밝혀냈다.

채백은 "8월 13일 자 동아일보 조간 지방판에 조선중앙일보(서울판)가 게재한 사진과 똑같은 사진을 실었는데 서울판이 당일 새벽에 인쇄하던 반면 지방판 조간은 그 전날 인쇄하던 관행에 비춰, 손기정의 우승 사진 게재는 동아일보가 먼저였다고 결론지을 수 있다"고 기술했다.

최인진은 "최초의 동아일보 일장기 말소는 8월 25일 자가 아니라 8월 13일 자 조간 2면에 게재한 손기정 선수의 사진('머리에 월계관 쓰고 손에 상수리나무 든 마라손 패왕'이라는 사진 설명)에서였다"면서 "이날 신문에 게재한 손 선수의 유니폼에 나타난 일장기 표지는 인쇄 상태가 좋지 않아 그렇게 된 것이 아니라 고의로 일장기 표지를 지웠기 때문"이라고 분석했다.[2]

사안의 핵심은 어떤 신문이 몇 시간 먼저 일장기를 말소한 사진을 실었느냐가 아닐 것이다. 국가보훈처는 일제 치하에서 억눌려 살던 국민의 가슴을 시원하게 해준 민족적 쾌거를 두 신문이 공동으로 했음을 인정했다. 다만 조선중앙일보는 일장기 말소 사건 이후 휴간했다가 폐간돼 언론의 무대에서 사라짐으로써 상대적으로 덜 알려졌을

---

2   최인진(2006),《손기정 남승룡 가슴의 일장기를 지우다》, 90~91쪽.

수 있다. 동아일보는 이 사건으로 사장부터 사진기자, 화백, 공무국 직원들까지 일제 경찰에 연행돼 악독한 고문 수사를 받았다.

강제폐간 가는 마지막 게릴라전

일제의 경찰수사를 촉발한 동아일보 25일 자 일장기 말소 사진은 이길용 기자가 주도한 것이었다. 경찰 수사보고서에 따르면 이길용은 8월 23일 오후 5시경 오사카 아사히신문에서 오려낸 손기정의 사진을 이상범 화백에게 건네주며 "가슴에 나타난 일장기를 흐리게 수정해 달라"고 말했다. 이상범은 원화에 착색着色을 한 다음에 사진과장 신낙균에게 제출했다. 동아일보가 25일부터 부민관에서 3일간 올림픽 사진전을 연다는 기사에 쓸 사진이었다.

그 후 사회부 장용서 기자가 사진부 서영호에게 "이상범이 흐리게 했다지만 아직 일장기가 남아 있다. 이를 충분히 지워달라"고 당부한 뒤에 나갔다. 서영호는 아연판에 돌출한 손기정의 사진에서 가슴의 일장기 부분에 다량의 청산가리 액을 부어 지우고 인쇄부에 돌려 석간에 게재한 것으로 드러났다.[3]

조선총독부는 곧바로 대응에 나섰다. 처음에는 신문 편집자와 사진 담당자 임병철과 백운선을 비롯해 11명을 경기도 경찰부로 연행

---

3   국가보훈부 공훈전자사료관(https://e-gonghun.mpva.go.kr).

했다. 사회부장 현진건, 사진과장 신낙균, 잡지부장 최승만, 잡지 〈신가정〉의 편집책임자 변영로 등도 포함됐다. 경기도 경찰부는 27일 정오 무렵에 이길용을 소환해 조사하고 오후에 발표했다. 일제 경찰은 이틀 동안 동아일보 기자와 직원들에게 모진 고문을 가했다.

> 나는 원체 약체弱體로 보인 까닭인 지 그놈들에게 두 번 몹시 악형을 당한 뒤로는 큰 악형은 안 받았으나 장용서, 이길용, 서영호 등은 냉수를 다섯 양동이나 먹고 격검擊劍대로 맞기도 하고 그놈들이 올라타고 앉아서 짓누르는 것도 당하고 이놈 저놈의 발에 죽게 차이기도 하고 따귀 맞기, 귀 붙잡고 매미 돌리기 등 갖은 악형을 당하였다.[4]

일제 경찰은 연행자들에게 송진우 사장, 김준연 주필 등 동아일보 고위 간부들의 지시 여부를 집중적으로 캐물었다. 하지만 실제로 간부들의 지시가 없었기 때문에 사회부장 현진건의 책임을 묻는 것으로 정리됐다.

이때 면직된 임직원은 사장 송진우, 부사장 장덕수, 영업국장 양원모, 주필 김준연, 편집국장 설의식, 사회부장 현진건, 사회부 기자 장용건, 운동부 기자 이길용, 사진과장 신낙균, 사진부원 서영호 등 모두 13명이었다. 인촌도 이사직을 사임했다.

---

4 미술기자 이상범의 회고, 국가보훈부 공훈전자사료관(https://e-gonghun.mpva.go.kr).

송진우는 일장기 말소사건의 첫 보고를 듣고 "성냥개비로 고루거각高樓巨閣을 태워버렸다"고 이길용을 질책했다가 비난을 받았지만, '신문사의 경영을 책임지는 사장으로서는 그렇게 말할 여지도 있었다'고 국가보훈부의 공훈전자사료는 해석했다. 그 후 송진우는 총독부와 10개월 동안 피 말리는

이길용(1899 ~ ?)

신경전을 벌이며 친일파 사장의 취임을 막았고, 신문사의 생명을 연장했기 때문이다. 조선중앙일보는 동아일보가 정간 당하는 것을 보고 자진 휴간에 들어갔다가 영영 문을 닫았다.

일제는 동아일보 후임 사장 후보로 친일파인 중추원 참의 고원훈을 앉히려고 했으나 동아일보가 계속 버틴 끝에 임시주주총회에서 2·8 독립선언서의 주역 백관수를 사장겸 주필, 편집국장으로 선출했다. 사장이 주필, 편집국장을 겸직하는 이례적 인사는 일제가 미는 친일 인사를 배제하기 위한 것이었다.

1971년 화백 이우경이 이상범을 문병 갔다가 "인촌과 고하가 일장기를 말소했다고 불같이 화를 내고 관련 기자들을 회사에서 다 내쫓았느냐?"고 물었다. 이상범은 "총독부 왜놈들이 회사를 둘러싸고 폐간 압박을 해대니 겉으로야 화를 낼 수밖에. 인촌은 내 손을 꼭 잡고 위로해 주고 퇴사 후에도 꼬박꼬박 월급을 보내주었네. 원하는 사람은 나중에 복직시켰고"라고 답했다.[5]

동아일보 기자는 가난했지만 독립투사 같은 의기가 충천했다. 일

장기 말소 사건으로 9개월 동안 정간을 당해서 월급이 반으로 줄어들고, 3분의 1로 줄더니 나중에는 아예 나오지 않았다.

농민문학을 하는 작가 기자 이무영이 신접살림을 할 때인데 친구한테 1원을 꾸어 쌀과 고기를 조금씩 사 퇴근하다가 그만 쌀 봉지가 터져 길에 흩어져 버렸다. 그래도 그걸 주워 담아 집에 돌아와 밥을 해 먹고 있는데 짐꾼이 쌀 한 가마니를 내려놓았다. 짐꾼은 누가 보낸 것이란 말도 하지 않고 돌아갔다. 수소문해서 알아보니 쌀 봉지가 터져 주워 담는 이무영을 인촌이 유리창 밖으로 우연히 내다보다가 쌀가마를 보내준 것이었다.[6]

유진오는 《양호기》에 동아일보 창간을 전후해 총독부 간부들로부터 인촌이 들었다는 이야기를 쓰고 있다. 총독부 간부들과의 자리에서 어떤 자가 정무총감에게 농반진반^{弄半眞半}으로 "언론창달도 좋지만 불온사상을 가진 사람들한테 신문 간행을 허가하시다니 어쩌려고 그러십니까"라고 물었다. 정무총감은 "무어 괜찮어. 걱정할 것 없네. 신문이란 가로수 같은 것이거든. 문화 정치의 체면상 신문 한두 개쯤 하겠다는 것 못 하게 할 수야 있나. 그러나 그게 거리 장식의 정도를 지나서 지나치게 기승을 부리든지 하면 그때는 가지를 적당히 치면 되는 거지"라고 하며 가가대소^{呵呵大笑}를 하더라는 것이다.[7]

---

5   인촌김성수서거 50주기추모집간행위원회(2005), 《인촌을 생각한다》, 77쪽.
6   동아일보편집부 편(1986), 《인촌 김성수의 사상과 일화》, 186~187쪽.
7   유진오(1977), 《양호기》, 64~65쪽.

일제강점기 20년 동안 동아일보를 놓고 톱질과 전지가위를 들이댄 것이 정간 4회, 판매금지 63회, 압수 489회였다. 그중 일장기 말소사건으로 인한 4차 정간은 무려 9개월을 넘게 끌었다. 그러다 막판에는 가로수를 베어버리는 폐간을 한 것이다.

동아일보가 4차 무기정간 처분을 받았다가 속간을 하게 된 다음 달인 1937년 7월 7일 일제는 루거우차오蘆溝橋 사건을 일으켜 중국과 전면전에 돌입했다. 이때부터 신문은 제 목소리를 낼 수 없었다. 일제는 전시 체제에 들어가 철저한 보도 통제를 했다. 계엄하에서 검열을 받고 신문을 찍는 것과 같았다.

동아일보는 결국 1940년 8월 10일에는 조선일보와 함께 강제폐간을 당하고 말았다. 일제는 강제폐간 대신에 자진 폐간 형식을 취하게 하려고 갖은 수를 다 썼다.

총독부 경무국장은 동아일보 백관수 사장과 고문 송진우, 조선일보 사장 방응모를 관저로 불러 "정세로 보아 언론통제가 불가피하고 용지 사정도 어려워지고 후방의 전시보국 체제를 일원화할 필요가 있어 언론기관을 하나로 묶을 방침을 세웠다"고 통고했다.

동아일보가 말을 듣지 않자 유휴자금 2만 원을 보성전문에 대여한 것을 문제 삼아 상무 임정엽과 영업국장 국태일을 구속했다. 송진우는 도쿄로 건너가 신문을 살리려고 백방으로 노력했지만 허사였다. 종로경찰서 사찰과장실에서 열린 약식 중역회의에서 백관수가 폐간계廢刊屆에 서명 날인할 수 없다고 버티자, 경찰은 병환 중인 임정엽을 발행인 겸 편집인으로 명의변경하게 하고 폐간계를 마무리지었다.

이제 신문은 총독부 기관지 매일신보 하나만 남게 돼 전황을 부풀리고 각종 자원을 전쟁에 동원하는 페이크 뉴스(가짜 뉴스) 공장으로 바뀌었다. 언론의 암흑시대였다. 일장기 말소사건은 일제를 상대로 한 동아일보의 마지막 게릴라전이었던 셈이다.

동아일보는 당시 국내에서 제일가는 고속 윤전기를 쓰고 있었다. 이 윤전기를 일본에 내다 판다는 소문을 들은 만해 한용운이 계동 집으로 인촌을 찾아왔다.

"인촌, 윤전기를 처분한다는 말을 들었는데 왜 팔려고 하지요. 우리 마음대로 실컷 사용할 시기가 불원간 찾아올 텐데 어찌 그리 서두르시오. 우리가 아주 절망의 지경에 있을지라도 기념품으로 창고에 두는 것이 도리가 아니겠소. 기계를 팔아야 할 만큼 그렇게 돈이 없는가요?"

인촌은 짤막하게 대답했다.

"나는 몇 해 전부터 신문사 일체를 고하에게 일임하고 간섭 않고 있습니다."[8]

만해의 말처럼 몇 해 지나지 않아 윤전기를 다시 돌려야 하는 날이 찾아왔다. 동아일보는 광복 후인 1945년 12월 1일, 강제폐간 당한 지 5년 4개월 만에 중간重刊했다.

---

8   한용운(1973), 《만해 한용운 전집 6》, 376쪽.

독립운동 하다 감옥 간 아들과 며느리, 딸 결혼식 안 간 인촌

일가족 세 명이 독립운동으로 감옥 가다

인촌의 넷째 아들 김상흠은 중앙고등학교를 졸업하고 연희전문학교를 다녔다. 김상흠이 아버지가 세운 보성전문을 놓아두고 연희전문에 들어간 자세한 전말은 알려지지 않았다.

1939년 12월 연희전문 학생 김상흠, 윤주연, 서영원(서재필 박사의 손자)이 주축이 되어 같은 학교 학생 이동원, 김영하, 민영로 등과 함께 항일결사단체인 조선학생동지회를 결성했다. 이 조직은 1940년 2월부터 서울을 중심으로 남한산성, 냉천동 약수터, 벽제관 등지에서 모임을 갖고 3·1운동 같은 방법으로 독립투쟁을 하기로 했다. 1942년 3월 1일을 거사일로 정했다. 그동안에 조직을 전국으로 확대하고 해외 유학생들과도 연락을 맺어 국내외가 동조하는 거사였다. 몽양 여운형은 이 모임 학생들에게 "일본의 멸망이 눈앞에 와 있다"고 격려했다.

조선학생동지회는 우리말 사용하기, 창씨개명創氏改名 반대, 황국신민서사皇國臣民誓詞 반대, 우리 역사 읽기 등 민족정신을 계승하는 활동도 했다. 일제의 단속을 피하기 위해 등산 모임을 가장해 뒷산에 오르거나 약수터에서 몰래 회합을 가졌다.

1941년 7월 조선학생동지회의 원산상업학교 세포책이 열차 안에서 우리 역사책을 읽다가 일경에 붙잡혔는데 함경도책 이근갑이 경성의 윤주연에게 보내는 소개 편지를 소지하고 있었다. 일경은 잔인한 고문 수사로 조선학생동지회의 전모를 파악해 그물에 걸린 고기를 낚아채듯 일망타진一網打盡했다.

비밀결사의 특성상 친인척으로 조직원들이 얽혔다. 인촌과 사돈이 되는 고영완과 그의 외종사촌 백재호도 가담했다. 고영완의 둘째 여동생으로 연락책을 하던 고완남도 체포되어 6개월 동안 복역했다.

고영완과 인촌 집안은 겹사돈이다. 인촌의 2남(김상기)과 결혼한 고완남은 체포될 때 임신 중이었다. 혹한의 함흥 형무소 감방에서 담요 한 장으로 겨울을 나고 아이를 유산했다. 6·25 전쟁 중에 인촌의 7남(김남)이 고완남의 여동생과 결혼했다. 그리고 고영완의 사위 이용훈은 대법원장을 지내고 인촌기념회 이사장을 지냈다. 장흥 고씨와 인촌 집안의 깊은 인연이다.

고완남은 생전에 주변 사람들에게 "시부(인촌)를 조선학생동지회의 배후로 엮으려고 일제 고등계 형사가 임산부인 내게 집중적으로 잔혹한 고문을 자행했다"고 술회했다. 인촌은 이 둘째 며느리를 무척

아꼈다. 계동 집(인촌 고택)에 자주 불러 손
님 접대를 맡겼다.

김상흠(1919~1991)

조선학생동지회에 관련된 인촌의 가족
과 친척은 모두 세 명이다. 4남 김상흠, 둘
째 자부 고완남, 그리고 동생 김연수의 아
들 상협(후에 고려대 총장, 국무총리를 지냄)
이다. 인촌은 김병로(광복 후 초대 대법원장)
등 세 명을 변호인으로 선임해줬다. 자부
고완남과 김상협은 기소중지로 석방되었다. 김상흠은 징역 2년을 선
고받고 1년 넘게 살다가 가출옥으로 석방됐다.

몽양 여운형은 일본 정부의 특별 배려로 처벌을 받지 않았다. 일본
은 북중국 점령지 괴뢰정부의 수반으로 왕징웨이를 세우려고 하는데
왕징웨이를 회유하는 일을 몽양에게 맡기고 있었다.

김상흠은 태어나자마자 어머니가 산후 과다출혈로 세상을 떠나 어
머니 얼굴을 모르고 자랐다. 홍병표는 인촌 서거 후에 가끔 김상흠과
만나 식사를 하고 목욕을 하며 친교를 했다. 김상흠의 등에 큰 상처가
두세 군데 있었다. 홍병표가 "왠 상처냐"고 묻자 "일본 순사놈들한테
고문받은 상처"라고 답했다. 상흠은 이어 "내가 아버지한테 할 말이
많다"며 가슴속에 묻어두었던 이야기를 털어놓았다.

내가 함흥형무소에서 고문당하며 무진 고생하고 있을 때 어머니(이아주)

가 몇 번 서울서 함흥까지 오셨어요. 계모인데도 먼 길에 전실前室 자식을 면회 온 거죠. 그런데 우리 아버지같이 무정한 사람이 어디 있을까요? 한 번도 안 오셨어…. 내 인생에서 아버지한테 진짜 섭섭한 대목이에요.

거기서 감옥살이 1년 넘게 하고 일제 말기에 석방됐어요. 내가 연희전문 다닐 때 경제사經濟史 교수가 백남운 씨요.[1] 아버지와 같은 고창 출신으로 두 분이 친했어요. 백 교수를 찾아가 '내가 감옥에서 죽을 고생을 하는데 아버지라는 양반이 한 번도 면회를 안 오셨다'고 말했죠."

그랬더니 백 교수가 "아버지가 면회를 안 간 것은 다 이유가 있으니 자네가 오해를 풀어야 하네"라면서 춘원과의 일화를 들려줬다는 것이다.

나하고 자네 아버지하고 명동을 걸어가는데 앞에서 춘원 이광수가 오더라구. 인촌이 일본 유학도 보내주고, 동아일보 편집국장도 지낸 사람이지. 춘원이 인촌을 명동에서 만났을 적에는 친일파로 돌아섰을 때였지. 춘원이 반갑다며 인촌한테 먼저 인사하더라고, 그런데 악수를 청해도 인촌이 안 받고 본체만체하다 외면하고 앞으로 가더라구. 그래서 내가 인촌을 따라가며 '춘원한테 왜 그렇게 박절하게 대하느냐'고 물었지. 인촌은 '저놈이 나를 친일파 만들려고 환장했어. 상흠이와 며느리 구속 건을 갖고 나한테 흥정을 해. 형무소에서 석방시키는 조건이 뭐라고 하더라고.

1   6·25 때 월북해 북한 최고인민회의 의장을 지냈다. 고창 반암마을에 그의 생가가 남아 있다. 인촌의 조모 정씨 부인 묘소와 재실도 반암마을에 있다.

내가 그놈을 뭐가 좋다고 악수하고 알은체를 해'라고 말했어."[2]

춘원은 인촌보다 한 살 아래였다. 춘원은 1915년 4월 와세다대학 문학부 철학과에 들어가 졸업할 때까지 인촌에게서 매달 20원씩 장학금조로 학비 보조를 받았다. 《이광수 전집》에는 인편에 경성에서 인촌이 보내준 '십전대보탕'을 받아 열어보니 150원이 든 봉투도 함께 있었다는 글이 들어 있다. 이 글은 '나는 인촌을 생각할 때마다 십전대보탕을 떠올리며 훈훈한 감동을 맛본다'고 끝을 맺는다. 보기 드문 인재가 민족을 위해 재능을 쓰라는 마음에서 인촌은 후원했을 것이다. 그런데 재승덕박才勝德薄이라고 했던가.

춘원은 상하이로 탈출해 임시정부 기관지 독립신문의 주필을 했다. 그러다 2년 뒤엔 연인 허영숙이 상하이로 찾아가 일본 고등계 경부의 신원보증으로 발급된 여권을 갖고 그를 데리고 귀국했다. 일제와 어떤 거래를 했는지 몰라도 춘원이 감옥에 들어가지 않자 민족 배반자라는 소리가 높았다. 귀국해서는 〈개벽〉 잡지에 민족개조론을 집필했다. 우리는 열등 민족이니 개조가 필요하다는 논설이었다. 춘원 집에는 돌팔매가 날아들었다.

매장되다시피 한 춘원을 인촌이 동아일보로 데려와 객원기자를 거쳐 편집국장을 두 차례 맡겼다. 그의 회상대로 가장 바쁘고 보람 있는 시간을 보내던 춘원은 곧바로 길 건너 조선일보로 가서는 부사장 겸

---

2   홍병표 인터뷰.

이광수(1892~1950)

편집국장으로 일했다. 1939년 말부터는 적극적으로 친일에 나서 창씨개명을 하고 집안에 이른바 가미다나神棚3를 만들어놓고 일본의 승전을 기원했다.4

총독부는 인촌의 아들과 사돈이 관련된 조선학생동지회의 배후를 인촌으로 몰아가려다 수사의 아귀가 잘 맞지 않자 춘원을 통해 김상흠의 석방을 미끼로 인촌에게 친일 전향轉向을 요구한 것 같다. 면회는 부인이 다녔지만 인촌은 일제의 압박과 회유에 시달리고 있었다. 아들과 자부, 조카가 독립운동 사건으로 함흥형무소에 갇혀 있고 며느리는 감옥에서 유산했다. 조선에서 이만한 독립투사 집안을 찾기도 어렵다. 인촌은 첩첩산중에 밤길을 가는 심정이었을 것이다.

김상흠은 광복 후 고창에서 국회의원을 두 차례 지냈다. 1990년 건국훈장 애족장을 받았다. 지금은 대전현충원 독립유공자 묘역에 안장돼 있다.

---

3 가정이나 사무실에 차려놓은 소형 신사(神社).
4 동아일보편집부 편(1986), 《인촌 김성수의 사상과 일화》, 187~191쪽.

"나는 친일파요", 국민 애송 시인의 자조

낙타駱駝

눈을 감으면
어릴 때 선생님이 걸어오신다.
회초리를 드시고

선생님은 낙타처럼 늙으셨다.
늙은 봄 햇살을 등에 지고
낙타는 항시 추억한다
　– 옛날에 옛날에 –

낙타는 어릴 때 선생님처럼 늙었다.
나도 따뜻한 봄볕을 등에 지고
금잔디 위에서 낙타를 본다.

내가 여읜 동심의 옛 이야기가
여기 저기
떨어져 있음직한 동물원의 오후.

길지 않은 이한직의 시 〈낙타〉의 전문이다. 어느 날 동물원을 찾았다
가 등 굽은 낙타를 보며 나는 늙은 은사를 추억한다. 선생님은 수업시

이한직(1921~1976)

간에 과거를 회상하기를 좋아한다. 나(화자話者)도 동심을 잃고 메마른 세상을 살아가는 현실을 안타까워한다. 낙타의 이미지를 이용한 주지적主知的 기법과 차분한 어조로 감상感傷에 빠져들지 않는다. 밝고 따뜻한 느낌을 준다. 〈낙타〉는 EBS 수능특강이나 논술학원에서도 단골 강의 소재가 될 정도로 국민 애송시의 반열에 올랐다.

이한직은 평생 23편의 시를 남긴 과작寡作 시인이다. 1939년 창간된 문예지 〈문장〉을 통해 조지훈, 박두진, 박목월, 박남수, 김종한 등과 함께 등단했다. 그를 추천한 시인은 〈향수〉로 널리 알려진 정지용이다. 이한직의 나이 18세로 경성중학(지금의 서울고교) 재학 중일 때였다. 문단에서는 그를 '조숙한 천재시인'이라고 불렀다.

을유문화사 편집인이었던 조풍연이 해방 직후 〈문장〉지 추천시인들의 공동시집 〈청록집〉을 발간하면서 맨 먼저 떠올린 시인이 이한직이었지만 그는 일제 학병에서 돌아오지 못하고 있었다. 이한직을 빼고 청록파 시인이 조지훈, 박두진, 박목월 3인으로 굳혀진 사연이다.

친일파의 아들과 연애 결혼한 딸

1921년 경기도 고양에서 태어난 이한직은 친일파의 거두였던 아버지의 멍에를 평생 지고 살았다. 그의 부친 이진호는 대한제국 시기에 평안도 관찰사를 지냈다. 을미사변 후에는 고종 황제를 배신하고 일본으로 망명했다가 일제 강점 후 귀국해 경상북도장관, 전라북도지사, 중추원 부의장, 귀족원 의원에 이르기까지 조선인으로서는 드물게 고위직을 두루 거친 친일파였다. 1924년에는 조선인 최초로 총독부 학무국장이 돼서 5년 동안 일제의 교육을 찬양하는 글을 여러 편 발표했다.

이한직은 술만 마시면 자조적으로 "나는 친일파"라는 소리를 입에 달고 살았다. 〈문장〉 출신의 소설가 최태응은 '시를 쓰기에는 너무 정직하고 염치를 아는 사람'이라고 평했다.

6·25 전쟁이 한창이었던 1951년 말 이한직은 부산에서 당시 부통령이던 인촌의 딸과 결혼했다. 인촌은 친일파의 아들과 결혼하는 딸의 결혼식에 참석조차 하지 않았다. 딸은 피아노를 치고 성악을 했다. 음악을 하는 신여성이 예술인들의 모임에서 멋쟁이 시인을 만나 사랑이 싹튼 것이다.

총독부 학무국장은 지금의 교육부 장관 같은 자리였다. 인촌은 중앙고를 경영하면서 이진호를 직간접적으로 알고 있었다. 인촌 집안의 한 사람은 "인촌의 성향으로 보아 중매를 통했으면 성사될 수 없었던 결혼"이라고 말했다.

인촌이 병이 나서 누워 있을 때 시집간 딸이 오랜만에 친정에 들렀다. 인촌은 결혼식에도 안 가본 딸에게 미안한 생각이 들었던지 병석에서 "잘 사냐"고 묻고 "니 남편 한 번 데리고 와보라"고 말했다.

이한직은 가슴이 여린 남자여서 결혼 후 처음으로 장인을 만나러 처갓집에 가는 자리에 맨 정신으로 가기가 어려웠다. 술 한잔하고 얼굴색이 불콰해지자 처갓집에 갈 용기를 냈다. 인촌은 "사위가 장인을 처음 만나러 오면서 술을 마셨느냐"고 혼냈다.

홍병표가 필자들과 인터뷰를 통해 한 이야기다. 이한직은 일본에 갔다가 한국에 오면 으레 홍병표를 처음 찾을 정도로 가깝게 지냈다고 한다.[5]

이한직의 부친 이진호는 해방 다음 해인 1946년 사망했다. 이한직은 1950년대 후반 종합교양지 〈전망〉을 발행하고 미도파백화점 옆에서 '마로니에'라는 다방을 운영했지만 경제적으로는 보탬이 되지 못했다.

4·19 직후 장면 정권이 들어서 주일대표부 문정관으로 임명됐으나 1년도 못돼 5·16 쿠데타가 일어났다. 이한직은 일본에서 양일동, 이철승 등 정치인들과 함께 쿠데타 반대성명을 발표해 한때 입국 금지 조치를 당했다.

---

5 홍병표 인터뷰.

그 후 일본에서 전자공업 관련 업체를 경영하다 1976년 췌장암으로 도쿄의 한 병원에서 삶을 마쳤다. 대표작으로는 〈낙타〉 외에 〈높새가 불면〉, 〈풍장風葬〉 등이 있다.

인촌은 아들과 며느리, 조카가 한꺼번에 연루된 독립운동 사건 때문에 일제로부터 압박을 심하게 받았다. 해방 후에는 친일파 거두의 아들과 결혼한 딸 때문에 마음의 상처가 컸다. 부모 마음대로 안 되는 것이 자식이다. 하지만 아들과 딸 사건을 통해 인촌 집안의 분위기와 친일파에 대한 인촌의 인식을 살펴볼 수 있다.

5부

공선사후의 길

- 반민특위와 친일진상규명위의 다른 판단
- 공산화 막고 경제발전 이룬 농지개혁
- 한민당을 이끌고

반민특위와 친일진상규명위의 다른 판단

일제강점기에 학교와 기업, 언론사를 설립해 나라의 힘을 키웠던 인촌은 생전과 사후에 친일 문제로 두 번 곤혹을 치른다.

해방공간에서는 좌익 세력이 인촌을 친일파로 매도하려는 계략이 있었지만, 크게 힘을 쓰지 못했다. 임정 인사들이 주류를 이룬 반민특위에서는 인촌의 행적을 잘 아는 동시대인同時代人들이 많아서 조사 대상으로 거론조차 되지 않았다.

그러나 인촌은 그로부터 57년이 지난 노무현 정부에서 '친일반민족행위 진상규명위원회'가 작성한 친일 인사 명부에 포함되고 이를 근거로 문재인 대통령 재임 시기에 서훈을 취소당했다.

장홍염 독립운동 자금 지원

대한민국 정부수립 후 1948년 10월 23일 제헌국회에서 김상덕 의원을 특별조사위원회 위원장으로 반민특위가 설치되어 활동을 개시했다. 그때 특검부장은 김상돈 의원이었고, 특별검찰관에는 독립운동가인 장홍염 의원이 들어 있었다.

장홍염은 휘문고보 재학시절인 1929년 광주학생운동을 전국으로 확산시키기 위해 항일운동을 주도하고 이듬해 중국으로 망명했다. 베이징의 페킹아카데미(현 청화대학)에서 공부하다가 1931년 베이징민국대학 정치경제학과에 편입했다. 신흥무관학교에서 사격술을 익혀 일경과 밀정들로부터 '베이징의 쌍권총'이라는 공포의 별명을 얻었다.

장홍염은 휘문고보 재학시절 중앙고보에 다니던 인촌의 장남 김상만과 동갑이어서 친하게 지냈다. 중국에 망명했던 장홍염은 군자금을 조달하기 위해 국내에 잠입했을 때 김상만과의 인연을 믿고 무작정 인촌의 집을 찾았다. 장홍염은 인촌에게 중국에서의 독립운동 상황을 설명하고 자금을 요청했고 열려진 금고 안에 들어 있는 돈을 가져간 사실이 있었다.

제헌의원이자 반민특위 특별검찰관인 장홍염이 반민족행위자의 행적을 조사하기 위해 정부에서 보관 중인 일제 총독시대의 기록을 가져와 친일파와 애국지사들의 기록을 살펴봤다. 인촌 김성수 선생에 관한 대목이 눈에 띄었다. 자세히 살펴보니 놀랍게도 일제강점기에 독립단 한 사람이 그 집을 찾아가 돈을 훔쳐갔다는 대목이 있었다. 사랑방에 주인이 없는 사이에 들어와 금고를 털어 돈을 가져갔다는 것이다.

장홍염(1910~1980)

그때 인촌 집을 찾아가 독립운동 자금을 달라고 졸라댄 사람이 바로 장홍염 의원 자신이었다. 인촌은 장홍염의 독립운동 자금 지원 요청을 받고 신분을 확인한 뒤 사랑방에 있는 금고문을 열어젖히고 돈이 들어 있다는 시늉을 하고 나서 용변을 보러 간다며 자리를 비워줬다.

아무리 기다려도 돌아오지 않기에 '그제야 주인이 없는 사이에 돈을 가져가도 좋다'는 것으로 생각하고 독립운동 자금을 가져가 요긴하게 썼다. 스스로 독립운동 자금을 준 것과 다름이 없었는데도 육영사업과 언론사업, 민족자본 육성을 하는 사업가로서 후환을 없애기 위해 인촌이 이렇게 용의주도하게 도둑을 맞은 것으로 일제의 눈을 속인 것을 알게 되었다.

인촌은 장인 고정주한테서 독립운동 자금을 지원하는 방법을 배운 것 같다. 고정주는 창평 이웃 마을에 사는 친척인 의병장 고광순이 1907년 남원성 출전을 앞두고 찾아와 동참 요청을 하자 거절하면서도 '곳간 고리를 열어두겠소'라고 답한다. 고정주는 한밤중에 의병들이 창고에 들어와 쌀을 가져갈 적에 모른 체했다. 나중에 일제가 문제 삼더라도 도둑맞았다고 둘러댈 수 있는 방법이었다.

반민족행위 분류 기준

해방공간에서 반민특위 특별조사위원장 김상덕 의원은 상해임시정부 문화부장을 지냈다. 반민특위 조직 전체에 임정 출신이 많았다. 1948년 9월 민족정경문화연구소에서 펴낸《친일파 군상》은 임시정부 및 한국독립당 계열의 친일파 청산에 대한 관점을 볼 수 있는 사료로 평가되고 있다. 친일파를 구분할 때 가장 많이 인용된 대표적 자료다. 반민특위가 반민족행위자 일람표를 작성할 때도 참고했다고 할 정도로 당시 사회적으로 영향력을 행사하던 주요 인물들의 친일 행적을 자세하게 기록해 놓았다. 다음은《친일파 군상》의 반민족행위자 분류 기준이다.

우선 ① 자진적自進的으로 나서서 성심으로 활동한 자, ② 피동적으로 끌려서 활동하는 체한 자로 분류했다. 1948년 반민특위 재판을 받은 사람들은 ①에 해당했다. ①에는 다시 갑을병정무 다섯 가지 부류가 있었다.

　　(갑) 친일과 전쟁협력이 옳지 않음을 알면서도 자기의 재산 또는 지위
　　　　의 보전, 신변의 안전 등을 위해 행한 자
　　(을) 친일을 하여 내선일체를 기하고 전쟁에 협력하여 일본이 승리할
　　　　때는(그들은 일본의 패배를 알지 못하고) 조선 민족의 복리를 도모
　　　　할 수 있다고 생각한 자
　　(병) 친일과 전쟁 협력으로써 환심을 사서 관력官力을 빌려 세도를 부리

며 이권 등을 획득하여 사익을 도모하며 또는 대의사代議士(국회의
원), 고관 등 영달을 목적한 자

(정) 고관 전직자, 친일파 거두 등은 이장지무己張之舞이니 이러한 기회
에 일층 적극 진충보국盡忠報國하면 자기 개인은 물론이요, 민족적
으로도 장래에 유리한 것으로 생각한 자

(무) 광병적狂病的 친일 또는 열성 협력자

《친일파 군상》은 ①의 갑을병정무에 해당하는 친일파들을 적시했
다. 인촌은 ①이 아니라 ②에 열거된 ABCD 중에서 A(경찰의 박해를 면
하고 신변의 안전 또는 지위, 사업 등의 유지를 위해 부득이 끌려다닌 자)로
분류됐다. 해외에 나가지 않고 국내에서 생활을 한 사람들은 대부분
②의 A형이었다.

이승만 행정부와 국회 반민특위의 반목

평생 독립운동을 한 이승만은 친일파들을 싫어했지만 일제에 복무한
공무원과 경찰의 경험과 지식을 국정 운영에 활용하려고 했다. 국회의
반민특위는 이승만 행정부와 반목을 거듭했다. 이승만은 친일 경찰을
체포하는 반민특위를 못마땅하게 보고 경찰들의 저항과 반민특위 공격
을 방치하다시피 했다. 그는 친일 청산보다 공산당을 막는 것이 더 급하
다고 판단했고 이것은 그의 현실 인식에 바탕을 둔 정책 방향이었다.

백범 김구의 암살사건도 반민특위 약화를 불렀다. 1949년 6월 26일 백범이 암살되자 7월 7일 김상덕 위원장을 필두로 특별조사관 전원이 사표를 제출했고, 신태익·서순영·조옥현 특별재판관과 반민특위 핵심인물들이 사임했다. 결국 1949년 9월 27일 반민특위법이 폐기됨으로써 반민특위는 11개월 만에 단명으로 끝났다. 친일파 대신 반민특위가 청산된 것이다.[1]

반민특위가 역사적 소명을 다하지 못하고 해산됨으로써 친일파 청산이 이루어지지 않아 민족정기가 바로 서지 못했다는 일부 역사학계의 논의가 이후 수십 년 동안 《친일인명사전》, 《해방전후사의 인식》 등을 통해 확산됐다.

친일반민족행위자 결정 및 서훈 취소

반민특위의 해체로부터 두 세대 가까이 지난 2009년 노무현 정부에서 만든 친일반민족행위 진상규명위원회는 인촌의 일제 말기 일부 행위가 친일반민족행위에 해당한다는 결정을 내렸다. 2018년 문재인 정부에서는 망인에 대한 서훈이 '공적이 거짓으로 밝혀진 경우'에 해당한다며 서훈을 취소했다. 고인故人의 유가족과 인촌기념회는 이 결

1   이강수(2005), 〈백범·임시정부 계열의 청산활동〉, 《백범과 민족운동연구》 제3집, 19~20쪽.

정과 처분에 대해서 소송을 제기했으나 패소했다.

사법부의 판결 요지는 1937년 7월부터 1945년 1월경까지 매일신보에 게재되거나 보성전문학교 등에서 연설한 내용은 일부 친일행위로 볼 수 있고 달리 이를 반박할 만한 증거가 없다는 것이다. 법원은 위 사실을 인정함에서 매일신보와 경성신문의 기사를 증거로 채택하고 원고에게 유리한 내용이 담긴 기사, 책 등은 배척했다. 그리고 인촌이 독립운동에 기여한 많은 자료와 역사적 증언들도 모두 인용하지 않았다.

하지만 지금에 와서 대법원 판결로 확정된 사법부 판단을 왈가왈부日可日否하려는 것은 아니다. 다만 필자들은 '역사는 현재의 눈으로 과거를 해석하고 미래를 설계하는 것'이라는 역사의식을 가지고 인촌의 일제 말기의 삶을 다시 조명해 보고자 역사적 증언과 역사학자들의 견해를 소개하고자 한다.

엔도 정무총감 "인촌, 귀족원 작위 거부했다"

일본 가쿠슈인學習院 대학 동양문화연구소에는 사단법인 중앙일한협회가 기탁한 418타래의 녹음테이프가 있다. 이 가운데 중요한 299타래는 조선근대사료연구회朝鮮近代史料研究會가 연구를 위해 채록한 것이다.

3·1 운동에 대해서도 책꽂이 구석에 먼지를 뒤집어쓴 보자기 꾸러미 두 개에 180점이 넘는 사료가 있다. 기독교 관계자가 3·1 운동의

여진이 남아 있는 5월과 6월 조선 각지를 돌며 조선인의 생생한 육성을 기록한 〈조선 소요지 순회일지〉다.[2]

조선근대사료연구회는 《조선 식민통치의 허상과 실상》에 수록된 조선총독부 정무총감이나 경무국장 등이 출석했을 때는 몇 차례 준비 모임을 갖고 사전에 질문사항을 건네주며 열심히 준비했다.

1959년 9월 16일 중앙일한협회 회의실에서 조선총독부의 마지막 정무총감을 지낸 엔도 류사쿠遠藤柳作, 1886~1963는[3] 두 시간 넘게 질의응답을 했다.

태평양전쟁을 일으킨 일제는 1945년 2월 패색이 짙어지자 조선과 대만에 대한 회유책으로 참정권을 보장한다는 미명하에 귀족원[4] 의원을 임명하고, 차기 총선에서 중의원 의원을 선출하는 계획을 짰다. 엔도는 '어떤 사람을 귀족원 의원으로 교섭했느냐?'는 질문을 받고 다음과 같이 대답했다.

내가 직접 교섭한 사람은 첫째는 김성수. 그런데 김성수는 거절했다. 그는 '나는 지금까지 민족주의자로 살아왔다. 지금 와서 그런 일을 받아들

---

2   미야타 세쓰코 해설·감수, 정재정 역(2002), 《식민통치의 허상과 실상》, 11~13쪽.

3   도쿄제국대학 졸업, 고등문관시험 합격, 1910년 조선총독부에 근무한 적이 있고 일본에 들어가 현 지사, 중의원 의원 등을 거쳐 도쿄신문사 사장도 지냈다. 1944년에는 조선총독부 2인자인 정무총감에 취임했다. 조선에서 일본의 패전을 맞았다.

4   일본 제국의회에서 상원 역할을 맡았다. 1890년 11월 29일~1947년 5월 3일까지 존재하다 맥아더가 주도한 신(新)헌법에 의해 폐지되고 청사는 참의원에 승계됐다.

이고 싶지 않다'고 말했다. 나는 김성수의 마음을 잘 이해했기 때문에 '당연하다'고 했다. 그래서 김성수에게는 '자네에게 특별히 부탁한 것은 취소하겠네' 라고 말했다.

"어떤 방침을 갖고 어떤 사람을 내정했느냐?"는 질문에 엔도의 대답이 이어진다.

그것은 정치 편의 같은 것보다 역시 인격과 식견이라는 점을 우선적으로 보았다. 지방 장관, 각 도지사의 의견도 들었다. 맨 먼저 거명된 인물이 김성수, 그는 당시 누구의 눈에도 정말 훌륭한 사람으로 보였다고 생각한다. 정치상으로야, 그의 민족주의 성향을 알고 있었으니까 칙선勅選(천황이 직접 뽑음) 의원으로 삼아도 될지 어떨지라는 문제가 있겠지만, 그래도 이것은 별 문제였다. 훌륭한 사람을 보낸다는 것이 방침이었으니까.[5]

《인촌 김성수전》에는 보다 상세한 전말이 들어 있다.

엔도 김 선생, 잘 들으시오. 남작의 작위와 함께 귀족원 의원이 될 분으로
　　　총독 각하께서는 김 선생을 천거하기로 했습니다.
인촌 저는 그런 영광을 받을 자격이 없습니다. 사람에게는 양심이라는
　　　것이 있습니다. 아무리 생각해 봐도 그런 영광을 받을 만큼 일본 제

5   미야타 세쓰코 해설·감수, 정재정 역(2002), 《식민통치의 허상과 실상》, 287~288쪽.

국에 대해서 한 일이 생각나지 않습니다.

엔도 그렇다면 황공하옵게도 천황폐하께서 내리는 칙명을 거절하겠다는
말인가요?

인촌 세상에서 보기에 아무런 공이 없는 사람에게 그런 영광을 준다면
일본 황실의 존엄에도 흠이 될 것으로 생각합니다. 평소에 내가 존
경하는 후쿠자와 유키치福澤諭吉 선생은 일생을 교육에 바쳤고 무위無
位 무관無官으로 생을 마쳤습니다. 저도 그렇게 살고 싶은 소원이 있
습니다. 총독 각하께도 내 뜻을 전해주십시오.

다음 날 엔도가 인촌에게 전화를 걸어왔다.

엔도 어제 내가 총독 각하의 뜻인 것처럼 말한 것은 내 독단에서 한 것이
니 어제 일은 없었던 것으로 해주십시오. 이 말이 퍼지면 엔도로서
는 크게 유감으로 생각하겠습니다.

4월 3일 일제는 조선인 7명을 귀족원 의원으로 임명했으나 그중에
인촌의 이름은 없었다.[6] 일제 치하에서 귀족원 작위를 거절한 것은 인
촌을 평가함에서 중요한 요소다. 귀족원은 서구 국가의 상원에 해당
한다. 1945년 천황이 임명하는 상원의원을 거절한 사람을 후세에 친
일로 규정한 것이 상식에 합치할는지 따져볼 필요가 있다.

---

6 인촌기념회(1976), 《인촌 김성수전》, 437~441쪽.

도산 안창호의 비서 구익균 등의 증언

인촌은 해외 독립운동을 열심히 지원했다. 아래는 상해임시정부에서 안창호 내무총장의 비서로 일하던 구익균의 회고록《새 역사의 여명에 서서》와《인촌 김성수의 사상과 일화》에 수록된 내용을 요약한 것이다.

1929년 12월말 인촌이 구미 순방길에 상하이에 들러 일본인과 첩자들의 눈을 피해 가면서 도산島山 안창호를 찾았다. 마침 인촌이 탄 여객선은 일본의 고베항을 떠나 상하이에서 하루를 묵었다. 손님들이 내리고 탔고 기름을 넣었다. 인촌은 상하이 시내를 둘러보는 체하면서 도산의 집을 찾아갔다. 인촌은 이때 임시정부에 2천 달러, 그리고 임정 부설 인성학교에 500달러를 내놓았다. 도산은 독립운동의 자금 주머니였다. 미국 동포들이나 중국을 지나가던 국내 인사들이 도산을 신뢰해 그를 통해 독립운동 자금을 대주었다. 도산은 그 뒤에 참다운 애국자를 말할 때는 "인촌이 그 귀감"이라는 말을 여러 번 했다.

1937년 도산이 두 번째로 검거돼 투옥됐다. 대전 감옥에서 병을 앓던 도산은 병보석으로 출감해 경성제대 부속의원(현재 서울대학병원)에 입원했다. 제일 어려운 문제는 입원비였다. 어느 날 도산이 이정희[7]에게 윤치호, 김성수 등 몇 분을 찾아보라고 말했다. 분부대로 찾

---

7 독립운동가 이갑의 고명딸로 이응준 초대 육군참모총장의 부인. 이갑은 2012년 12월

안창호(1878~1938)

아갔으나 하나같이 난색을 표했다. 인촌도 "지금이 어느 때인데 찾아다니십니까. 어서 돌아가세요"라고 냉대했다. 왈칵 눈물이 나왔다.

이정희가 인촌을 만난 경과를 보고하자 도산이 낮은 목소리를 말했다. "인촌이 사람을 보내 많은 도움을 주었어. 정말 사려 깊은 사람이야" 인촌이 이정희에게 야단을 치고 나서 믿을 만한 사람을 도산에게 따로 보냈던 것이다. 인촌으로선 살얼음판을 걸어가는 시대였다.[8]

인촌은 상해임시정부와 독립운동가들을 돕고, 천황이 주는 귀족원 작위를 거부하고, 총독부의 압력에도 창씨개명을 하지 않았지만 보성전문 농장들의 닭들이 먹이가 모자라 비실거릴 때는 총독부 축산과 서기를 찾아가 아쉬운 소리를 해서 사료를 얻어다 먹였다.

보전은 서관 뒤 양계장에 닭 200여 마리를 길렀다. 닭 사료도 총독부 축산과에서 배급을 타 오던 때였다. 하루는 인촌이 양계장을 찾아 "닭이 다 죽게 생겼다" 하자 양계장 관리인이 "축산과 서기에게 절을 여러 번 하고 외교를 하면 닭 모이를 조금 더 배급 받을 수 있다. 지금 막 가려는 길"이라고 말했다. 인촌이 따라나서며 "나도 같이 가자"고

국가보훈처에서 '이달의 독립운동가'로 선정했다.

8   동아일보편집부 편(1986), 《인촌 김성수의 사상과 일화》, 237~238쪽.

했다. 관리인이 "교장이 축산과 서기에게 절하는 것은 체통이 안 선다"며 말리자 인촌은 "총독부 서기한테 절을 안 하고 보전 보고 절을 한다고 생각하면 되는 걸세"라고 말했다. 인촌은 총독부에 가서 축산과 서기에게 정중하게 절을 했다. 보통 때보다 좀 많은 사료를 배급받았다.

인촌은 닭을 살리기 위해 총독부 관리에게 허리를 굽혔고, 청년을 가르칠 대학을 살리기 위해 허리를 또 굽혔다.[9]

인촌의 '매일신보 기고' 경위

일본은 1933년 7월 7일 중국에서 루거우차오盧溝橋 사건을 일으켜 중일전쟁을 개시했다. 초기에 중일전쟁은 중국이 밀리는 형세로 진행됐다. 그러나 전쟁이 장기화하고 일본이 1941년 12월 7일 일요일 아침 하와이 진주만을 기습 공격하면서 일본 대對 미·중의 전쟁은 2차 세계대전에 본격적으로 휩쓸려 들어갔다.

일본은 미국, 중국 같은 대국과 전쟁을 벌이자니 병력과 자원이 부족해 산에서 송진을 채취하고, 부엌에 있는 숟가락까지 징발하는가 하면, 1938년 2월부터 한국인 지원병 제도를 도입했다. 전쟁이 막바지로 치닫자 1943년 10월부터 학도병이라는 이름으로 대학생들을

---

9   앞의 책, 230~231쪽.

징집하는 대대적 캠페인에 착수했다.

일제 총독부는 학도병 지원 연설자로 인촌을 포함한 저명인사 59명을 동원했다. 인촌은 병을 핑계로 순회강연을 피하려고 전곡면 농장에 은신해 있었으나 일제의 촉수를 피할 수는 없었다. 인촌은 춘천 강연회에 끌려가서 차례가 되자 "이 사람은 대중 앞에서 연설할 줄 모르기 때문에 다음에 나와서 하는 사람의 말을 이 사람이 하는 말과 같은 것으로 들어주시기 바랍니다"라고 말했다.[10]

앞뒤에 인사치레 같은 한두 마디가 더 달려 있을 수 있지만 핵심 사항을 장덕수에게 넘기고 연단을 내려온 것이다. 장덕수에겐 미안한 일이지만 교주校主로서 책임의 무거움을 알고 있었다고 봐야 한다. 둘 사이의 인간관계는 형제 이상으로 가까웠다.

후일 가장 문제된 것은 매일신보(1943.11.6)에 인촌 명의로 실린 "대의大義에 죽을 때 – 황민皇民됨의 책무는 크다"는 제목의 글이었다. 에커트는 이 글을《제국의 후예》말미에 부록으로 붙여 놓았다. 그러나 에커트는 "김성수 일가 특히 김성수가 얼마나 열의를 갖고 학병 권유를 비롯한 내선일체의 실행에 참여했는지에 대해서는 약간의 의문이 있다"면서 주의 깊은 분석이 필요하다고 덧붙였다.

유진오는 1977년에 펴낸 저서《양호기》에서 "대의에 죽을 때…"라는 인촌 명의의 기고문이 게재된 경위를 상세히 설명하고 실제 필자를 공개했다.

---

10 인촌기념회(1976),《인촌 김성수전》, 431쪽.

학병 격려문 집필자는 경무국에서 직접 인선했다. 김성수, 송진우, 여운형, 안재홍, 이광수, 장덕수, 유진오 등 조선 사회에서 영향력이 큰 인사들이었다. 매일신보 기자 김병규는 도쿄제국대학 불문과를 다니다가 학병으로 끌려가지 않기 위해 학업을 중단하고 기자로 일하고 있었다. 유진오는 《양호기》에서 그를 '수재형'이라고 평했다.

김병규가 평소 글을 쓰지 않는 인촌에게 글은 자기가 대필代筆하겠다고 했더니, "정 안 쓸 수 없는 것이라면 그렇게 하되, 반드시 유진오에게 보여주고 내라"고 했다는 것이었다. 유진오가 인촌에게 전화로 물어보니 '창피한 글이나 안 되도록 주의해 달라'는 당부를 했다. 인촌은 조선 사람이 팔굉일우八紘一宇 같은 표현을 쓰는 것을 창피하게 생각했다. 팔굉일우는 '온 천하가 한 집안'이라는 뜻의 사자성어로, 일본 제국이 태평양전쟁 당시 이를 국시國是로 사용했다.

그러니까 이 기고문은 김병규가 쓴 글이다. 인촌은 기자가 대필한 글의 감수를 유진오에게 맡기고 일절 관여하지 않았다. 쓰고 싶지 않은 글에 억지로 명의를 빌려주려니 읽고 싶지도 않았을 것이다. 그렇다고 해서 인촌의 책임이 사라지는 것은 아니다.

유진오가 인촌 사후死後에 글의 집필자를 밝힌 것은 그 글 때문에 인촌이 심히 부당하고 억울한 일을 당했기 때문이었다. 글을 느슨하게 읽고 'OK' 한 책임의식도 있었을 것이다. 결과적으로 이 글은 인촌을 가장 수치스럽게 만든 글이 되고 말았다.

김병규는 해방 후 좌익에 가담했는데 김병규 등이 작성해 미군 기관에 뿌린 "Traitors and Patriots(반역자와 애국자)" 팸플릿에는 인촌

명의의 "대의에 죽을 때…" 기고문과 여운형이 해방 후 감격 속에서 행한 연설문이 나란히 실렸다.[11]

일제강점기에 나온 글을 실어놓고 인촌을 민족 반역자로 몰고, 여운형의 글은 광복 후 연설문을 실어놓고 애국자라고 칭송했다. 각기 다른 시대에 쓰인 두 글을 교묘하게 함께 대비함으로써 인촌을 두 번 죽이려는 악의적 행동이었다.

굳이 일제의 강요로 나온 인촌 명의의 글을 사용했다면 매일신보 같은 면에 나온 여운형의 학병 격려문도 인촌 글과 나란히 실었어야 하는 것이 아니겠는가. 유진오는 탄식했다. 김병규가 인촌을 두 번 죽인 짓이었다.

김대중 전 대통령의 특별 기고

김대중 전 대통령은 야당 정치인 시절에 광복 48주년인 1993년 8월 15일을 맞아 "역사를 바로 조명해야 한다"는 제목으로 동아일보에 기고했다. 그는 이 글을 통해 국내에 남아서 민족의 실력양성을 위해 교육·문화·종교 활동을 한 사람들의 공로를 언급했다. 김 전 대통령도 일제 치하에서 학교를 다니고 사업을 한 사람이다.

---

11 유진오(1977), 《양호기》, 114~116쪽.

내가 여기서 강조하고 싶은 것은 우리는 이러한 국내외의 독립지사들과 같이 감옥 가면서 투쟁은 하지 않았지만 그들 못지않게 민족을 지키기 위해서 온갖 심혈을 기울인 분들의 공로도 잊어서는 안 된다는 생각이다. 그들은 교육·문화·종교 혹은 사회사업 등을 통해서 우리 국민을 교육하고 계몽하여 그들에게 힘을 주고 내일을 기약하게 깨우치고 실력을 양성하게 했던 것이다.

그중에서 대표적인 분이 김성수 선생이라고 나는 생각한다. 김성수 선생은 참으로 특이한 존재였다. 그분은 어떻게 보면 최소한의 협력을 일제에 했다고 할 수도 있다. 그러나 그 대부분은 강요된 것이고 혹은 조작된 것이었던 것도 사실이다.

인촌은 비록 감옥에 가거나 독립투쟁은 하지 않았지만 어떠한 독립투쟁가 못지않게 우리 민족에 공헌했다고 나는 믿는다. 인촌은 동아일보를 창간해서 조선일보와 더불어 3·1 운동 이후의 거의 전 시기에 우리 민족을 계몽하여 갈 방향을 제시해 주었고 그들에게 큰 힘을 주었다.

그 공로는 우리가 아무리 강조해도 다할 수 없을 정도로 큰 것이었다. 인촌은 오늘의 중앙고등학교와 고려대학교를 운영해서 수많은 인재를 양성하여 일제하 이 나라를 이끌 고급 인력을 사회에 배출, 우리 민족의 내실 역량을 키웠다. 인촌은 또한 근대적 산업 규모의 경성방직을 만들어서 우리 민족도 능히 근대적 사업을 할 수 있다는 능력을 과시했다.

이것은 그 당시 일제가 '조선인은 근대적 산업을 할 능력이 없다'는 열등감 부식扶植 정책에 광분한 데 대한 가장 결정적 반격이었던 것이다. 경성방직이 그 당시 우리 조선 사람에게 준 긍지와 위로는 참으로 큰 것이었다. 인촌은 그 탁월한 인격과 덕성으로 해서 주변에 수많은 인재를 모아가지고 우리 민족의 보호와 발전에 노력을 했다.

　이러한 분들에 대해서 일부에서는 그 사소한 행적을 들어 친일 운운 하고 있는 것을 본다. 최근에도 그런 문제가 정부기관에서조차 논의되었던 것을 본 일이 있다. 나는 이런 자세는 재고해야 한다고 생각한다. 우리나라 독립운동사의 대가大家로 인정받고 있는 서울대 신용하 교수도 최근에 '일제하에서는 이 나라 전체가 하나의 감옥이었다. 모든 국민이 모두 망명하고 해외로 나갈 수는 없었다. 그런 때 국민과 고초를 같이하면서 이 민족에 힘을 주고 민족을 보호한 그런 분들에 대해서는 사소한 문제가 있더라도 우리는 그 사정을 충분히 감안해야 한다'는 요지의 말을 한 바 있다.

카터 J. 에커트가 밝힌 창씨개명의 진실

인촌은 내선일체 운동에 따라 일본식으로 성과 이름을 바꾸는 창씨개명도 하지 않았다. 그러나 이 사안은 특수층에 한해 사안별로 달랐다.

　《제국의 후예》 저자 카터 J. 에커트는 '많은 한국인 기업가들은 창씨개명을 면제받았다'면서 '그들의 이름은 지명도가 높아 어느 의미에서는 중요한 사업 상표라고 할 수 있기 때문'이라고 설명했다.

　그 예로 1949년 한국 국회의 반민족행위자 재판에서 박흥식을 취조한 검찰관의 증언을 인용한다. 일제는 창씨개명이 강제가 아님을 보여주기 위해 일부 한국인들의 한국식 이름을 계속 쓸 수 있게 했다는 것이다.[12]

일반인의 경우 한국 이름을 그대로 쓰는 사람들에게는 자녀의 학교 입학이 안 되고, 취업이 거부됐으며, 행정기관에서는 제출 서류를 접수하지 않았다. 사찰 대상이 되고 일차적 징용 대상이 됐다. 심지어 철도역에서 짐도 받아주지 않았다. 정책이 공표된 지 넉 달 만에 한국인 가구의 87%가 창씨개명 한 것을 보더라도 얼마나 강압적 방법으로 시행했는지를 알 수 있다.

인촌은 후일 "사람마다 처지가 다르다. 내가 창씨개명을 하지 않는 것은 내 처지가 안 할 수 있었기 때문"이라고 겸손하게 말했다. 인촌은 창씨개명 안 한 것이 자랑거리가 아니라는 예로 한상룡을 들었다. 그는 대표적 친일파로 귀족원 의원이면서도 창씨개명을 안 했다.

일본 당국은 인촌의 위상 때문에 그를 매우 조심스럽게 다루었다. 인촌은 창씨개명을 안 한다고 보통 사람들처럼 생계를 걱정할 일이 생기지도 않았다. 그러나 압박은 심한 편이었다.

총독부 관리들은 인촌은 물론이고 그의 주변에 있는 송진우, 현상윤, 장덕수, 백관수, 김준연 등까지 창씨개명을 하지 않는 것이 못마땅했다. 동아일보 사원들과 보성전문 교수들도 대다수가 창씨개명을 하지 않았다.

소공동에서 문인들의 회합이 끝난 후 이광수가 법학자이자 문인이었던 유진오를 "차나 한잔하자"며 다방으로 이끌었다. 이광수는 심각한 표정으로 창씨개명 문제를 꺼냈다. "조선 사람이 민족 단위로 살아

---

12 카터 J. 에커트 저, 주익종 역(2008), 《제국의 후예》, 469쪽.

남을 길은 이미 없어졌으니 우리가 살아가려면 빨리 일본인화 하는 수밖에 없지 않느냐"고 역설하면서 당신도 빨리 창씨개명을 하고, 인촌에게도 권해 달라는 것이었다.[13]

이광수를 동원해서도 설득이 안 되자 총독부 학무국장이 나섰다. 어느 날 학무국장이 인촌을 총독부 사무실로 불러 "김 선생은 왜 창씨개명을 안 하느냐?"고 추궁했다. 인촌은 "내가 창씨개명을 안 하는 것은 집안 어른들이 허락하지 않기 때문이오"라고 평범하게 대답했다.[14] 한국에서는 성을 바꾸는 것은 조상을 바꾸는 것과 같다는 인식이 있었으니 적절한 변명이었다.

주대환의 로동신문과 매일신보 비교

주대환은 경남 함안에서 태어나 마산중고와 서울대 종교학과를 졸업했다. 민주화운동으로 청년시절을 보냈으며 한국노동당, 민주노동당 등 좌파 정당에서 활동했다. 지금은 조봉암기념사업회 부회장으로 활동하고 있다. 좌파 운동가였던 사람의 육성으로 '인촌 평가'를 들어 보는 것도 의미가 있다.

---

13 유진오(1977), 《양호기》, 80쪽.
14 인촌기념회(1976), 《인촌 김성수전》, 409~410쪽.

우리 조상들이 살아낸 그 시대를 우리는 잘 모릅니다. 상상도 할 수 없습니다. 특히 군국주의자들의 미친 광란에 속마음이야 어떻든 일단 겉으로는 박수치지 않으면 살아남을 수 없었던 태평양전쟁의 시대를 우리는 상상할 수 없습니다. 그런데 모든 신문이 폐간되고 유일하게 발행되던 총독부 기관지를 보고서 섣불리 판단하는 자들이 있습니다.

그 사람들에게 묻고 싶습니다. 나중에 북한에서 김씨 조선이 무너지고 나서 로동신문 기사를 근거로 해서, 김일성 동상에 절한 사람, 충성 편지 쓴 사람 모두 세습독재 부역자로 처벌하자면 몇 사람이나 해야 할까요? 북한 인구의 절반쯤 해야 할까요? (중략)

우리는 알아야 합니다. 우리 조상들이 바보가 아니었습니다. 그 시대를 살아낸 사람들이 더 잘 알고 더 올바른 기준을 세웠다고 저는 믿습니다. 그렇기 때문에 반민특위 조사대상에 오른 적이 없는 사람을 지금 우리가 친일파니 뭐니 하는 것은 실로 건방진 짓이라고 저는 생각합니다. … 오히려 해방 정국에서 선생님은 지도자로 활동했습니다. 만약 인촌이 진짜 친일파였다면, 누가 지도자로 모셨겠습니까? 인촌은 좌익 쪽에서 발표한 인민공화국에도 문교부 장관으로 추대되었습니다.[15]

---

15 주대환(2024), 《K-데모크라시》, 115~116쪽.

역사학자 임종국, 카터 에커트, 이승렬 등의 견해

당시는 일제가 만주사변을 일으키고 전쟁에 광분했던 전시통제 시기였다. 국내에서 학교와 언론사, 기업을 운영하고 있는 인사들로서는 일제의 면전面前에서는 협력하는 척하는 면종복배面從腹背의 태도를 취할 수밖에 없었다. 이런 행위는 내심의 의사를 숨긴 기도비닉企圖秘匿이요, 큰 것을 이루기 위해 굴욕을 참는 용기일 수도 있다.

일제강점기에 국내에서 36년을 산 사람들의 행적은 '총론 평가'로 가야지, 하나만 따로 떼어놓고 '각론 평가'로 가서는 오류를 범할 수 있다는 견해도 바로 이런 시대적 분위기에서 나온 것이다.

일제강점 말기 7년여 동안 "고인故人의 기사 100여 건에 대해 항의했다는 기록을 찾아볼 수 없다"는 대목에 대해서는 친일진상규명위에서도 다수의견과 소수의견으로 갈렸다. 다수의견은 '항의한 바 없으니 사실로 봐야 한다'는 것이었고, 소수의견은 '그 시대 분위기에서 자기 의사와 다르게 신문에 나왔더라도 정정을 요구할 수 없었다'는 것이었다. 다수의견과 소수의견은 시기와 정권에 따라 달라질 수 있다. 먼 훗날의 역사적 재평가 또는 재심을 위해서도 다음과 같은 에커트의 지적에 유의할 필요가 있다.

엄격히 통제된 선전물에 가까운 1940년대의 전시 언론에서 간추려진 정보와 같은 그 일부 자료는 주의 깊게 검토돼야 한다. 예컨대 우리는 학병 권유 신문에 김 씨 형제들 이름으로 나온 논설들을 그들이 실제로 썼는지

(혹은 배서했는지), 또는 신문이 단지 그들의 허락 없이 논설에 그들의 이름을 붙였는지를 알지 못한다. 그리고 그들 중 한 사람이나 두 사람 모두 어떤 내선일체 행사나 활동에 참가한 것을 전혀 의심할 수 없는 경우조차도, 이용 가능한 문서에서는 그들의 동기나 태도가 어떤 것이었는지가 나타나 있지 않다.[16]

매일신문 기자 출신인 김병규가 해방공간에서 저지른 '반역자와 애국자' 팸플릿 기사 조작은 기자로서 그의 윤리의식 수준을 보여준다. 《친일파 군상》②의 D항이 '신문 지상에 자기 의사와 다르게 발표되었으나 정정을 요구할 수 없어서 그대로 방임한 자'인 것을 보더라도 총독부 기관지를 상대로 한 정정보도 요구가 쉽지 않았음을 알 수 있다.

친일반민족행위자 연구에 평생을 바쳐 그 기초를 세웠다고 평가받는 임종국은 일제 총독부가 연출했던 꼭두각시놀음을 이렇게 전하고 있다.

총독은 이름 있는 인사들에게 꼭두각시 노릇을 강요하면서 온갖 협박을 자행했다. 협박에 굴하지 않으면 명의를 도용해 가면서 허위로 날조한 학병 권유문을 발표했다. … 부모와 저명인사 뿐 아니라 '졸업자 선배단 일동'도 꼭두각시놀음에 동원되었다. 총독이 갖은 압력과 회유 끝에 조작해 낸, 그야말로 관제 궐기대회가 사흘이 멀다 하고 열렸다.[17]

---

16 카터 J. 에커트 저, 주익종 역(2008), 《제국의 후예》, 363~364쪽.

진보계열 학자 이승렬은 저서《근대 시민의식의 형성과 대한민국》에서 인촌에 대한 반민족행위자 판단과 서훈 취소 또한 '언젠가 다시 역사적 평가의 대상이 될 것'이라고 내다봤다.[18]

서재필 박사, '진짜 애국자' 인촌

고려대 총장을 지낸 유진오는 1946년 미국에서 돌아온 서재필 박사가 보성전문에 와서 연설한 내용을《양호기》에 담았다.

국내 우익의 최고 영도자의 위치에 있던 인촌에 대해 좌익 사람들이 '투쟁실적이 있네 없네' 하고 시비하던 때에 해외 독립투쟁의 대표격인 서재필 박사의 입에서 나온 말이기에 더욱 인상 깊게 들렸다는 것이다.

> 해외에서 독립운동하고 국내에서 감옥살이를 한 사람들도 애국자지만, 인촌같이 묵묵히 민족의 실력을 양성하는 데 바쳐온 사람도 애국자다. 아니 그런 사람이야말로 알짜 애국자다.[19]

---

17 임종국(2007),《빼앗긴 시절의 이야기》, 249~250쪽.
18 이승렬(2021),《근대 시민의 형성과 대한민국》, 775쪽.
19 유진오(1977),《양호기》, 6쪽.

김형석, "동시대인의 평가 중요"

중앙학교 교사를 할 때 인촌을 가끔 만났던 김형석은 필자 이진강과 인터뷰에서 이렇게 말했다.

> 노무현 정부의 친일반민족행위 진상규명위원회에서 실무를 하던 사학과 교수들을 만났습니다. 그분들이 인촌에 대해서는 양론이 있었다고 하더군요. 그 시대를 살아보지 못했으니 그런 평가를 했지요. 그 시대에 살았던 사람들은 그렇게 생각할 리가 없다고 봐요.
>
> 나는 인촌 같은 분들이 국내에 없었으면 우리나라가 독립하지 못 했다고 생각합니다. 그런 분들이 안에서 실력을 키워주었으니 독립한 거지요. 사람을 평가할 때 더 큰 업적을 봐야 합니다.[20]

굴욕을 견디며 지키려고 한 것은 학교였다

필자 황호택은 인촌 사건을 다룬 법정에 출석하여 판결 선고를 지켜보았다. 그때 재판장은 원고에게 패소 판결을 선고했지만 판결 이유를 설시하는 과정에서 인촌은 학교와 기업을 지키기 위해서 친일을 한 것이라고 했다. 이는 실정법을 해석하고 적용하는 판사의 고뇌를

---

20 김형석 인터뷰.

엿볼 수 있는 대목이었다.

1940년 이후 동아일보는 폐간됐고, 경성방직은 동생(김연수)의 소유가 돼 있었다. 그때 인촌으로서 지킬 것은 중앙고보와 보성전문밖에 없었다. 그가 굴욕을 견디며 지키고자 한 것은 나라의 미래를 이끌고 갈 인재를 육성하는 교육기관이었다.

공산화 막고 경제발전 이룬 농지개혁

해방 후 79년의 세월이 흐르면서 한국 사회는 인구의 70%가 농업에 종사하던 농업사회에서 고도 산업사회로 변모했다. 풍요 속에서 자란 세대는 한국사회를 변혁하는 출발점이었던 농지개혁農地改革의 정치적 경제적 의미를 잘 모르고 있다. 농지개혁은 조선 왕조와 일제강점기 수백 년 동안 소작농민을 빈곤의 늪에서 헤매게 한 소작지주제를 종식시킨 일대 변혁이었다.

농지를 둘러싼 계급적 갈등은 한국뿐 아니라 동유럽, 아시아, 남미 등 후진 사회 공통의 현안이었다. 한국의 해방공간에서도 남북의 이데올로기가 가장 첨예하게 대립되었던 문제였다. 소련이 추동하는 공산주의로 가느냐, 자유민주주의 시장경제 체제로 가느냐가 남북의 농지정책으로 사실상 결판이 났다. 남쪽에서 유행하던 《해방전후사의 인식》(이하 해전사)류의 운동권 서적들은 남한의 농지개혁이 북한의 토지개혁보다 퇴행적이라고 부당한 평가를 했다.

　남한 농지개혁의 주역은 이승만 대통령, 조봉암 농림부 장관과 한민당 당수 인촌 김성수였다. 우리 사회에는 한민당을 농지개혁에 저항하던 대지주들의 결집체로만 아는 시각도 여전히 존재한다. 그러나 지주 출신 의원들을 설득해 농지개혁에 결정적으로 기여한 인촌의 공선사후에 대해서는 제대로 알려져 있지 않다.

김일성을 영웅으로 만든 북한의 토지개혁

토지개혁에 공산주의 정권 수립의 사활을 걸고 선수를 친 것은 소련과 북한이었다. 소련은 북조선 5도 행정국을 1946년 2월 8일 북조선임시인민위원회로 개편하고 위원장에 김일성을 앉혔다. 33세 젊은 나이였던 김일성이 소련의 시나리오에 따라 권력을 장악했다고 해서 바로 인민대중의 지지를 받은 것은 아니었다.

　김일성은 어떻게 집권 몇 달 만에 카리스마적 존재로 부상하게 된 것일까. 북한 전문가들은 소련의 낙점과 함께 토착 공산주의자들의 실패를 거론하지만 이보다 훨씬 더 중요한 원인이 있다. 한국농촌경제연구원의 《농지개혁사 연구》를 집필한 연구팀은 현장조사를 통해 그것은 바로 토지개혁이라고 분석했다.

　북한에서는 임시인민위원회가 수립되고 1개월이 안 된 3월 5일 토지개혁법령이 공포되고 이동里洞별로 8만여 명의 농촌위원이 선출됐다.

철원 평야의 가을.

농촌경제연구원 연구원들이 38도선 이북의 수복지역인 철원에 가서 과거 북한의 농촌위원을 지냈던 노인들을 대상으로 조사한 결과는 놀랄 만한 것이었다.

북한은 5정보(75마지기) 이상 소유자는 모두 '인민의 적'으로 추방하고 5정보 이하 소유자에 한해 철저한 균등 분배를 실시했다. 북한 주민들은 영세 소작농으로 허덕이다 농토를 무상으로 받게 되니 감격에 북받쳐 '김일성 만세'가 절로 터져 나왔다고 한다. 토지의 무상분배가 영세 소농과 소작농을 일거에 공산당의 품 안으로 끌어들인 것이다.

《농지개혁사 연구》는 '김일성의 대중적 지지기반도 토지개혁으로 구축된 것이다. 그렇지 않고서는 약관 김일성이 불과 수개월 짧은 기간에 절대적인 권력의 정상으로 부각될 수 없었다'고 강조한다.[1] 북한의 토지개혁은 볼셰비키의 과감한 토지개혁으로 정권을 잡은 소련이 가르쳐준 것이다.

1946년 3월 5일 북한에서 실시된 토지개혁은 '무상몰수·무상분배'로 이루어졌다. 2차 세계대전 후 동유럽이나 중국 공산당 지배 지역에서 실시된 토지개혁과 같이 농지 국유화와 집단농장 시스템으로 가는 전 단계 조치였다. 《농지개혁사 연구》는 '토지개혁이야말로 남북한의 정치적 분단을 규정한 물적 기초'라고 지적했다. 북한을 소비에트화化의 전진기지로 삼고 남한의 좌익계와 통일전선을 구축해 한반도의 적화통일을 노린 소련의 전략이었던 것이다.

미군정美軍政은 농지개혁 그 자체를 목적으로 삼은 데 반해, 소련은 소비에트 권력 장악의 사활적 수단으로 이용한 점이 달랐다. 미군정이 각 정파의 주장에 귀를 기울이면서 농지개혁 속도가 느렸지만 소련 측은 정치적 목적을 위해 빠르게 진척시켰다.

여기서 일본, 한국, 대만 등 아시아에서 농지개혁을 하는 데 크게 이바지한 유태계 미국인 울프 라데진스키가 등장한다. 1899년 우크라이나에서 부유한 방앗간 주인의 아들로 태어난 그는 1920년 러시아의 볼셰비키 혁명을 피해 루마니아를 거쳐 미국으로 이주했다.

고학을 하면서 컬럼비아대학에서 농업경제학으로 석사학위를 받은 라데진스키는 1935년 미 농무부에서 아시아 문제를 전문으로 하는 연봉 2천 달러짜리 일자리를 얻었다. 그는 스탈린 치하의 소련의 집단농장 정책이 어떻게 농민을 노예화했는지에 대해 학술 저널과

---

1   김성호 외(1989), 《농지개혁사 연구》, 305~306쪽.

대중지에 글을 많이 썼다. 라데진스키는
공산주의에 대한 민주주의적 대안으로 정
부가 대규모 토지를 취득하고 이를 소작농
에게 싼값에 판매하는 농지개혁 정책을 옹
호했다.

1945년 미국 육군 원수 더글러스 맥아
더Douglas MacArthur는 점령군의 농지개혁 프로

울프 라데진스키(1899~1975)

그램을 감독하기 위해 그를 일본으로 불렀다. 그는 공산당에 대한 농
촌의 지지기반을 무너뜨리려면 소작료를 낮추는 미지근한 정책 대신
에 획기적 농지개혁을 시행해야 한다고 맥아더 사령부에 제언했다.
맥아더의 농지개혁으로 일본 소작농의 90%가 자신의 토지를 소유하
게 됐다. 산업화와 결합한 농지개혁은 일본 사회의 봉건적 기반을 휩
쓸어 버렸다.

라데진스키는 농지개혁을 도와주기 위해 국공國共 내전이 벌어진
중국으로도 갔으나 그 계획은 무산됐다. 내전이 공산주의의 승리로
끝났기 때문이다. 그는 "이런 프로그램이 10년 전에 중국 전역에서
시작됐다면 이야기가 달라졌을 것"이라고 말했다.

그 후 장제스 총통의 고문으로 대만의 토지 재분배를 달성하는 데
도움을 주었다. 대만에서 그의 조언을 받아 장제스가 벌인 토지개혁
은 대만의 기적을 이루는 데 도움이 됐다는 평가를 받고 있다.[2]

---

2   〈뉴욕타임스〉, 1975. 7. 4.

미군정은 본격적 농지개혁을 제헌의회 구성 후로 미루고 먼저 일본인들이 한반도에 남기고 간 농지(귀속재산)를 농가에 싼값으로 매각했다. 농지를 관할하는 신한공사를 만들었다가 1948년 3월 신한공사의 재산을 토지행정처로 이관시켜 농민들에게 매각한 것이다. 자기 농지가 생긴 농민들은 만세를 불렀다. 제헌의회에서 다뤄질 농지개혁을 촉진하는 효과도 있었다. 그래서 농지개혁은 대세가 되었다.

남한에서 귀속농지를 제외한 농지개혁은 북한보다 4년 늦은 6·25 직전에 아슬아슬하게 이루어졌다.

'농지는 농민에게로', 공산당의 기만

1979년 출간된《해전사》는 북한의 토지개혁이 남한의 농지개혁에 미친 영향은 거의 절대적이었다고 평가한다. 남한에서 농지개혁법 개정 논의를 시작해 제정·공포에 이르는 과정에서 북한의 토지개혁이 상시적으로 영향을 미쳤다는 것이다. 이렇게 북한을 뒤따라가는 개혁을 하면서도 '세계 농지개혁사에서 유례를 볼 수 없을 만큼 농민의 이익이 배제되고, 오직 봉건적 지주의 기존 권리를 보상하는 데 주안을 두고 있는 농지개혁법을 만들었다'고《해전사》는 저평가했다.

《해전사》의 기술과는 달리 오히려 북한 정권의 토지개혁이 주민을 기만하는 술책이었다. 토지를 농민에게 주었다고 자랑하던 북한은 1956년 농업집단화라는 명목으로 농지를 회수해 국영농장을 만들었다. 지주로부터 토지를 무상몰수해 소작인 들에게 무상분배함으로써 인기를 얻어 정 권을 잡은 뒤에는 집단농장集團農場을 만들 어 주민을 노예로 삼는 소련의 방식이었다. 농지가 농민의 손으로 돌아간 남한의 토지 개혁이 훨씬 더 성공작임을 전쟁이 끝난 뒤 에야 확인할 수 있었다. 《해전사》는 이러한 점을 언급하지 않았다.

유진오(1906~1987)

북한 토지개혁의 실체를 잘 모르는 한국 농민들에게 남로당이 선전 선동을 하면서 민심이 동요했다. 북한 농민들이 지주地主의 땅을 빼앗 아 무상으로 분배받은 농지에서 3년째 농사를 짓고 있을 때, 미군정 은 그제야 유진오에게 의뢰해 농지개혁과 관련한 헌법초안을 만들고 있었다.

유진오는 헌법을 제정하는 5·10 선거를 추진하는 3대 세력 중 미군 정과 한민당, 그리고 이승만이 총재인 독립촉성국민회의 모두로부터 헌법초안 작성의 위촉을 받았다.

그는 경성제국대학을 졸업한 뒤 동대학 예과에서 법학통론을 강의 하다가 1932년부터 보성전문학교에서 헌법학을 가르쳤다. 해방 때 까지 16년 동안 경성제대와 보성전문에서 강의하면서 그는 한국 유 일의 공법학 교수로 인정받고 있었다.

1948년 3월 중순경, 유진오가 고려대에서 미군정 법전편찬위원회 의 헌법초안을 토의, 검토하고 있을 때였다. 인촌이 부인(이아주)과 함께 차를 타고 고려대로 와, 차 안에서 한민당을 위해 헌법초안을 기초해 달라고 부탁했다. 유진오가 어떻게 대답하면 좋을까 하고 잠깐 망설이자 인촌은 농담조로 "헌법 공부는 뭣 하러 하는 것이냐. 이런 때 써먹으려고 하는 것 아니냐"고 말했다.

헌법학자 기근 속 유진오 헌법초안 작성

그는 "지금 미군정 법전편찬위원회를 위해 헌법초안을 작성 중인데 한 몸으로 두 가지 초안을 작성할 수는 없는 노릇이니 초안이 완성돼 법전편찬위원회에 제출할 때 한 벌 드리겠다"고 말했다. 인촌은 "그것도 그렇겠다"면서 자기로서도 그 내용을 알고 싶으니 이삼 일 중에 만나기로 하고 헤어졌다. 다음은《헌법기초 회고록》에 나오는 유진오와 인촌의 대화 요지이다.

며칠 후 나는 (계동 인촌 고택으로) 김성수 씨를 찾아가 내가 초안 중인 헌법의 몇 가지 기본원칙을 설명하였다. 양원제兩院制, 내각책임제內閣責任制, 농지개혁農地改革, 중요 기업의 국영國營 등이 그것이다. 김성수 씨는 양원제와 내각책임제에는 곧 찬성했으나 농지개혁에는 약간 망설이는 빛을 보였다. 자신이 지주이고 또 지주 출신자들이 많이 집결된 정당의 대표자이니, 나로서는 처음부터 예기豫期했던 반응이었다.

그래 나는 해드람 몰리Headlam Morley의 《유럽의 민주신헌법民主新憲法》

유진오가 김성수를 찾아가
농지개혁에 관한 헌법 초안을
설명한 계동 인촌 고택 사랑채.

(1929)을 머리에 상기해 가면서 1차 세계대전 후 동구 제국이 농지개혁
을 단행한 이야기를 하고, 그것 없이는 농민이 공산당으로 쏠리는 것을
막을 길이 없었음을 역설하였다. 거기다 덧붙여서 그때 우리나라 좌익은
농지의 무상몰수, 무상분배를 주장하고 있는데, 그것은 농민을 기만하는
정책임을 설명하였다.

공산당의 토지정책은 본래 토지의 국유화인데, 지금 공산당이 토지를
지주로부터 무상몰수하여 농민에게 무상분배해 준다는 것은 농민의 지지
를 얻기 위한 임시방편에 불과하고, 농민의 지지로 정권을 잡게 되면, 그
들은 반드시 농지를 국유화할 것이라 하여, 1905년 당시의 러시아 사회
민주당의 고사故事(레닌의 주장으로 '토지국유화' 대신 '농지는 농민에게'라는
강령을 내어 걸던)를 인용해 가면서 설명했다.

그러니까 지금 우리는 공산당의 그러한 기만정책을 폭로하는 동시에 우리가 하겠다는 농지개혁은 농민에게 농지를 정말로 분배해 주는 것임을 납득시켜야 한다 하였다. 농지를 소유하지 않은 소작인은 용이하게 공산당으로 넘어가지만, 농지를 농민에게 분배해 주면 농민이 모두 지주가 되므로, 토지국유화를 부동의 기본정책으로 삼는 공산당의 책략에 넘어가지 않을 것이고, 또 남의 땅을 소작하는 것이 아니라 자기의 땅을 경작하는 것이므로 경작에 성의를 갖게 되는 까닭에, 생산고도 올라갈 것이라 하였다.

김성수 씨는 "농지개혁만이 공산당을 막는 최량最良의 길"이라는 내 말에 "그것도 그렇겠다" 하면서 결국 농지개혁에도 찬성하였다. 중요 기업의 국영 원칙까지 용이하게 김성수 씨의 납득하는 바가 되었다. …

그날 나는 김성수 씨의 인품에 대한 존경을 새삼스레 되씹으면서 집으로 돌아왔다. 첫째는 그분이 내가 만들고 있는 헌법초안을 꼭 한국민주당안으로 하자고 않는 점이었고, 둘째는 내가 염려하던 농지개혁에 찬의를 표해준 점이었다. 사적 공명심을 초월한 점과 시대의 추향趨向을 통찰하는 판단력이 역시 김성수 씨답다 생각하였다.[3]

인촌은 3,247정보의 농지를 가진 조선 최대 지주였고, 지주들이 중심이 된 한민당의 지도자였기 때문에 농지개혁 문제를 안이하게 보아 넘기기 힘든 처지였다. 그러나 유진오가 농지개혁을 통해 농민에게 토지를 적정히 분배해 자기 소유 토지에서 농사를 짓도록 해주는 길

---

3   유진오(1980), 《헌법기초 회고록》, 28~30쪽.

만이 공산화를 막을 수 있다고 말하자 인촌이 동의했다.

만약 인촌이 농지개혁 조항을 반대했더라면 어떻게 되었을까.《농지개혁사 연구》는 "불의의 한국동란까지 겹쳐서 생각한다면 오늘의 필리핀처럼 농지개혁은 실행되지 못했을 가능성마저 배제할 수 없다"고 했다. 유진오는 여하튼 이날 김성수의 태도 변화에 대해 "농지개혁을 가능하게 한 역사적 사건으로 봄 직하다"고 결론짓는다.[4]

남한 최대 지주가 공선사후로 농지개혁 밀었다

토지의 무상몰수·무상분배로 농민의 지지를 받아 정권을 잡고 나면 북한 정권은 반드시 토지를 국유화할 것이라는 유진오의 예언은 후일 적중했다.

유진오는 그해 4월 어느 날 갑자기 신익희로부터 헌법초안 작성에 관하여 만나자는 요청을 받았다. 신익희는 이승만이 총재인 독립촉성국민회의 부총재였으므로 결국 5·10 선거를 추진하는 3대 세력 전부로부터 단일 헌법초안 작성을 부탁받은 것이나 다름없었다.

김구 주석이 이끄는 한독당은 5·10 선거에 참여하지 않고 남북협상에 골몰했다. 남로당 등 좌익 세력은 5·10 선거를 무력으로 저지하려고 시도하면서 북한정권 수립에 참여하는 길을 택했다.

4　김성호 외(1989),《농지개혁사연구》, 440쪽.

김성수 부통령(왼쪽)이 이승만 대통령과 담소하고 있다.

당초 공산당은 한민당이 정국을 주도하는 한 지주들의 계급적 속성 때문에 농지개혁은 불가능할 것이라고 예상했다. 설사 5·10 선거에서 우익정권이 수립된다 해도 농지개혁은 되지 않을 것이라고 보았다. 그러나 한민당은 예상과 달리 인촌을 필두로 농지개혁을 수용했다고 이영일 전 의원이 국회 속기록을 바탕으로 저술한《건국사 재인식》은 평가했다.

이승만은 지주 출신이 많은 한민당이 농지개혁에 장애가 되는 것을 경계했다. 이영일은 "이승만이 공산당 출신인 조봉암을 농림부 장관으로 임명한 것은 농지개혁에 대한 강력한 의지를 드러내면서 지주 세력이 중심인 한민당에 대한 견제의 의미가 내포돼 있었다"고 분석했다. 조봉암은 모스크바 동방노동자대학을 수료하고 일제 치하에서 ML당(마르크스레닌주의정당)의 지하활동을 전개하다가 광복 후에 좌익계의 총수 박헌영과 결별을 선언한 인물이었다.

이승만이 조봉암을 등용한 것은 좌익계의 정치선동에 대처하고 자신의 개혁 의지를 간접적으로 표명하는 동시에 한민당의 물적物的 기초인 지주제를 철저히 붕괴시키기 위한 이중 삼중의 정치적 고려였다. 그런데도 인촌이 조봉암의 농지개혁 추진을 지원한 것은 남한에서 농지개혁이 성공해야 공산화를 막을 수 있다는 소신이 굳어졌기 때문이다. 그리고 공산당과 결별한 조봉암의 전향이 진심에서 나온 것임을 믿었다.

조선은행 조사부가 1945년 말 기준으로 조사한 《조선경제 연보》 (1948)에 따르면 전체 농민 중 48.9%가 소작농이었고, 소小자작농 34.6%, 자작농 13.8%였다. 광복 당시 1정보(3천 평) 미만인 영세 자작농까지 합하면 영세 농가가 90%나 됐다. 대부분 농지가 극소수 지주들의 소유였고 전체 인구 중 70%인 농민은 대다수가 사실상 소작농이었다.

이러한 상황에서 광복을 맞아 농민들에게 일본인들의 귀속 토지와 지주들이 과다 보유한 농지를 어떤 식으로든 분배하지 않고서는 조선 왕조 때 같은 민란이나 일제강점기의 소작쟁의小作爭議 수준을 넘어서는 농민혁명 또는 공산혁명이 필연적으로 일어날 위험성을 안고 있었다.

한국농촌경제연구원이 발간한 《한국농지 개혁사》에 따르면 조봉암은 장관 부임과 동시에 농지개혁법 기초위원회를 구성하고 법안 제정에 착수했다. 조봉암 장관 추천으로 발탁된 강정택 차관은 도쿄제국대학 농업경제학과를 졸업하고 1946년 초에 좌익계의 연합체인 민주주의민족전선에서 활동하면서 북한식의 토지개혁을 주장했던 이론가였다. 농지개혁 사업의 실무총책이었던 강진국 농지국장은 조봉암의 열렬한 신봉자였다. 실무 과장 중에도 좌익계 이론가가 많았다. 이래서 지주 출신 의원들 중에는 농림부의 토지개혁팀을 '빨갱이'라고 공공연하게 비난한 이들이 많았다.

조봉암은 취임 6개월 만에 한민당계의 집요한 공격으로 축출 위기에 몰렸다. 조봉암은 농림부 예산을 전용해 농림부 장관 관사수리비로 사용했다가 한민당계인 정인보 감찰위원장에게 덜미를 잡혔다. 한민당계인 이인 법무부 장관은 조 장관에 대한 구속동의 요청을 국회에 제안했다. 표결 결과 반대표가 많아 구속동의 요청은 부결됐으나 이로부터 5일 후인 2월 22일 공보처장은 이승만 대통령이 미곡米穀 수집계획의 차질로 조 장관의 사표를 수리했다고 발표했다. 조 장관의 후임에는 후일 한민당 최고위원을 맡은 강원도지사 이종현이 왔다.[5]

중대한 이해관계가 대립하는 농지개혁법 조항에서 조봉암 장관이 계속 급진적으로 나가자 지주 출신 한민당계 의원들의 불만이 폭발한 데서 사퇴의 직접적 원인을 찾을 수 있을 것이다. 그러나 비록 6개월 남짓한 기간이었지만 정부의 농지개혁 의지를 농민들에게 확인시켰고 조 장관이 꾸린 팀이 계속 농지개혁을 추진한 점에서 의미가 있었다.

동아일보에는 "농지개혁과 지주대책"이라는 강진국 농림부 농지국장의 기고가 1면에 1949년 4월 17, 18, 19일 연속으로 '상·중·하'

---

5   앞의 책, 477~483쪽.

로 나뉘어 실렸다. 농지개혁 실무를 진두지휘하고 있던 강 국장의 기고는 세간의 관심을 끌었다. 인촌이 한민당계인 민주국민당(이하 민국당) 간부들에게 동아일보에 실린 강 국장의 기고문을 보여주며 정부에서도 지주들 대책을 세우느라 애쓰고 있으니 농지개혁에 협조하라고 설득했다고 한다.

강진국 국장은 이 글에서 "남한 농가의 49%가 소작농이고 소작을 주로 하는 영세 자영농가가 18%"라면서 "남한 인구의 70%가 농사에 종사하고 그 절대다수가 소작 또는 소작을 주로 하는 영세 자영농민으로 헤매는 상태를 버려두고 민족적 향상이나 국가적 발전은 기대하기 어렵다"고 지적했다.

강 국장은 지가증권地價證券을 받고 농지를 정부에 매각한 지주에게는 간척 사업, 과수원, 묘원苗園, 뽕나무밭, 임산林山, 수산水産, 공업 생산, 광업 개발 등 국가경제 발전에 유익한 사업에 우선 참여할 수 있게 알선한다고 밝혔다.

20대 청년으로 최연소 제헌 국회의원이던 민경식(용인)은 젊은 국회의원들과 함께 가회동 한옥(김상만 집)으로 인촌의 식사 초대를 받았다. 인촌은 거기서 농지개혁을 얘기했다. 젊은 국회의원들은 대주주가 농지개혁을 지지하니까 놀라는 표정이었다.

인촌은 "절대로 농지개혁은 이루어져야 한다. 여러분들도 반대하지 말고 농지개혁법안을 제발 가결시켜 달라"라고 부탁하면서 격려했다. 한민당계 의원들은 인촌의 설득으로 돌아서 거의 다 찬성하게 되었다.[6]

이동욱(동아일보 전 회장)은 북한에서 농지를 전부 **빼앗기고** 월남해 한민당사(현 세종로 일민미술관)로 찾아가 동향同鄕이자 와세다대학 선배인 설산雪山 장덕수를 만났다. 설산은 한민당 수석총무인 인촌을 도와 당 정치부장을 맡고 있었다.

설산이 인촌에게 이동욱을 소개하면서 "농지개혁에 반대하는 지주들을 잘못 건드렸다간 한민당이 깨질 수도 있다"고 우려하는 말을 했다. 그러자 인촌은 "어쨌거나 농지개혁을 하지 않으면 결국은 공산주의자들에게 다 먹히고 말 것입니다"라고 받았다. 이동욱은 남한의 최대 지주 집안으로 농지를 모두 내놓아야 할 처지의 인촌이 "농지개혁을 꼭 해야 한다"고 말하는 것에서 공선사후의 신념을 읽을 수 있었다고 한다.7

1950년 전쟁 직전에 농지개혁이 시행됨으로써 인촌의 동생 김연수는 엄청난 재산상의 손실을 입었다. 장성·줄포·고창·영광·법성·손불 농장 등 총 수확 15만 석에 달하는 농장들을 정부에 넘겨줘야 했다. 삼양사에는 농장의 대가로 받은 지가증권과 농지개혁에서 제외된 해리염전만 남게 되었다.

---

6   홍병표 인터뷰.
7   인촌김성수서거 50주기추모집간행위원회(2005), 《인촌을 생각한다》, 56~57쪽.

인촌, 한민당 지주들 설득

농지개혁법은 1950년 2월 2일 최종안이 국회를 통과했고 3월에는 법률 제108호로 공포됐다.

남한의 농지개혁은 지주한테 무상으로 농지를 빼앗아 농민에게 무상으로 나누어준 북한과 달리 정부가 유상으로 수매해 유상으로 분배해 주는 방식을 택했다. 농지를 분배받은 소작인은 평년 수확고의 1.5배를 5년에 나누어 현물로 정부에 상환했고, 정부는 지주에게 지가증권을 교부했다.

농장들을 개간하면서 김연수와 삼양사 직원들이 쏟아부은 땀과 열정이 전쟁 직후 몇 조각의 종이로 바뀌어 버렸다.[8] 여동생 김점효와 매제 김용완(경방 회장·전경련 회장 역임)도 엄청난 손실을 입었다. 김점효가 농지개혁 직후에 오빠 인촌을 만나 "1천 석을 거두는 농지가 농지개혁으로 날아갔다"고 하자, 인촌은 "네가 내 동생이라 그렇게 된 줄 알라"라고 다독거렸다는 일화가 집안에 내려온다.

남한의 지주 가구가 30만 호 정도인데 굵직굵직한 지주의 상당수가 한민당계였다. 인촌은 국회의원에 출마할 생각을 가진 사람은 유권자의 절대 다수인 소작인의 지지를 받아야 하므로 농지개혁법 제정에 호응하지 않을 수 없을 것이라고 예측했다.

---

8   수당김연수선생 전기편찬위원회(1996), 《한국 근대기업의 선구자》, 252~253쪽.

아시아에서 농지개혁을 한 나라로는 한국 이외에 일본과 대만을 꼽을 수 있다. 그러나 일본의 경우 의회를 통과해 제정됐다고는 하나 점령군인 맥아더 사령부의 군정 치하에서 단행됐다. 일본의 농지개혁은 의회민주주의의 겉모양을 취했을 뿐이다. 대만의 농지개혁도 중국 공산당이 중국 대륙을 통일할 때 대만으로 망명한 국민당 정부가 계엄령을 선포하고 강행한 것이다. 태국, 말레이시아, 필리핀, 인도네시아 등 동남아 각국은 농지개혁에 손도 대지 못하고 있었으며, 중남미의 멕시코, 아르헨티나, 브라질, 페루 등도 농지개혁을 선거공약으로 내걸었을 뿐 실행은 엄두도 내지 못하고 있었다.[9]

한국에서는 최대 지주인 인촌이 대지주들의 결집체라 할 수 있는 한민당을 다독거리면서 토지개혁에 반대하지 않고 협력하는 체제로 전환해 놓아 의회를 무난히 통과할 수 있었다.

《건국사 재인식》은 북한 공산당의 토지정책은 남한 농민들의 의식에 충격을 주었고, 공산당의 조직 확대에 강력한 흡인력을 발휘했다고 당시 긴박했던 상황을 정리했다. 미국 국무부와 미군정도 이 문제를 심각하게 보고 남조선과도입법의원에 농지개혁법안을 상정했으나 지주 출신 의원들의 반대로 실패하자, 미군정은 적산敵産인 일본인 지주의 토지, 공장, 시설물들을 과도입법의원 동의 없이 농민들에게 장기 분할상환으로 방매放賣했다.

---

9   인촌김성수서거 50주기추모집간행위원회(2005), 《인촌을 생각한다》, 48~49쪽.

농림부안은 지주 토지의 '매수'를 '징수'라고 규정하고 토지 소유 상한선을 2정보로 한 것 등이 국무회의에서 문제가 되었다. 국무회의 결정으로 이순택 국가기획처장이 재검토해 '징수'라는 용어를 없애고 토지 소유 상한선을 2정보에서 3정보(45마지기)로 늘렸다.

성공한 농지개혁이 경제발전 가져왔다

우여곡절 끝에 탄생한 농지개혁법 최종안은 소유 상한 3정보, 보상지가 150%, 연간 보상 30%, 상환 연한 5년 균분均分으로 확정됐다. 한민당이 소유 상한선만 관철했을 뿐 나머지 핵심 조항은 농림부안과 정부안을 절충한 농지개혁법이 1950년 3월 10일부로 공포됐다. 뒤이어 일사천리로 농지개혁법 시행령은 3월 25일, 시행규칙은 4월 28일, 농지분배점수제 규정은 6월 23일 공포되었다. 그리고 이틀 뒤 한국전쟁이 발발했다. 아슬아슬한 시간차였다.

이승만 대통령은 6·25 전쟁이 발발하기 직전에 시행령도 채 만들어지지 않은 법률을 밀어붙였다. 이 대통령은 "춘경기春耕期가 촉박하므로 만난萬難을 배제하고 단행하라"고 지시했다. 이에 따라 농지개혁법, 시행령, 시행규칙 등이 미처 공포되기도 전에 농지개혁이 강행되었다. 관련 법령의 완벽한 입법을 기다렸다면 인민공화국 치하에서 북한 공산당 주도로 토지개혁이 실시될 뻔했다.

1950년 7월 4일 공포된 북한 공산당의 남반부 토지개혁령은 제2

조 5항에서 "이승만 괴뢰정부 및 그의 기관과 지주로부터 연부^{年賦}로 매입해 자작하는 토지는 몰수하지 않는다"고 해 이승만 정부의 농지개혁을 추인했다.[10]

남시욱은 《한국보수세력 연구》를 통해 남한의 농지개혁이 공산화를 막는 데 주요한 기여를 했다고 평가했다. 박헌영은 인민군이 서울만 점령하면 빨치산과 노동자, 농민들이 즉시 봉기해 남한 전역을 해방시킬 것이라고 1950년 모스크바에서 스탈린에게 다짐했다. 그러나 전쟁이 시작되어 인민군이 서울을 점령한 뒤에도 남한 인민들은 봉기하지 않았다. 농민들이 농지개혁으로 자기 땅을 가진 소지주가 됐기 때문이다.

토지개혁은 북한이 선수를 쳤고 남한의 정세에도 영향을 주었지만 결국은 남한의 여러 정파와 이해세력이 조정을 통해 농지개혁을 담은 헌법과 법률을 만듦으로써 공산화를 막는 튼튼한 제방이 되었음은 역사를 읽는 묘미다.

농지개혁 실행 과정에서 지주들의 권익은 제대로 보상받지 못했다. 농지개혁이 전쟁을 앞두고 급속하게 마무리되는 바람에 지가증권을 받고 정부에 토지를 매각한 지주들은 전쟁과 극심한 인플레이션 속에서 지가증권의 가치가 폭락하자 팔아서 생활비에 보태 썼다. 1954년까지 완료돼야 할 지가^{地價} 보상도 전쟁과 자연재해로 농민들의 부담 능력이 떨어져 1968년에야 완료됐다.

---

10 이영일(2023), 《건국사 재인식》, 274쪽.

농림부가 농지를 내놓은 지주들에게 지급한 지가증권.
발행일자가 단기 4283년(서기 1950년) 5월 31일로 6·25 전쟁 발발 25일 전이다.

북한의 농민들은 토지개혁을 거쳐 인민공화국의 소작농, 더 심하게 말하면 북조선을 장악한 김일성 유일지주唯一地主 집안의 소작농으로 전락하였다. 그러나 《해전사》 출간 43년이 지난 지금에도 남한 농지개혁에 대한 정당한 평가가 자리를 못 잡고 있는 것은 안타까운 일이다.

농지개혁으로 교육인구 늘어 산업인력 제공

동남아와 중남미에서는 지주들의 극심한 반발로 실패했던 농지개혁이 한국에서는 성공했다. 한국은 성공적 농지개혁으로 산업화에 필요한 인력을 적절하게 공급한 대표적 사례로 꼽힌다. 농지개혁으로 양곡을 자유롭게 팔 수 있게 된 농민들의 소득이 증가하면서 자녀를 집에 붙잡아두고 농사일을 시키는 대신 학교에 보냈다. 한국개발연구원(KDI)이 발간한 《2012 경제발전경험 모듈화 사업: 한국의 농지개혁》(2013)에 따르면 1945년 136만 명이었던 초등학생 수는 1955년 287만 명으로 두 배로 늘었다.

소로 농사를 짓는 할아버지를 주인공으로 하는 〈워낭 소리〉는 경북 봉화를 무대로 한 다큐멘터리 영화로 2009년 독립영화로서는 드물게 300만 명이나 관객을 끌었다. 소의 주인 최원균(1929년생)은 농지개혁으로 자영농이 되어 농사로 9남매를 어엿이 키워낸 사람이다. 주대환은 저서 《K-데모크라시》에서 "워낭 소리는 전국 어디서나 들을 수 있는 자작농의 성공 스토리가 됐다"고 말한다.

농지개혁법은 제정 과정에서 개혁 대상지에 대해 예외를 설정해 사학재단 육성을 유도했다. 교육기관 농지에는 농지개혁을 적용하지 않자 지주들이 앞 다투어 사학재단을 만들었다. 1943년 39개였던 사립 중학교가 1953년 246개로 늘었다. 사립 대학교는 10개에서 49개로 늘었다. 결국 농지개혁으로 설립된 많은 사학 덕분에 초등교육뿐 아니라 중등 및 고등교육을 받은 농민의 자녀들이 1960년대 말과 1970

년대에 경제성장의 주역으로 활동할 수 있었다.

《건국사 재인식》은 "한국이 농지개혁을 통해 세계 최고의 균등성을 지닌 자작농의 나라로 변신하고, 이것이 밑바탕이 되어 한강의 기적을 이루어 오늘날 G20 반열에 오르는 역사를 일구었다"고 찬사를 보냈다.

1950년 농지개혁은 조선 왕조 이래 최대 규모로 사회경제적 토지 구조를 바꾼 일대 혁명이었다. 실제로 농사짓는 사람이 그 농토를 소유한다는 경자유전耕者有田 원칙은 9차례에 걸친 헌법 개정에도 불구하고 1987년 개정된 이후 현재까지 유지되고 있는 헌법 제121조 1항에 오롯이 담겨 있다.

국가는 농지에 관하여 경자유전의 원칙이 달성될 수 있도록 노력하여야 하며, 농지의 소작제도는 금지된다.

경자유전은 농촌인구 감소와 노령화, 농업 기계화와 대리경작 등으로 근년에는 그 의미가 다소 퇴색한 감이 있다. 하지만 조선 왕조 이래 일제강점기를 거쳐 건국에 이르기까지 수탈적 소작제도의 폐지를 염원하는 농민의 한이 서린 조항이다.

한민당을 이끌고

1945년 8월 6일 일본 히로시마에 미군의 신형 폭탄(원폭)이 투하됐다. 히로시마 시민들은 폭탄이 터지는 순간 엄청나게 밝은 빛에 눈을 뜰 수가 없었다. 수초 후 굉음과 함께 도시가 한순간에 잿더미로 변하면서 7만 명이 폭사했다. 나가사키에 두 번째 원자폭탄이 떨어진 9일, 소련은 소·일 중립조약을 깨고 대일對日 선전포고를 하면서 대대적으로 만주를 침공했다. 9일 새벽에 소련군이 두만강을 건너 경흥으로 진격해 들어왔다. 소련 공군은 일본 해군기지가 있는 웅기, 나진, 청진에 맹폭을 가했다.

고하 송진우는 10일 새벽 4시 총독부 경무국 차석 사무관 하라다의 방문을 받았다. 총독부 관리의 새벽 방문은 예삿일이 아니었다.

"명령을 받들고 선생을 찾아뵈러 왔습니다. 제가 오늘 선생에게 말씀 올리는 것은 개인의 의사가 아니라는 것을 먼저 양해해주셨으면

합니다."

패전이 임박한 상황에서 일제가 가장 걱정한 것은 60만 일본인의 생명과 재산의 안전이었다. 총독부는 한시바삐 조선 민족이 따를 만한 인사를 세워 치안권의 일부를 맡기고 그 그늘 아래서 안전을 도모하려는 구상을 하고 있었다.

사태를 파악한 고하는 말했다.

"나는 보다시피 병자라서 아무것도 못 하오."

고하, 총독부의 치안권 이양 제의 거절

하라다는 고하의 뜻이 완강함을 알게 되자 마지막으로 물었다.

"어떻게 하면 종전 후의 혼란을 수습할 수 있을까요?"

고하는 이것이라면 할 말이 많았다.

"나 자신이 자유롭게 활동할 수 있도록 내 주위에서 모든 감시를 해제하시오. 둘째, 언론·집회·출판 및 결사의 자유를 주시오. 셋째, 정치범·경제범의 명목으로 감금한 인사들을 석방하시오. 넷째, 군량미와 기타 양곡을 풀어서 굶주린 백성에게 분배하시오. 이러한 시책이 실행되면 대일對日 감정은 풀어질지도 모르겠소."

하라다는 면담 내용을 극비로 해달라는 부탁을 하고 원서동 고하 집을 떠났다. 그날로 고하의 집 주변에서 사복경찰이 자취를 감추었다.

11일 저녁, 고하는 하라다의 두 번째 연락을 받고 그들이 지정한 충무로 일본인 집으로 갔다. 거기에는 조선군관구(조선 주둔 일본군) 참모 간자키와 경기도 경찰부장 오카가 먼저 와 기다리고 있었다.

이들은 소련군의 진격이 예상보다 빨라서 얼마 안 가 조선은 전쟁터가 될 것이고 그럴 경우 가장 걱정되는 것이 후방의 치안 문제라고 했다. 고하가 조선의 치안을 맡아주면 상당한 권한을 넘겨주겠다는 제의가 거듭됐다. 고하는 건강이 좋지 못해서 그런 일은 맡을 수 없다고 거절하고 돌아왔다.

이튿날인 12일 하라다는 경기도 보안과장과 함께 세 번째로 원서동 고하 집을 찾아와 같은 부탁을 했다. 고하는 초지일관初志一貫 거절했다.

이틀 후인 14일, 경기도지사 이쿠다 세이자부로가 면담을 요청했다. 이쿠다가 경기도지사실에서 경찰부장 오카가 배석한 가운데 "일본이 항복한다"는 말을 했다. 일본인 고위 관리로부터 항복이라는 말을 듣는 것은 처음이었다. 이쿠다는 조선과 일본 사람의 충돌을 막고 조선에 있는 일본인의 생명과 재산을 보호하는 일에 협력해 달라고 솔직히 털어놓았다. 이쿠다는 고하가 승낙만 해준다면 총독부가 갖고 있는 권한의 4분의 3을 넘겨주겠다고 했다.

고하는 중국과 프랑스의 괴뢰 정권을 언급하며 대답했다.

"내가 중국의 왕자오밍[1]이나 프랑스의 페탱[2]이 되고자 했으면 벌

---

1   중국 국민당의 일원으로 쑨원과 친밀한 관계에 있었으며 한때 장제스와 대립하는 중

써 됐을 것이오."

오카가 고하의 말에 덤빌 듯이 대들며 지금 곧 총독과 정무총감을 만나보러 가자고 하자, 이쿠다가 말했다.

"당신이 끝까지 거절한다면 김준연을 만나게 해주시오. 그가 전곡에서 서울로 올라왔는데 당신은 연락이 될 테니까. 김준연은 조선의 청년 학생들에게 인기가 있지 않소."[3]

김준연은 고하의 전갈을 받고 14일 오전 9시경 경기도지사실에서 이쿠다를 만났다. 마침 공습이 있어 방공호에서 면담했는데 이쿠다는 조선에서 폭동이 일어날까 봐 겁을 내며 학생들의 동향에 대해 관심이 높았다. 이쿠다가 "당신도 송진우와 의견이 동일하냐"고 물어 김준연은 "그렇다"고 대답했다.[4]

김준연은 회고록에서 고하가 "망해가는 놈의 손에서 정권을 받아서 무슨 소용이 있겠느냐"는 말을 수없이 했다고 증언했다. 김준연은 그 말을 따른 것이다.

그러나 한민당 연구에 관해 두 권의 저서를 낸 정치학자 심지연은 '조선총독부 관계자가 치안유지를 맡기려고 송진우와 교섭한 일이 없다'는 주장들도 제기되고 있어 송진우의 주장에 많은 의문점을 남기

　　국 내 라이벌이었지만, 중일전쟁 발발 이후에 친일파로 변절하여 난징에 친일 괴뢰 정권을 세웠다.
2　　1차 세계대전의 무공으로 한때 프랑스의 국부로 칭송받았으나 나치에 협력해 종신형을 선고받았다.
3　　고하송진우선생 기념사업회(2023), 《독립을 향한 집념》, 634~641쪽.
4　　김준연(1984), 《독립노선》, 19~20쪽.

고 있다고 밝혔다.[5]

심지연은 총독부가 송진우와 치안유지를 위한 교섭이 없었다는 근거로 〈월간중앙〉 1968년 8월호에 실린 최하영의 수기 "정무총감 한인 과장 호출하다"와 이동화가 《해방전후사의 인식 1》에 게재한 "8·15를 전후한 여운형의 정치활동"을 예로 들고 있다.

고등문관시험에 합격하고 총독부 과장을 하다 해방을 맞은 최하영은 〈월간중앙〉 글에서 여운형이 총독부로부터 치안권을 이양 받은 것만 언급하고 있다. 일본이 항복을 앞둔 시점에서 극비리에 진행된 송진우와의 교섭 내용은 모르고 있었던 것이 분명하다. 총독부가 일개 조선인 과장에게 항복 직전의 극비 교섭을 노출시키지 않았을 가능성이 높다.

이동화는 최하영의 수기를 길게 인용하고 나서 "거짓 없는 수기"라고 평가하면서도 송진우, 김준연과 총독부 관리들의 만남은 '치안담당 위촉 교섭'보다는 '시국 의견청취'를 위한 교섭이었다는 쪽에 기울어졌다. 이동화는 여운형이 일제강점기에 창설한 건국동맹, 해방 후에 수립한 조선건국준비위원회(이하 건준)에 참여한 인물이다. "고하와 김준연이 잇달아 물리친 총독부의 제의를 여운형은 기다렸다는 듯 즉시 받아들였다"는 한민당 인사들의 비판에 못마땅한 기색을 드러내는 표현이 이동화의 글에 나온다.

여운형은 1942년 도쿄에서 미 공군기의 공습을 목격했다. 귀국해

---

5   심지연(1982), 《한국민주당 연구 Ⅰ》, 36쪽.

국내에서 단파 라디오로 나오는〈미국의 소리〉에서 이승만의 한국어 방송을 청취하고 일본의 패망을 예견했다. 1944년 비밀리에 독립운동 단체 건국동맹을 조직했다. 건국동맹은 일제의 철저한 감시 때문에 조직을 크게 확대하거나 실행계획에는 들어가지 못했지만 해방 후 건준建準의 모체가 됐다.

고하는 총독부와 접촉한 사실을 시간, 장소, 인물 등을 6하 원칙에 따라 네 차례 제시했다. 고하한테 연락을 받고 이쿠다를 면담한 김준연도《독립노선》이라는 회고록에서 송진우가 여운형의 합작 제의에 "네 차례 교섭을 받았는데 그것을 거절하였은즉 지금 다시 응낙할 수도 없다"고 말했다고 밝혔다.

이쿠다를 만나고 나온 고하는 그길로 계동에 가서 인촌에게 회담 내용을 설명했다. 고하는 "오늘이 고비가 될 것 같으니 가족이 있는 연천에 내려가 있는 게 좋겠네"라며 인촌에게 빨리 서울을 떠나라고 재촉했다. 경찰과 헌병이 학살 대상자의 명단을 만들어 놓았다는 흉흉한 소문도 나돌고 있었다.

인촌이 "자네는 어떻게 할 셈인가"라고 묻자 "나는 세상이 뒤바뀌는 것을 지켜보겠네"라고 고하는 답했다. 정치 일선에 나서려는 자신은 역사의 현장에 남아 있어야 한다는 것이었다. 인촌은 이렇게 연천에서 해방을 맞게 됐다.

총독부는 일본 천황이 항복 방송을 한 15일에는 송진우를 포기하고 교섭 대상을 몽양 여운형으로 돌렸다. 15일 아침 정무총감 엔도

외무상 시게미쓰 마모루 등 일본 제국의 대표들이 항복 문서에 서명하기 전에 USS 미주리호 함상에 도열하고 있다.

는 몽양을 관저로 초대해 일본이 정오를 기해 항복한다는 것을 밝히고 소련군이 17일 오후에 입성할 것 같다고 말했다. 그는 조선은 한강을 경계로 해서 미·소 양군이 분할 점령할 것이라고 예측했다.

여운형은 정치범·경제범의 즉시 석방, 3개월분의 식량 확보, 치안 유지 및 건국운동 불간섭 등 5개항의 전제조건을 제시해 동의를 받고 총독부의 제의를 수락했다.

여운형은 일제하에서 조직했던 건국동맹을 주축으로 건국준비위원회를 결성하고 광복 이튿날인 16일에는 휘문중학교 교정(지금 현대건설 자리)에서 군중대회를 열었다.

여운형은 17일 직접 원서동으로 송진우를 찾아와 "우리 두 사람이 손을 잡으면 당할 세력이 없을 터이니 합작해 정부를 수립하자"고 제의했다. 송진우는 이에 "정권은 국내에 있는 우리가 일본으로부터 받을 것이 아니다. 3·1운동의 정신을 이어받은 충칭 임시정부의 법통을 받들어 연합국으로부터 받아야 하는 일이니 정부를 세우는 일은 그때까지 유보하는 게 좋겠다"고 반대했다.

송진우는 건준의 중심 세력이 이영, 최익한 등의 장안파 공산당, 박헌영 중심의 재건파 공산당, 여운형의 건국동맹으로 구성돼 있고 안재홍 등 우익 세력은 들러리라고 판단했다.

인촌은 17일 연천을 떠나 서울에 올라왔다. 며칠 사이에 세상이 뒤바뀌어 있었다. 경원선(서울~원산)은 초만원이어서 인촌 부부는 화물차의 한구석에 겨우 자리를 잡았다. 같은 차량 안에 일본인들이 몇 명 있었다. 그들은 조선 사람이 비키라면 비키고, 저리 가라면 가고, 기가 바짝 죽어 이전 같은 거드름이나 서슬을 찾아볼 수가 없었다.

인촌 부부는 계동 어귀에서 완장을 두른 학생들의 제지를 받았다. 여운형 집을 경비하는 건준의 학생 보안대원들이었다. 학생들은 인촌 부부에게 가회동 쪽으로 돌아가라고 했다. 가벼운 실랑이가 있었으나 근처에 있던 보성전문 출신 대원이 인촌을 알아보고 사과했다.

'서울에 미군 진주한다', 미 공군기 전단 낙하

8월 20일에는 미군의 B-29 한 대가 서울 상공에 날아와 전단을 뿌리고 갔다. 미군이 곧 진주할 테니 일본 행정당국은 종전 당시의 상태로 질서를 유지하라는 내용이었다. 총독으로부터 통치권을 인수하려던 여운형의 계획은 헛다리를 짚었다. 서울에 진주하는 군대도 소련군이 아니라 미군임이 분명해졌다.[6]

8월 16일 원산에 상륙한 소련군은 22일 평양에 진주했다. 28일 일본 조선군관구 사령부는 마닐라에 있는 미군 사령부의 명령에 따라 "조선은 북위 38도선을 경계로 미·소 양군이 분할 점령한다"고 발표했다. '38선'이라는 말이 이때 처음으로 나왔다. 존 하지 중장 휘하의 미 8군은 9월 8일에야 인천에 상륙, 다음 날인 9일 아베 노부유키 조선 총독의 항복문서를 받았다. 아베는 할복을 시도했지만 미수로 끝나 부축을 받으며 나와 항복문서에 서명했다

정세를 관망하던 송진우 등은 9월 4일 여운형의 건준에 대응해 서상일·김준연·설의식·김동원·안동원 등과 '대한민국 임시정부 및 연합군환영 준비위원회'를 조직하고 임정지지 노선을 표방했다

여운형의 건준은 9월 6일 재동에 있는 경기여고 강당에서 전국인민대표자회의를 열고 조선인민공화국의 수립을 선포했다. 주석에 이승만, 부주석에 여운형, 국무총리에 허헌 등 정부 부서와 인사를 발표

---

6   인촌기념회(1976), 《인촌 김성수전》, 468~471쪽.

했다. 민족주의 계열 지도자들의 명단을 본인의 승낙도 없이 내놓은 벽보 내각이었다. 그 명단에 인촌은 문교부장으로 되어 있었다.

한민당 결성, 송진우 수석총무 맡아

미군정은 여운형의 조선인민공화국을 부인하는 데 그치지 않고 충칭 임시정부도 인정하지 않았다. 임정의 환국還國이 늦어지자 국민대회 준비위원회 세력은 민족진영과 함께 9월 16일 천도교 대강당에서 한 국민주당(한민당)을 결성했다. 한민당은 영수에 이승만·서재필·김 구·이시영·문창범·권동진·오세창을 추대했다. 총무는 지역별로 안 배하고 송진우는 수석총무를 맡았다. 이승만·서재필·김구·이시영· 문창범 등은 아직 해외에서 돌아오지 않아 송진우는 수석총무라는 겸 손한 직명에도 불구하고 당수 격이었다.

미군정은 10월 5일 자로 김성수·송진우·여운형·조만식 등 11명을 군정 장관 고문에 임명했다. 평양에 있는 조만식은 참석하지 못했다. 여운형은 일단 수락했던 고문직을 며칠 후 사퇴했다. 무기명 투표로 인촌이 고문회의顧問會議 의장에 선출됐다. 이후 한민당 사람들이 미군 정에 많이 참여해 한민당은 '미군정의 여당'이라는 말을 듣게 됐다.

고문회의 의장은 조선인으로서 미군정에 상당한 영향력을 가진 자 리였다. 각 도의 도지사를 조선인으로 바꿀 때 모 인사가 장남인 상만 을 전북도지사로 추천했지만 인촌이 못 하게 막았다. 공선사후였다.

영국 유학을 다녀온 상만은 원파圓坡농장 지배인으로 일하다 1949년 7월 동아일보 총무국장으로 입사했다. 원파는 조부 김기중의 아호이다.

한민당, 이승만 집 마련해 주고, 임정에 9백만 원 전달

10월 16일, 33년 만에 귀국한 이승만은 열렬한 환영을 받았다. 그는 좌우 진영에서 옹립한 영수직을 마다하고 200여 명의 정당·사회단체 대표들을 규합해 조선독립촉성중앙협의회라는 정당 통일기구를 결성했다.

인촌은 이승만이 돌아온 다음 날 숙소인 조선호텔로 찾았다. 인촌이 구미 여행에서 돌아오는 길에 하와이에서 만난 지 15년 만이었다. 이승만은 일제와 대결하여 싸운 인촌의 큰 공을 이 민족은 잊지 못할 것이라고 했다. 자신은 오랫동안 해외에 있어 국내 사정을 잘 모르니 협력을 아끼지 말아 달라고 당부했다.

인촌은 자신은 정계에 나갈 생각이 없으니 뒤에서 건국사업을 도와드리겠다고 했다. 송진우는 이승만에게 돈암동에 있는 한민당원 장진섭의 집을 거처로 제공했다. 세칭 '돈암장'으로 불린 집이다.

11월 23일에는 김구를 비롯한 임정 요인 제1진 20여 명이 귀국했다. 그들도 이승만과 마찬가지로 개인 자격으로 귀국했다. 한민당이 앞장서 만든 애국지사후원회는 1차로 9백만 원을 전달했다. 임정 측에서 "그 속에 부정不淨한 돈이 있다"는 말이 나왔다. "국내에서 친일하지 않고 어떻게 생명을 부지했겠느냐"며 국내 인사에 대한 숙정론 肅正論도 불쑥 던졌다.

송진우가 분통을 터뜨렸다. 송진우는 해공海公 신익희와 도쿄 유학 시절부터 아는 사이였다.

"여보, 해공! 부정 부정 하지만 중국에서 궁할 때 무엇을 하고 살았는지 여기서는 모르는 줄 아오. 임정은 정부요. 정부가 받은 세금 속에는 양민良民의 돈도 들어 있고, 죄인의 돈도 들어 있는 법이오."

송진우가 임정의 아픈 곳을 찌른 것이다. 한민당은 임정의 냉대에도 불구하고 임정의 법통을 존중하는 태도를 유지했다.

심지연은 "조선인민공화국을 지지하느냐, 충칭에 있는 임시정부를 지지하느냐의 갈림길에서 보수적 인사들이 임시정부를 추대한 것은 당연한 선택이었으며 또한 이렇다 할 투쟁 경력이 없는 한민당으로서는 정치적으로 살아남기 위해 애국적 독립영웅이나 독립단체와 자신을 동일시同一視할 필요가 있었다"고 풀이했다.[7]

하지만 여운형의 조선인민공화국을 충칭 임시정부와 같은 급으로 논한 것은 균형을 잃은 것이다. 한민당으로선 정치적 정통성을 놓고 볼 때 3·1운동의 정신을 이어받아 탄생한 임시정부를 지지한 것은 당연한 선택이었지만, 여운형과 박헌영이 급조한 조선인민공화국은 한민당의 선택지에 처음부터 없었다. 임시정부에는 김구 세력만 들어가 있는 것이 아니라 사회주의 세력도 들어가 있었다. 이승만은 임시정부의 주

7   심지연(1982), 《한국민주당 연구 Ⅰ》, 49쪽.

미외교위원부 위원장이었다.

좌익계 신문이 우후죽순으로 솟아나는 가운데 1945년 12월 1일 동아일보가 폐간 5년 만에 중간重刊했다. 고하는 동아일보 사장도 겸직했다.

1945년 12월 말에는 모스크바에서 미·영·소 외무부 장관이 합의한 신탁통치信託統治 파동이 휘몰아쳤다. 주요 내용은 "조선에서 민주주의적 원칙 아래 독립 국가를 건설하기 위해 임시정부를 수립하고, 미·소 공동위원회는 민주적 정당사회 단체와 협의해 이를 준비한다. 미·영·소·중 4개국이 한국을 최고 5년 동안 신탁통치한다"는 것이었다.

신탁통치는 1차 세계대전 후 성행한 위임통치 형태로 아프리카와 남태평양의 몇몇 저개발 지역에 적용됐던 제도다. 삼상회의 결정이 알려지자 좌우를 막론하고 일제히 반대했다. 경술국치庚戌國恥에 이은 제2의 국치라는 분노의 물결이 일었다.

이날 밤 김구의 거처인 '경교장'에서 김구 이하 임정 국무위원 전원과 좌우를 망라한 정당, 사회단체 대표들이 모여 신탁통치에 반대하는 일대 국민운동을 벌이기로 합의했다. 임정 측에서는 즉시 미군정을 부인하고 민족 독립을 선포하는 동시에 정권을 인수하자고 하는 반면, 고하는 국민운동으로 반탁反託을 부르짖되, 미군정과는 충돌을 피해야 한다고 주장했다. 그러자 임정 측 강경론자들이 고압적으로 나오며 송진우를 찬탁贊託파로 몰아붙였다. 29일 밤 8시에 시작한 회의가 다음 날 새벽 4시까지 이어지다 결론을 얻지 못하고 산회했다.

송진우는 그날 새벽 6시 15분경 한현우 등 6명이 쏜 총탄을 맞고 사망했다. 살해범의 배후는 분명하게 밝혀지지 않았으나 그를 찬탁파로 몰아붙인 쪽과 관련이 있다는 의혹이 분분했다.

고하 암살로 인촌 정치 나서

고하를 잃은 인촌은 누구보다도 충격이 컸다. 그즈음 중앙학교에서 인촌을 만난 교사 김형석은 이렇게 회고했다.

> 내가 인촌을 처음 뵌 것은 중앙학교에 부임하고 얼마 안 되었을 때였습니다. 국어과 임병걸 선생과 복도를 걸어가는데 한복 정장을 하고 본관으로 들어가는 사람을 보면서 임 선생이 '저기 인촌 선생이 오신다. 같이 가서 인사드리자'라고 했습니다. 나는 임 선생이 소개해주는 대로 인사드렸습니다. 인촌은 신임 교사인 나에게 '우리 학생들을 잘 키워주세요. 고맙습니다'라고 했습니다. 임 선생이 '요사이 항간에는 선생님께서 이승만 박사를 보필하는 초대 국무총리가 될 것이라는 얘기들이 많습니다'라고 말했습니다. 말없이 우리를 바라보던 인촌이 '송진우 선생을 무슨 일이 있어도 국무총리 적임자로 모셨어야 하는데, 왜 그렇게 일찍 가셨는지, 생각할수록 가슴이 아픕니다'라고 말하는 목소리가 눈물에 젖어 있었습니다. 우리는 아무 말도 못하고 돌아섰습니다. 임 선생은 '내가 공연한 말을 꺼냈다'며 부끄러워했습니다.[8]

신탁 반대의 물결 속에 송진우를 잃은 한민당은 새로운 수석총무를 뽑아야 했다. 백남훈, 원세훈 등이 물망에 오르다가 스러지고 중앙집행위원회는 본인의 양해도 받지 않고 인촌을 선출했다. 장덕수, 서상일, 백관수가 계속 설득했으나 정치를 안 하겠다는 인촌의 마음을 돌이키지 못했다. 마지막으로 나선 것이 김병로이다. 오랜 친구인 그는 "민족의 운명이 걸린 싸움을 앞두고 혼자 뒤에 물러나 있겠느냐"고 힐난했다.

김성수의 등장은 어찌 보면 필연적이었다. 한민당을 유지하는 데 필수적으로 소요되는 정치자금을 원활하게 조달하기 위해서는 김성수 집안의 도움이 절실했기 때문이다. 김성수는 일제하에서 정치사회운동 전면에 나선 적이 없이 주로 지원하는 입장에 있었기 때문에 공산 세력을 제외하고는 정치적으로 적이 거의 없었으며, 성품이나 인간관계 등에서 무난한 사람이었다.[9] 인촌은 가족회의를 열어 부인과 아우의 동의를 얻었다. 김연수는 이때 한민당의 정치자금을 수시로 제공할 것을 형에게 약속했다.

해가 바뀌어 1946년 1월 3일 조선공산당은 소련의 지령에 따라 신탁통치 찬성으로 돌아섰다. 조선공산당 책임비서 박헌영은 1월 8일자 미국 뉴욕타임스 회견에서 "조선에 대한 소련의 일국 신탁통치를

---

8 김형석 인터뷰.
9 윤덕영, "1946년 전반 한국민주당 재편과 우익정당 통합운동", 〈사학연구〉, 제121호, 2016. 3, 328쪽.

절대 지지하며 5년 후에는 조선이 소연방에 편입되기를 희망한다"고 망발을 했다.

조선에서 통일국가가 수립되지 못하고 분단국가로 치달은 첫 번째 계기를 꼽는다면 삼상회의 결정에 따른 '조선민주주의임시정부' 수립을 논의하는 미·소 공동위원회(이하 공위)가 결렬된 것이다. 미·소 공위의 파탄은 조선의 독립국가 수립을 위한 국제적 협의의 실패를 의미하는 것이었다. 국내적으로는 좌우 대립의 정치적 양극화가 구조화해 국내외적으로 분단이 현실화했다.

한민당이 미·소 공위 개최를 앞두고 반소반공反蘇反共 선전으로 방해 활동을 했다는 시각도 있었다. 그러나 한민당은 1월 말경부터는 반탁운동이 애국심의 발로임은 분명하지만 더 이상 하면 오히려 조선에 불리하다며 자제를 요청했다.

한민당에서는 삼상회의 결정을 임시정부 수립과 신탁통치의 두 부분으로 나누어 반탁운동은 신탁통치를 반대하는 것이지, 임시정부를 수립하기 위한 미·소 공위를 거부하지는 않는다는 것이었다. 한민당의 이러한 입장은 임시정부 수립과 신탁통치를 일련의 과정으로 이해하여 전면적 거부를 주장하던 이승만, 김구 세력이나 총체적 지지를 주장하는 좌익 세력과는 분명한 차이가 있었다.[10]

인촌은 송진우의 뒤를 이어 1946년 1월 1일 자로 동아일보 사장에

---

10 최선웅, "한국민주당의 미소공동위원회 대응방안과 활동", 〈한국사학보〉, 제54호, 2014. 2, 263쪽.

취임했으나 2월 20일 자로 사장직을 최두선에게 맡겼다. 한민당의 수석총무제가 폐지되면서 한민당의 당수(위원장)가 되었기 때문에 정치에 전념하기 위해서였다.

1947년 7월 19일에는 여운형이 암살됐다. 그해 12월 2일에는 장덕수 암살사건이 일어났다. 군정 당국은 3월 30일 살해범을 심판하는 법정에 증인으로 김구를 소환했다. 송진우, 여운형, 장덕수, 김구 등 해방 후 요인 살해가 잇따랐던 것은 정치 질서가 정돈이 안 돼 있는 상황에서 정치적 라이벌을 폭력으로 제거하는 정치테러가 횡행한 해방 후 혼란상을 보여준다.

인촌은 공산당과 우익 테러분자의 리스트에 올라 있었다. 인촌을 암살하려는 계획이 사전에 발각돼 세 차례나 범인이 체포된 일이 있었다. 인촌은 계동 집에 긴급 상황에 피신하는 골방을 만들어 놓았다. 방문은 총탄도 뚫지 못하는 쇠로 만들었다. 험난한 시대였다. 철문 골방은 인촌 고택에 지금도 보존돼 있다.

이승만 정읍 발언 "남조선 단정 수립해야"

1946년 6월 3일에는 이승만이 정읍에서 "통일정부 수립이 불가능하면 우선 남조선이라도 우리 정부를 세워 독립을 해야 한다"고 연설했다. 이승만의 단독정부 수립안은 국내외에 큰 파문을 던졌다.

남쪽에서는 공산당의 파괴활동이 본격적으로 고개를 들었다. 공산당은 정치자금을 마련하고 남한 경제를 교란할 목적으로 해방일보를 인쇄하는 조선정판사에서 1천 2백만 원의 위조지폐를 찍어냈다. 미군정은 공산당 기관지 해방일보를 정간 처분하고 박헌영, 김삼룡, 이주하에 대한 체포령을 내렸다. 10월 1일에는 대구를 중심으로 경북 일원에서 미군정 및 경찰과 좌익 세력·노동자 등이 대대적으로 충돌하는 소요사태가 일어났다.

1947년 8월 26일에는 미국 트루먼 대통령의 특사 웨더마이어 장군이 내한했다. 그는 남조선만이라도 선거를 실시해 정부를 수립하는 문제를 놓고 정계 지도자들의 의견을 물었는데 김구와 김규식은 반대, 이승만과 인촌은 찬성했다.

이승만과 한민당은 단독정부를 수립하는 방안을 지지해 분단을 고착화했다는 비난을 받고 있으나 단독정부 수립 움직임은 북한에서 일찍부터 존재했다. 북조선에서는 1946년 2월부터 북조선임시인민위원회가 수립되면서 3월에는 토지개혁이 실시되고 6~7월 각종 법령이 공포됐다. 1947년 2월에는 북조선인민위원회를 출범해 정부 기능을 했다.

대한민국 정부수립은 1948년 8월 15일이고 조선민주주의인민공화국 창건일은 1948년 9월 9일이다. 북쪽은 남쪽이 정부를 수립하자 한 달도 안 돼 공화국을 창건했다. 남로당과 북한이 꿈꾸던 통일정부라는 것도 6·25 전쟁을 통해 공산 통일임이 분명해졌다. 구소련 기밀문서에 따르면 김일성과 박헌영은 1949년 3월 3일 소련을 방문해 스탈린에게 남침 허가를 간청했다.

1948년 1월 27일 북조선 주둔 소련군 사령관은 조선에서 선거를 실시하기 위한 유엔 한국위원단의 북한 입국을 거부했다. 유엔 소총회는 전 조선에서 선거가 불가능하면 가능한 지역 내에서 선거를 실시할 것을 요구하는 미국의 제안을 31 대 2(기권 11)로 가결했다.

인촌, 조선민주당 이윤영에게 선거구 양보

인촌은 5·10 총선거에 출마하지 않았다. 월남한 이북 동포 450만 명을 대변하는 조선민주당의 이윤영에게 출마할 선거구가 없었다. 평양의 조선민주당 위원장 조만식은 신탁통치를 반대하다 연금 또는 감금 상태에 들어가 있었다. 이윤영은 인촌한테 종로 갑구를 넘겨받고 선거 지원까지 받아 압도적 표차로 당선됐다.

5·10 선거는 임정계의 불참과 좌익계의 반대 시위와 공공관서 피습 등에도 불구하고 순조롭게 진행돼 의석 200석 중 대한독립촉성국민회(대표 이승만) 55석, 한민당(대표 김성수) 29석, 대동청년단(대표 이청천) 12석, 조선민족청년단(대표 이범석) 6석, 기타 정당·사회단체 13석, 무소속 85석이었다. 1대 국회는 과도적 성격을 띤 임기 2년의 제헌국회였다. 의장에 이승만, 부의장에 신익희, 김동원을 선출했다.

헌법 및 정부조직법 기초위원회는 전문위원인 헌법학자 유진오가 만든 안을 본안으로 하고 권승열안을 참고안으로 삼을 것을 결정했다. 참고안도 본안과 대동소이했다.

기초위원회에서 국호는 '대한', '고려', '조선'의 3안이 격론을 벌이다가 '대한민국'으로 결정되었다. 양원제는 단원제로 수정됐다. 권력구조는 원안대로 내각책임제로 기울어져 기초위원회는 독회讀會를 끝내고 본회의에 상정할 방침이었다.

그런데 이승만은 본회의 상정을 유보하고 기초위원회에 출석해 "이 초안이 그대로 헌법으로 채택되면 나는 그런 헌법하에서 여하한 지위에도 취임하지 않고 민간에 남아서 국민운동을 하겠다"고 선언하고 퇴장해버렸다. 이승만은 대통령 선거는 하나마나 이미 대통령으로 취임한 것이나 다름없는 위치에 있었다. 충격은 그만큼 컸다.[11]

이승만 "이름만 대통령 할 생각 없다"

기초위원회는 유진오, 윤길중, 허정을 '이화장'에 보내 이승만을 설득했다. 이승만은 부드러운 얼굴로 세 사람이 하는 말에 가끔 고개를 끄덕이고 경청하는 자세를 취했다. 세 사람은 설득이 효과를 발휘한 것으로 알고 돌아왔다.

유진오 등 세 사람을 돌려보낸 이승만은 곧 인촌을 불렀다. 기어이 내각책임제로 한다면 자기는 그대로 미국으로 돌아가거나 민간에 남아서 국민운동을 하겠다고 되풀이했다. 이승만은 노기 띤 얼굴로 "이

---

11 유진오(1980), 《헌법기초 회고록》, 서(序) - ii.

름만의 대통령을 할 생각이 없소. 한민당이 꼭 그렇게 하겠다면 다른 사람을 뽑으시오"라고 말하고 다른 방으로 가버렸다.

집에 돌아온 인촌은 당 간부와 헌법 기초위원 전원을 모아놓고 이승만과의 면담 내용을 설명했다. 계동 인촌 집(인촌 고택)에 모인 기초위원들은 이승만의 협박이라고 흥분하면서 내각책임제를 그대로 상정해 표결에 붙이자고 버텼다.

"내각책임제냐 대통령책임제냐 하는 문제보다 독립이 선결 과제입니다. 그분이 양보하지 않을 것이 확실한 지금 우리가 모든 것을 참고 양보해야 하겠습니다."

인촌이 이렇게 나오니 당 간부와 기초위원들은 불만이 컸으나 받아들이지 않을 수 없었다. 내각책임제 헌법초안은 하룻밤 사이에 대통령책임제로 바뀌고 6월 23일 본회의에 상정돼 7월 12일 국회를 통과해 17일 대한민국 헌법이 공포되었다. 이날이 우리가 기념하는 제헌절이다.

인촌과 한민당이 이승만의 요구를 받아들여 대통령 중심제 헌법을 제정함으로써 결국 1인 독재체제 구축에 기여하는 역할을 했다는 심지연의 지적은 일리가 있다.[12] 첫 단추를 잘못 꿰는 바람에 이승만 집권 연장의 모델을 밟아서 박정희 정부도 종신 집권이 가능한 유신체제를 마련했다고 볼 수 있다. 하지만 인촌은 이승만의 위협이 단순한 위협이 아니라고 판단했다. 정부 수립이 늦어질 수도 있는 상황이었

---

12 심지연(1982),《한국민주당 연구 I》, 112쪽.

다. 더한 혼란이 올 수도 있었다.

국회는 정부통령 선거를 실시해 대통령에 이승만을 재석 196명 중 180표로, 부통령에 이시영을 2차에 걸친 투표 끝에 133표로 선출했다. 부통령 선거에서 김구를 지지하는 표가 1차 65표, 2차 63표가 나왔다.

국무총리는 대통령이 지명해 국회의 인준을 받도록 돼 있었다. 한민당 당수인 인촌이 국무총리가 될 것이라는 예측이 우세했다. 하지만 이승만은 남북통일의 의지를 보여준다는 명분으로 조선민주당 부위원장 이윤영을 지명했다. 당일 표결에 붙인 결과 이윤영 총리의 국회 인준안은 59대 132표로 부결되고 말았다.

이승만은 이번에는 광복군 참모장을 했던 이범석을 지명했다. 인촌은 계동으로 찾아온 이범석에게 12부 4처 중에서 적어도 6석을 한민당에 배분하지 않으면 당 간부들을 설득할 수 없다고 언명했다. 이범석도 최선을 다하겠다고 약속했다. 난항 끝에 이범석 국무총리는 국회에서 인준을 받았으나 조각組閣에서 한민당은 노골적으로 배제됐다. 국회의장에는 신익희, 부의장에는 김약수가 당선되었다. 한민당의 김병로는 초대 대법원장 인준을 받았다.

한민당은 입각에서도 소외되고 인기도 떨어지는 위기를 맞고 있었다. 인촌은 이승만 대통령의 1인 정치를 견제하기 위해 한국민주당, 신익희의 대한국민당, 이청천의 대동청년단과 연합해 민주국민당(이하 민국당)을 창당했다. 민국당은 가장 많은 의석을 차지하게 되었다. 민국당은 이후 3대 대통령 선거에서 신익희 같은 걸출한 후보를 배출

322

해 범야 신당인 민주당으로 이어지면서 한국 정통 야당의 모체가 됐다. 조병옥은 한민당, 민국당을 거쳐 민주당에 참여해 4대 대통령 선거에서 민주당 후보가 되었다.

6·25 전쟁 직전에 치러진 제2대 국회의원 선거는 210석 정원에 여당인 대한국민당과 민국당이 각각 24석을 확보하는 데 그쳤다. 무소속이 대거 126석을 차지했다. 의장에는 민국당의 신익희, 부의장에는 무소속 장택상, 대한국민당 조봉암이 당선되었다.

이 대통령은 초대 국무총리 이범석의 사표를 수리하고 이윤영을 재차 임명했으나 국회에서 인준동의안이 부결됐다. 그러자 이 대통령은 국방부장관 신성모를 국무총리 서리로 임명하는 편법으로 나왔다.

북의 남침, 전쟁 발발

1950년 6월 25일 일요일 새벽 북한 공산군은 38도선 전역에서 남침을 했다. 구소련의 붕괴와 함께 공개된 러시아의 기밀문서들은 '북침설', '남침 유도설' 등 기존의 가설을 모두 무너뜨리고 북한의 남침을 확인해주고 있다. 병력과 무기에서 열세인 국군은 개전 3일 만에 수도 서울을 내주고 말았다.

이 혼란 통에 인민군의 빠른 남하를 막기 위해 28일 오전 2시 15분경 단 하나밖에 없던 한강 다리를 폭파했다. 정부가 '서울 사수死守' 방송을 해놓고 이승만 대통령이 27일 새벽 특별열차로 서울을 탈출한 뒤였다.

　인촌은 27일 아침 육군본부 김정호 대령의 전화를 받고 서울역으로 피란 열차를 타기 위해 출발했으나 대가족이 움직이느라 늦어져 열차를 놓쳤다. 이후 지프를 타고 남하하다가 수원에서 1박 하고 천안에서는 화물열차와 지프차로 나뉘어 대전으로 갔다.

　한국군은 낙동강 방어선까지 밀리다가 맥아더 원수가 지휘한 인천 상륙작전으로 전세가 일거에 역전됐다. 9월 28일 서울을 탈환하고 정부도 3개월 만에 환도還都했다. 유엔군은 38선에서 미국 정부의 작전 방향이 결정되는 동안 지체하다가 북진을 감행했다. 유엔군과 한국군은 파죽지세로 북한으로 진격해 10월 17일 평양을 점령하고, 10월 26일 국군 선봉대가 초산楚山에 도착해 압록강 물에 세수를 했다.

　인촌은 서울로 돌아와 보니 가까운 사람들이 다수 죽거나 납북돼 있었다. 동아일보 전 사장 백관수, 가까운 친구이자 고려대 총장이었던 현상윤도 납북됐다.

　정부가 갑자기 한강 다리를 끊는 바람에 피란하지 못한 사람들은 국군이 돌아온 뒤 부역죄로 처벌을 받았다. 고려대 영문학과의 젊은 교수 이인수의 처형을 막으려고 인촌은 무척 노력했다. 미처 피란을 못 간 이인수는 공산군의 강요로 미군들을 상대로 영어 방송을 했다. 인민군의 서울 후퇴 때 끌려가다가 도망했다. 수복 후 자수해서 미 군부에서 조사를 받던 중 한국군의 요구로 합동수사본부에 인계됐다.

　평소에 인재를 아끼던 인촌은 그를 자식처럼 여겼다. 영국 런던대학에서 영문학으로 학사학위를 받고 귀국한 그는 중앙고보와 보성전문에서 교편을 잡으며 인촌과 인연을 맺게 되었고, 보성전문이 고려대로 승격하게 됨에 따라 고려대 영문학과에서 영문학을 가르쳤다. 그러면서 인촌의 통역과 영문 서류작성도 맡았다.

이 교수 구명운동에 나선 인촌은 백낙준 문교부 장관과 함께 이승만 대통령 집무실을 찾아 탄원하려고 하였으나, 때마침 집무실에서 나오던 신성모 국방부 장관은 "이미 형 집행이 다 이루어졌다"고 말했다. 인민군은 서울에서 후퇴하기 전에 한국의 군인·경찰·공무원 가족들을 대상으로 수천 명을 처형했다. 대한민국 정부와 국군도 서울을 수복한 뒤 같은 방법으로 되갚았다. 복수의 악순환이었다.[13]

트루먼, 확전 주장하는 맥아더 해임

서울 수복은 오래가지 않았다. 린뱌오林彪가 지휘하는 중공군 1백만 명이 북한에 들어와 유엔군은 새로운 전쟁에 돌입했다. 동부전선에서는 혜산진, 청진, 장진호에서 철수가 시작됐고 서부전선에서는 평양, 개성에서도 후퇴했다. 유엔군과 함께 북한 주민 60만 명이 자유를 찾아 피란 행렬을 따라 남하했다.

맥아더는 한국전쟁을 승리로 이끌기 위해 국부군(중화민국 국민당 정부의 군대)의 참전, 중공(현재의 중국) 해안 봉쇄, 만주 폭격 등을 주

---

13 T. R. 페렌바크 저, 최필영·윤상용 역(2019), 《이런 전쟁》, 311쪽.

1950년 10월 15일 태평양 웨이크아일랜드에서 트루먼 대통령(오른쪽)이 맥아더 원수에게 무공훈장을 수여했다.

장하다 해임됐다.

부산이 임시수도였을 때 거창 양민학살 사건[14]과 국민방위군 사건[15]이 터졌다. 사건의 추이를 지켜보던 부통령 이시영은 방위군 사건과 거창 사건을 철저히 규명하라고 촉구하면서 사퇴했다. 후임으로 이승만의 여당은 이갑성을 부통령으로 선출하고자 했다. 민국당은 인촌을 밀었다. 2차 투표를 거쳐 최종 결선투표까지 가는 접전 끝에 인촌이 부통령에 당선됐다.

인촌은 일주일에 두 번씩 열리는 국무회의에 빠짐없이 참석했다. 부통령은 국무회의에 참석해 발언할 수는 있지만 표결권은 없었다.

---

14 6·25 전쟁 당시인 1951년 2월에 국군 11사단이 거창군 신원면 일대의 민간인 719명 을 무차별 학살한 사건.
15 6·25 전쟁 중 정부가 징집한 국민방위군 수만 명이 군 고위층의 예산 횡령 및 뇌물 범 죄로 제대로 보급을 받지 못하여 희생된 건국 이래 최악의 군수(軍需)비리 사건.

이 대통령은 국무회의에 참석하는 일이 드물어 자연히 인촌이 회의를 주재하는 일이 많았다.

6·25 전쟁 1주년 다음 날인 26일 국무회의에 참석한 이 대통령은 "신성모 씨를 주일대표부 공사(당시는 국교수립 전이어서 대사는 없고 공사가 대사 역할을 했다.)로 임명하려고 하는데 좋다고 생각하는 분은 손을 드시오"라고 제안했다. 국무위원들은 아무도 의사표시를 하지 않았다. 인촌은 국방부 장관을 하다 거창 사건과 국민방위군 사건으로 국민의 지탄을 받고 물러난 지 얼마 되지도 않은 사람을 외국에 사신으로 보내는 것은 합당한 일이 아니라고 반대했다.

이 대통령은 부통령 발언에 개의치 않고 같은 말을 되풀이했다.

"보내도 좋다고 생각하는 사람은 손을 드시오."

역시 손을 드는 국무위원은 없었다. 이 대통령은 오후에 다시 논의를 해보자고 하고 자리에서 일어났다. 인촌은 몸이 아파 오후 회의에 참석하지 않았다.

거창 사건과 방위군 사건 수사가 확대되면서 장경근 국방부 장관이 경질되고 정일권 육군 참모총장, 이종찬 소장이 뒤를 이었다. 이런 와중에 신성모를 주일공사로 보내는 것은 그를 도피시키는 것이나 마찬가지였다. 나중에 드러난 일이지만 이 대통령은 신성모에 대한 연합군 최고사령부(일본은 연합군 군정하에 있었음)의 아그레망을 이미 받아 놓고 국무회의에 회부했던 것이다.

장면 국무총리 주재로 열린 회의에서 표결에 붙인 결과 가 4, 부 6, 기권 1, 불참 1로 부결됐다. 그러나 이 대통령은 국무회의 표결도 무시하고 신성모를 끝내 주일공사로 임명했다.

인촌은 이 대통령과는 더불어 일을 할 수 없다는 절망감이 몰려왔다. 이승만의 독단에 분노한 인촌에게 안면마비 증상이 찾아왔다. 뇌혈전증으로 오른쪽 수족을 움직이지 못하는 증상도 나타났다. 언어능력에도 장애가 생겼다.

이승만 대통령은 1952년 7월 20일로 임기만료를 앞두고 있었다. 당시 헌법대로 국회에서 대통령을 선출한다면 의석 분포로 보아 낙선이 자명自明했다. 정부와 새로 만들어진 여당(자유당)은 직선제 개헌을 추진했다. 1952년 1월 18일 정부가 제출한 직선제 개헌안은 국회에서 재석 163표 중 찬성 19, 반대 143, 기권 1표라는 압도적 표차로 부결됐다.

이승만 정부는 국회를 압박하기 시작했다. 군중을 동원해 국회의원 소환을 요구하는 관제 데모를 벌였다. 정부는 지난번에 부결된 개헌안을 다시 수정해 대통령 직선제와 양원제를 골자로 하는 개헌안을 국회에 제출했다.

경남·전남·전북에 공비共匪가 나올 우려가 있다는 구실로 계엄령이 선포됐다. 육군 참모총장 이종찬이 이에 불응하자 이 대통령은 원용덕 소장을 계엄사령관으로 임명해 예정된 각본대로 밀어붙였다. 국회 전용버스로 출근 중이던 국회의원 50여 명을 버스째 견인해 헌병대에 끌어다 놓고 그중 민국당 의원 4명을 구속했다. 공보처는 그들이 국제공산당 조직에 연루됐다고 발표했다. 국회의원들은 부산 지구에 한해 계엄령을 해제할 것을 재석 139명 중 96표 찬성으로 가결했으나 정부는 불응했다.

　병상의 인촌은 재선을 위해 수단 방법을 가리지 않는 이승만의 독재에 강력히 항의하는 수단으로 부통령직 사표를 제출했다. 1952년 5월 29일 장장 5천 자에 이르는 부통령 사임이유서는 국회 본회의에서 낭독되었다. 계엄군의 검열 때문에 국내의 신문·방송에는 보도되지 않았으나 외신을 통해 해외에 널리 보도되어 파문을 일으켰다.

부통령 사임이유서

경애하는 의장 및 의원 여러분!

작년 5월 국회에서 불초不肖한 나를 부통령으로 선거하였을 때 처음 나는 그것을 수락할 의사가 조금도 없었습니다. 그것은 내가 국가와 민족의 운명에 대하여 무관심해서가 아니라 현 정부의 일원이 되어 무슨 유익한 공헌을 할 수 있으리라고 생각하기 어려웠기 때문입니다.

현 정부의 수반인 이승만 박사는 충언과 직언을 염오厭惡하고 아첨만을 환영하며 그의 인사정책은 사적 친분으로 일관된 중에도, 자기의 하료下僚조차 항상 시기의 눈으로 보아 모든 국사를 그 자신이 일일이 직결하려 하고, 자신이 임명한 장관을 견제하기 위하여 그의 심복인을 차관에 배치하고, 차관을 견제하기 위하여 다른 심복인을 국장에 임명하는 것과 같은 수단으로써 그의 밑에서는 아무도 가진 바 역량과 포부를 발휘할 여지가 없다는 사실을 나는 너무도 잘 알고 있었습니다.

이로 인하여 과거에 대한민국 정부는 거족적인 열망과 민주 우방의 기대를 저버리고 아직껏 아무런 건설적 시정을 한 일이 없이 민생을 도탄에 몰아넣었고 더욱 사변事變 발발 직전에는 국민을 기만하여 적의 마수하에 남겨둔 채 무질서한 도주를 감행하여 저 무수한 애국자를 희생시킨 천추의 통한사痛恨事를 저질러 놓고도 한 사람도 책임을 지고 국민의 앞에 사과하는 자가 없었을 뿐 아니라 도리어 마치 구국의 영웅이나 된 양으로 권력을 남용하여 민주국가에서 도저히 상상도 할 수 없는 중대한 인권유린을 감행하였으며 또 국가동량의 재材가 될 다수의 귀중한 자제들을 소위 국민방위군이라는 명목하에 기한飢寒에 병들게 하고 참혹하게 폐사케 하였던 것입니다.

이와 같이 하여 대한민국 정부의 무능과 부패는 이미 골육에 사무치었으며 그것은 나의 전임자이신 성재省齋 이시영 선생이 고덕과 지성으로써도 만회할 길이 없었던 것입니다. 그러므로 내가 이제 그 자리에 앉아 본들 이것을 광구匡救할 아무런 자신도 성산成算도 없었으며 오히려 그것은 내 일신에 불명예로운 오점을 가져올 뿐이리라는 것을 나는 충분히 예기하고 있었습니다. 그리하여 나는 부통령 취임을 굳이 사퇴하였습니다.

그러나 당시 나에게 교섭하러 온 국회의 대표 제위는 나의 이 뜻을 용납하지 아니하고 나의 사퇴로 말미암아 부통령 선거를 재차 행하게 된다면 혼란한 정국을 일층 혼란하게 할 따름이라고 하여 심지어는 국민 대표기관인 국회에서 선임한 것을 거부함은 곧 민의를 배반하는 것이라고까지 하여 강권하므로 부득이한 사세事勢를 이기지 못하여 장시간의 논의의 끝에 공의를 위하여 사아私我를 굽히고 결국 이것을 수락하였던 것입니다.

그 후 나는 도로徒勞에 끝날 줄 알면서도 다소라도 국정을 바로잡아 이반된 민심을 수습하여 보려고 국무회의에 나가게 되었고 내가 참석한 최초의 국무회의 석상에서 나는 일정한 소관 사항을 가지지 않은 자유로운 입장에 있어 국민의 질고성疾苦聲을 비교적 용이하게 들을 수 있으므로 장차 이와 같은 민정과 민의를 국정에 반영시키도록 노력하는 것을 나는 직분으로 삼겠노라고 선언하여 나의 결의를 표명하였으며 그 후 실지로 그렇게 행하여 왔습니다. 그런데 이처럼 하여 내가 국무회의에 참여하자 즉시 봉착한 문제는 전 국방부 장관 신성모의 주일공사 임명 문제이었습니다.

천하에 주지하는 바와 같이 신성모는 가장 비민주적 권모와 술수로써 국정을 혼탁케 하여온 장본인으로 서울 철수 시에는 애국시민을 적의 호구虎口로부터 탈출하지 못하게 하였을 뿐 아니라 심지어 한강을 건너려는 자를 총검으로 방해하였으며 군용금을 횡령하여 사적 정치자금으로 유용하는 등 그가 국가 민족에 끼친 해독은 실로 죄당만사罪當萬死라 하여도 과언이 아닐 정도입니다.

그러하거늘 그에게 징벌을 주기는 고사하고 도리어 외교의 요직에 등용하여 국가를 대표하게 한다는 것은 민족의 정기를 살리기 위하여서나 정부의 기강을 세우기 위하여서나 또는 대외적 체면을 유지하기 위하여서나 도저히 묵과할 수 없는 일이었습니다. 그래서 나는 이의 부당성을 고창高唱하고 그 임명을 철회할 것을 극력 주장하였습니다. 그러나 이승만 대통령은 끝내 고집하여 결국 신성모를 일본에 파견하고 말았던 것입니다. 여기에 있어서 나는 국운의 기울어져감을 목전에 보고 일제 이래 수십 년간 흉중에 심화가 일시에 충천衝天하여 병석에 눕게 되었던 것입니다.

그 후 나는 몇 번이나 사표를 제출하려고 하였습니다. 그러나 그때마다 나의 주위에서는 국사가 어지러움은 아무 권한도 갖지 못한

332

부통령의 소치가 아닐 뿐 아니라 남은 임기도 머지아니한 지금 새삼스레 사직을 함은 도리어 평지에 파란을 일으키는 것이라는 허물을 입게 된다고 하여 만류하므로 임염任苒 뜻을 이루지 못한 채 금일에 이르렀습니다. 그러나 그 후인들 우리나라의 정세는 어찌 나로 하여금 병석에 안와安臥할 수 있게 하였으리오.

정부에서는 여전히 위헌 위법 부당의 처사를 거듭할 뿐 아니라 소위 신당 운동을 일으키어 우리나라의 애국적 민주주의 노력을 분열 약화시키기에 갖은 책략을 다하였고 이 박사는 그 자신이 과거 4년간 절대적 권력을 장악하여 왔으므로 모든 실정의 책임은 마땅히 그 자신이 져야 할 것임에도 불구하고 도리어 그것을 남에게 전가하기에 급급하였던 것입니다. 그리고 나아가서 그의 대통령 당선을 꾀하고 국회를 무력화할 노골적 의도하에 소위 대통령 직선제 및 양원제 개헌안을 제출하였습니다.

국회에서는 이것을 143 대 19표라는 압도적 다수로 폐기하고 반대로 우리나라에 진실로 민주주의적인 책임정치를 실현하기 위한 국무원(내각) 책임제 개헌안을 준비하게 되었던 것입니다.

이 개헌 문제에 관해서는 나는 평소부터 국무원책임제만이 우리나라의 국정에 적합한 제도라고 믿어 왔으나 최근의 사태는 나의 이 확신을 더욱 굳게 하였습니다. 내가 부통령에 취임한 후 '각하'라는 칭호를 폐지하기로 국무회의에서 정식 결정되어 널리 공고되었음에도 불구하고 여전히 나에게 구두 혹은 서신으로 '각하'를 붙이는 자가 뒤를 끊지 아니하였을 뿐 아니라 극단한 예로는 '부통령 폐하'라는 존칭을 써서 나에게 송한(送翰)해 온 자가 있을 정도입니다. 이 웃지 못할 사실에 접하고 나는 우리 국민을 급속히 민주화하기 위하여서는 한 사람이 거의 황제에 가까운 강대한 권한을 쥐고 있는 현행 대통령제를 개변(改變)하지 아니하면 아니 되겠다는 것을 통감하였던 것입니다.

영국과 같이 민주주의가 발달한 나라에서도 정부의 독재화를 방지하기 위하여 책임내각제를 채용하고 있을 뿐 아니라 야당의 수령에게 국무총리와 동일한 대우를 주고 또 그만큼 야당의 의견을 존중하려고 노력하고 있습니다. 하물며 우리나라와 같이 민도가 낮고 권력의 발호가 자심한 곳에 있어서랴.

우리는 이미 대통령제의 산고(酸苦)를 충분히 체험하였습니다. 더욱이 지난번의 보결(補缺)선거와 지방선거에 나타난 관권의 압박을 볼 때 우리나라에서 대통령 직접선거라는 것은 곧 현(現) 집권자의 재선을 의미하는 것이며 그가 재선되면 장차 국회는 그의 추종자 일색으로 구성될 것이며 그 후에 그는 그의 삼선(三選), 사선(四選)을 가능하게 하도록 헌법을 자재(自在)로 고칠 수 있을 것이니 이처럼 하여 종신 대통령이나 세습 대통령이 출현하지 않으리라고 누가 보장할 수 있겠습니까? 그러므로 우리나라에 진정한 민주주의를 실현할 것을 희망하는 자라면 누구나 대통령직선제를 반대하고 국무원책임제를 지지할 것입니다.

그런데 이 박사는 대통령직선제를 압도적 다수로 부결하고 국무원책임제를 재적의원 3분의 2의 연명으로 제안한 국회를 "민의배

반"이니 "의회독재"니 "반민족적"이니 하여 험구 욕설할 뿐 아니라 무지각한 일부 정상배를 선동하고 관력을 이용하여 소위 소환운동, 국회의원 규탄 운동을 개시하였던 것입니다. 그리하여 전시하의 사회질서를 교란하고 도처에 소요를 일으키어 국민을 불안 공포에 빠뜨리고 적비賊匪의 도량跳梁을 심하게 하였으며 심지어 난도亂徒들은 나의 거주를 포위하고 "국회를 타도하라", "국회의원을 총살하라"고 규환叫喚할 지경에 이르렀습니다.

한편으로 그는 단순한 정당방위 사건에 지나지 않는 서민호 의원 문제를 구실 삼아 암암리에 국회와 군부를 이간 반목케 함으로써 폭력 행사에의 길을 닦기 시작하였습니다. 이와 같이 하여 그의 일련의 행동은 가장된 민의와 군중심리를 이용하여 건전한 이성을 말살하고 절대권력을 장악하려는 전형적 독재주의 노선을 걷는 것이었습니다. 이 모든 사태를 와석臥席 방관하지 아니하면 아니 되는 나의 울분과 안타까운 심정은 어찌 필설로 표현할 수 있으리오.

그러나 나는 이때까지도 아직 대한민국의 최고 집정자가 그래도 완전히 사직社稷을 파멸하려는 반역 행동에까지 나오리라고는 차마 예기하지 못하였습니다. 그랬더니 그는 돌연 비상계엄의 조건이 하등 구비되어 있지 아니한 임시수도 부산에 불법적 비상계엄을 선포하고 소위 국제공산당과 관련이 있다는 허무맹랑한 누명을 날조하여 계엄하에서도 체포할 수 없는 50여 명의 국회의원을 체포 감금하는 폭거를 감행하였습니다. 이것은 곧 국헌을 전복하고 주권을 찬탈하는 반란적 쿠데타가 아니고 무엇입니까? 만약 그에게 일편의 애국심이 있다면 지금이 어떠한 시기이며 우리가 처하고 있는 환경이 어떠한 것이길래 국가의 비운과 민생의 고난도 모르는 척 일신의 영욕을 위하여 어찌 이다지도 난맥의 행동을 할 수가 있겠습니까?

여기에 있어서 나는 이 이상 단 하루도 이승만 정부에 머물러 있지 않기로 결심하였습니다. 나의 지위가 비록 시위소찬尸位素餐에 지나지 않고 내가 한 번도 현 정부의 악정에 가담한 일이 없다고 하더라도 나의 변변치 않은 이름을 이 정부에 연連하는 것만으로 그것은 내 성명 삼 자를 더럽히는 것이며 민족 만대에 작죄를 하는 것이기 때문입니다.

나는 이에 사표를 국회에 제출하며 나를 선거해준 의원동지 여러분과 국민의 앞에 내가 오늘까지 무위하게 국록을 받았음을 깊이 사謝할 따름입니다. 원컨대 앞으로 국가민족의 운명을 염려하는 일개 평민의 입장에서 우리나라의 전제군주적 독재정치화의 위협을 제거하고 진정한 민주주의를 실현함으로써 전 자유세계의 동정과 원조를 획득하고 항구적 자유와 평화의 복락을 이 나라 이 겨레에 가져오도록 하기 위하여 국민대중과 함께 결사분투할 것을 맹서하는 바입니다.

자유당 일당 천하

부통령 사임서가 한국과 미국에 파문을 던지자 트루먼 대통령은 "현 한국 정세는 나에게 큰 충격을 준바 이것이 조속히 해결되지 않으면 중대 사태가 야기될 것이며, 유엔 각국이 한국에 군사 및 경제 원조를 제공하는 것은 민주주의 수호를 위한 것"이라고 이 대통령에게 항의 했다. 트루먼 대통령의 항의를 받은 이 대통령은 사태가 순리대로 조 정되기를 바란다고 성명을 냈다.

사임이유서를 국회에 제출한 인촌은 이튿날 무쵸 미국대사의 알선 으로 미군美軍 병원선病院船에 입원했다. 무쵸는 이와 동시에 본국 정부 와 협의차 워싱턴으로 갔다. 인촌은 병원선에서 세밀한 종합검진을 받았다. 차기 대통령으로 물망에 오르내리는 인촌의 건강상태를 파악 해 본국에 보고하는 것은 무쵸 대사의 임무에 속하는 일이었다.

무쵸 대사는 6월 6일 귀임했다. 훗날 알려진 일이지만 그는 본국 정 부와의 협의에서 이승만에게 맞설 만한 인물이 없으니 그의 계속 집 권을 받아들이지 않을 수 없다는 결론을 얻어 가지고 돌아왔다고《인 촌 김성수전》은 밝혔다.[16] 인촌은 대통령을 하기에 건강 상태가 받쳐 주지 않았던 것이다.

---

16 인촌기념회(1976),《인촌 김성수전》, 640~642쪽.

이승만 대통령(왼쪽)과 무쵸 미국 대사.

이러한 상황에서 국무총리 장택상은 자파 신라회 소속 의원들을 통해 야당이 제출한 내각책임제와 정부의 대통령직선제를 절충한 속칭 '발췌개헌안'을 제출했다. 발췌개헌안은 이승만의 당선을 위한 대통령직선제가 핵심이었다. 발췌개헌안은 헌병과 무장 경찰이 국회를 포위한 가운데 기립 표결로 찬성 163, 반대 0, 기권 3으로 통과됐다. 이승만은 1952년 국민의 직접선거를 통해 523만 표 득표에 74% 득표율로 재집권의 목적을 달성했다. 야당의 대통령 후보였던 조봉암은 79만 표, 이시영은 76만 표를 얻었다.

자유당 일당—黨 천하가 정점을 찍고 있었다. 반대 세력이 극도로 위축된 가운데 자유당은 이승만 초대 대통령의 영구집권을 획책했다.

6부

이별의 길

○ 범야 통합과 의회주의 전통 세우다

○ 애도의 물결 국민장

범야 통합과 의회주의 전통 세우다

1954년 5월 20일 제3대 민의원 총선거에서 자유당은 전체 의석 203 석 중 114석으로 과반수를 무난하게 확보했다. 무소속이 68석, 군소 정당 6석, 민국당은 참패해 겨우 15석을 건졌다. 민국당과 손을 잡으려는 의원들도 없어 원내 교섭단체조차 구성하지 못했다. 신익희, 조병옥, 김도연, 김준연 등 중진들이 겨우 살아남았다.

　의장에는 자유당 이기붕, 부의장에는 자유당 최순주, 무소속 곽상훈이 당선되었다. 이승만의 후광과 자유당의 권력과 금력이 국회를 지배했다. 자유당은 선거 후에도 포섭 공작을 계속해 의석은 137석에 이르렀다. 재석 3분의 2인 136석을 넘어 그들이 의도하면 헌법도 개정할 수 있게 됐다.[1]

1　사사오입 개헌 관련한 기술은《인촌 김성수전》의 골격을 중심으로 정리했다.《인촌

1953년 11월 민국당 전당대회에서 고문으로 물러난 인촌은 사실상 정치에서 손을 떼고 고려대로 돌아왔다. 고려대 서관西館은 석조 6층을 기공起工했다가 6·25 동란으로 중단한 상태였다. 1954년 서관 건축을 재개했다. 인촌은 병자病者였지만 공사장 근처에 천막을 쳐놓고 공사 진행을 지켜보았다. 공사 현장에 가보지 못하고 집에 누워 있을 때도 가끔 있었다. 정치란 뜬구름이런가. 정치권력에서 멀어지자 찾아오는 사람조차 드물었다.

병석의 인촌은 정계를 떠난 야인으로 지냈지만 자유당이 통칭 삼선 개헌三選改憲, 사실상 종신終身 집권을 위한 개헌 공작을 개시하자 정치적 관심을 끊을 수 없었다. 자유당 의원 136명이 연서連署로 개헌안을 국회에 제출했다. 자유당은 소속 의원 137명 가운데 전북 진안 이복성 의원의 사망으로 136명이 됐는데, 김두한 의원이 서명을 거부했다. 그러나 무소속 윤재욱 의원이 서명에 가담해 개헌 통과선인 136석을 가까스로 채웠다.

개헌안 가운데 핵심은 '현 대통령에 한하여 중임重任 제한을 폐지한다'는 조항이었다. 두 번 연속 대통령에 재임 중인 이승만은 이 조항으로 중임 제한이 풀려 3선은 물론이고 평생토록 대통령이 될 수 있었다. 특정인을 위한 이런 식의 헌법 개정은 정상적 민주주의 국가라

김성수전)은 동아일보, 경향신문 논설위원을 지낸 소설가 장용학 씨가 당시의 관계자들을 일일이 찾아 면담한 기록을 바탕으로 초고를 완성했다. 사학자이자 언론인인 천관우 씨에 이어 소설가이자 언론인인 김성한 씨가 미진한 부분을 보완하거나 가필했다. 근대사학계에서는 중요한 자료로 인용되고 있다.

면 있을 수 없는 일이었다. 인촌이 사임이
유서에서 지적한 대로 "헌법을 멋대로 고
쳐 3선, 4선을 가능하게 함으로써 종신 대
통령이 출현하지 않으리라고 누가 보장할
수 있느냐"는 인촌의 우려가 현실로 닥친
것이다.

자유당 소속으로 개헌안에 서명을
거부한 김두한 의원.

　드디어 개헌안이 국회에 상정됐다. 11월
27일 국회 본회의 재적 203명 중 202명이
출석해 표결에 들어갔다. 가 135, 부 60, 무효 1, 기권 6표였다. 개헌
선인 136표에서 1표가 부족했다. 개헌안이 부결된 것이다. 자유당 의
원들은 낙심과 충격 그 자체였고 야당 의원들은 가슴을 쓸어내렸다.

야당 통합 촉발한 사사오입 개헌

일요일인 28일 자유당 간부들이 이기붕 의장 집에 모여 선후책을 의
논하는 자리에서, 장경근이 발상한 꼼수가 사사오입四捨五入(반올림의
옛말)이었다. 29일 국회 본회의에서 개헌안 부결을 선포했던 최순주
부의장이 등단해 "당시 정족수定足數 계산에 착오를 일으켜 부결을 선
포했다. 135는 203의 3분의 2가 된다는 것을 알게 됐다. 27일의 부결
선포를 취소한다"고 발언했다.

　203의 3분의 2는 135.3333…인데 자연인自然人을 정수가 아닌 소수

이하로 나눌 수 없으므로 사사오입을 하면 가장 근사치近似値가 되는 135가 203의 3분의 2가 된다는 논리였다.

최순주 부의장이 발언을 끝내자 곽상훈 부의장이 사회봉을 빼앗아 다시 부결을 선포하고 야당 의원들이 몰려들어 장내는 수라장이 되었다. 야당 의원들이 퇴장하자 자유당 의원과 무소속 의원 한 명이 남은 가운데 이기붕 의장이 "부결 선포를 취소하고 개헌안은 통과된 것으로 회의록을 수정한다"고 선포했다. 자유당은 이 불법적 반올림 개헌을 합리화하기 위해 이학박사와 수학자까지 동원했다.

당시 헌법에는 '3분의 2 이상의 찬성'이라고 명백하게 규정돼 있었다. 203의 3분의 2는 135.3333…이므로 이보다 작은 135표는 3분의 2 미만이다. 136표부터 3분의 2 이상이다. 개헌안 표결 결과는 명백히 의결 정족수 미달이었다.

사사오입 개헌은 민심을 일시에 뒤집어놓았다. 이로부터 자유당은 내리막길로 치닫기 시작했고 오히려 민국당은 기사회생의 계기를 마련했다.

반올림 개헌이 선포된 의사당을 박차고 나온 의원들이 곽상훈 부의장실에 모여 민의원 위헌대책위원회를 결성했다. 다음 날에는 서명 의원 61명으로 원내교섭단체 '호헌동지회'를 구성하고 신당을 조직하기 시작했다. 사사오입 개헌에 충격을 받은 인촌은 민국당 간부들에게 당을 해체하고라도 신당 조직에 앞장서달라고 당부했다. 1954년 12월 민국당은 중앙상무위원회를 열고 신당의 발족과 동시에 민주국민당 해체에 합의하고 신익희, 조병옥, 김도연이 신당 결성의 책무를 맡았다.

6·25 전쟁을 치른 뒤 한국의 정치 지형은 여야 할 것 없이 반공反共 색깔이 두드러졌다. 신당은 '좌익 전향자'와 독재 또는 부패행위가 현저하여 사회의 지탄을 받는 자는 신당준비위원이 될 수 없다고 못 박았다. 우선 죽산竹山 조봉암이 좌익 전향자에 해당되었다.

죽산 조봉암 평전 표지 사진. 1952년 11월 사진작가 마가렛 버크화이트가 찍은 사진을 표지에 썼다.

조봉암은 신당에 적극 참여하려고 했다. 당시 언론은 조봉암의 신당 참여를 지지하는 세력을 '민주대동파'라고 불렀다. 서상일, 장택상, 신도성 등이었다. 조봉암의 신당 합류에 반대하는 세력은 '자유민주파'라고 했다. 조병옥, 김도연, 김준연, 장면 등이었다.

미군정 경무부장을 지낸 조병옥은 회고록에서 "조봉암은 남로당 헤게모니 쟁탈전에서 군정의 폭력 전복을 반대했다는 이유로 박헌영에게 패배하여 남로당을 떠났다. 그는 본질적으로 공산주의자요, 정치적 방편으로 정치적 개종改宗을 한 것이라고 생각한다"고 조봉암의 신당 가입에 반대한 이유를 밝혔다.

인촌은 민주대동파의 입장을 두둔했다. 조봉암은 대한민국의 국무위원(농림부 장관)과 국회의원을 지냈다. 특히 2대 국회에서는 전반

조병옥(1894~1960).

기와 후반기 부의장에 연달아 당선됐다. 조봉암은 과거 공산당원이었지만 대한민국 정부 수립 이전에 전향했다. 제2대 대통령 선거에 출마해서는 79만 표를 얻어 차점자가 되었다.

신당 18인위원회는 고심하다가 좌익 전향자라도 국무위원이나 국회의원을 지낸 자는 예외로 한다는 데 합의했다. 그러나 장면계가 조봉암과는 당을 같이할 수 없다고 고집하고 보수적 인사들이 동조했다. 답답함으로 지켜보던 인촌은 백남훈, 조병옥, 김준연, 송필만 등 한민당 이래 민국당 간부들을 불러 소절小節에 구애되지 말고 조봉암과 합작해 반독재 민주세력의 대동단결에 나서라고 설득했다.

조봉암은 해방 후 조선공산당을 재건해 주도권을 장악하는 과정에서 박헌영과 갈등을 빚다가 출당黜黨 조치를 받았다. 박헌영과 조봉암은 제1차 공산당을 창당하고 조선일보에서 함께 일한 사이였다. 그러나 조국의 독립을 위한 방편으로써 공산당 활동을 택한 민족주의 성향의 공산당 활동가들과 소련의 지령에 충실한 친소련 성향의 박헌영계 사이에는 노선 차이가 있었다.

1946년 6월 미군 방첩대(CIC)[2]에 체포됐다가 풀려난 조봉암은 23일 인천공설운동장 시민대회에서 공산당을 부정하는 성명을 발표하고 조선공산당 탈퇴를 선언했다. 다음은 조봉암이 "비공산 정부를 세우자"는 제목의 성명에 담은 주요 내용이다.

현재 조선 민족은 공산당 되기를 원하지 않는다. 따라서 조선공산당의 계획으로 된 인민공화국 인민위원회와 민주주의민족전선 등으로써 정권을 취하려는 정책은 단연 반대한다. … 우리 조선 민족은 아메리카를 비롯해 연합국에 대하여 진심으로 감사할 것이며 또 진심으로 협력하여 건국에 진력할 것이오, 지금 공산당과 같이 소련에만 의존하고 미국의 이상을 반대하는 태도는 옳지 않다. … 조선의 건국은 민족 전체와 자유생활이 보장돼야 할 것이다. 따라서 노동계급의 독재나 자본계급의 전제專制를 반대한다.

조봉암은 좌우합작을 촉구하기 위해 쓴 〈삼천만 동포에게 고함〉이라는 소책자에서도 박헌영과 남로당을 공개적으로 비판했다.[3]

---

2   미군정 시기에 미군 CIC는 정보수집, 한국인 정치 지도자와 미국인 사찰, 정치공작 등 광범위한 활동을 했다.
3   이택선(2022), 《죽산 조봉암 평전》, 74~76쪽.

인촌 '조봉암 신당 가입' 밀다

김성수의 간곡한 권유로 자유민주파는 조봉암에게 신당 참여 조건으로 전향 입장을 분명히 밝히라고 요구했다. 이에 조봉암은 "공산주의가 인류에게 끼치는 해독을 누구보다도 깊이 알기 때문에 공산당과의 투쟁에 여생을 바칠 것을 나의 임무로 자부하고 있다"고 천명했다.

김준연은 "조봉암의 성명서는 사회주의 색채가 농후한데 사회주의와 공산주의는 사촌 간이니 신뢰할 수 없다"고 그의 전향을 의심했다. 그러자 조봉암은 김준연의 발언은 상식에서 벗어난 것으로 "소련의 공산당과 영국의 노동당이 사촌이라고 단정하는 것과 같다"고 답했다.

인촌은 군소 정당으로 추락한 민국당의 이미지를 쇄신하기 위해 조봉암을 신당에 끌어들이려고 마지막 순간까지 노력했다. 한민당에서 민국당으로 이어지는 지주地主 정당의 이미지를 바꾸자면 농지개혁의 간판이었던 조봉암이 필요했던 것이다. 농지개혁을 함께 수행한 동지애 같은 친밀감도 작용했다. 조봉암이 농지개혁을 할 때 지주 세력을 대표하는 인촌의 도움을 받았다. 제2대 대통령 선거 때 이승만이 두려워 모두가 나서기를 주저할 때 후보로 나와 예상을 뒤엎고 2위를 한 죽산의 기개와 대중성도 인촌은 높이 평가했다.[4]

인촌이 신당의 발족을 보지 못하고 세상을 떠나자 신당은 조봉암을

---

4   앞의 책, 216~219쪽.

빼고 1955년 9월 19일 민주당이라는 간판을 걸고 발족했다. 조봉암의 신당 참여가 좌절된 것에 대해 많은 진보직 인사들이 실망했다.

연세대 김대중도서관(관장 박명림 교수)이 공개한 1955년 6월 15일 자 김대중의 신문 기고문 "신당 운동은 왜 좌절했나"에 따르면 신당의 조봉암 배제에 실망한 진보적 청년 가운데는 김대중 전 대통령도 들어 있었다. 김대중은 자유민주파가 반공을 명분으로 진보세력을 사갈시蛇蝎視하는 극우적 속성을 갖고 있다고 인식했다. 그래서 반反이승만보다 반공을 이유로 반 진보, 반 조봉암 성향을 보일 것이라고 판단했다. 김대중은 이에 따라 신당에 입당하지 않고 민정당, 공화당을 거쳐 무소속 상태로 있다가 3대 대통령 선거에서 민주당에 들어가 장면 부통령 후보를 지지했다.[5]

인촌이 병석에서 창당에 지원을 아끼지 않았던 민주당은 신익희, 조병옥 같은 대통령 후보들이 선거 도중 사망해 집권에 연속으로 실패하다 4·19 혁명으로 비로소 짧은 집권기를 맞았다. 그 뒤 민주당은 윤보선, 김영삼, 김대중의 민주당으로 이어져 한국 정통 야당의 뿌리가 되었다.

---

5 "[최초공개]청년 김대중, 조봉암과 함께하는 단일정당 구상", 〈오마이뉴스〉, 2018. 8. 18.(https://www.ohmynews.com/NWS_Web/View/at_pg.aspx?CNTN_CD=A00 02464031).

부르주아 없이 민주주의 없다

미국의 정치사회학자 베링턴 무어는 "20세기 농민 혁명들은 농민 사이에서 많은 지지를 받았지만, 농민은 공산주의 정권들에 의해 추진된 근대화의 주요 희생물이 되고 말았다"며 '부르주아 없이 민주주의 없다'(No bourgeois, No democracy)는 말로 민주주의 발전과정에서 상층 지주의 역할을 중요하게 평가했다.

이승렬은 한국의 사정을 이해하는 데 도움을 주는 영국의 사례를 들고 있다. 17세기에 심각한 내전을 겪었던 영국에서는 왕을 희생시킨 대가로 의회가 강화되었고, 다른 한편에서는 지주들의 인클로저⁶ 확대로 농민 계층이 붕괴되었다. 국왕의 권력을 무너뜨림으로써 영국이 지주地主위원회committee of landlords에 의해서 지배되는 상황으로 나아가게 되었다. 이 지주위원회는 18세기 의회에 대한 가식 없는 정확한 표현이다. 영국에서 상층 지주는 도시의 상공인들과 함께 의회를 구성하는 주요 세력이 되었다.

보수적 반동적 세력의 저수지였던 농촌의 농민이 온존했던 독일과 일본은 각각 나치즘과 군국주의라는 전체주의의 길을 피하지 못했다. 베링턴 무어에 의하면 농촌은 전체주의의 근거지였고, 도시는 민주주의의 주인공이 움직이는 무대였다.⁷

---

6   산업혁명 당시 영국에서 판매용 곡물 혹은 양을 키우기 위해 농지에 울타리(en-closure)를 세우자, 농민들은 도시의 공장으로 내몰리면서 종국에는 도시의 하층 노동자로 전락하게 되었다.

이승렬은 한국은 해방 당시 농민이 전 인구의 70%를 넘어섰기 때문에 농민을 기반으로 한 전체주의 체제가 출현해도 크게 이상할 바가 없는 사회적 상황에 있었다고 진단했다. 이를 견제하는 세력으로 의회를 거점으로 한 보수적이지만 자유주의적인 지주들이 있었다. 인촌 김성수는 이를 대표하는 인물이었다. 이승만 독재에 저항하는 의회주의 세력은 어느 날 갑자기 나타난 것이 아니라 개항 – 식민지 – 분단이라는 역사적 상황 속에서 형성되었다는 것이다.

1945년 이후 한국에서는 도시의 자유주의 세력이 독재에 대항하는 정치집단으로 성장했고 그 근간은 지주들이었다. 북한에서는 대조적으로 지주들이 제거되었다. 1876년 개항 이래 등장했던 진취적 지주 세력이 1945년 8월 이후 온건한 자유주의 세력으로서 의회주의의 발전을 담당하게 되었다. 대한민국에서는 지주들이 의회를 구성하는 주요 세력이 되어 근대화가 추진되었다.[8]

한민당이 지주가 주류를 이룬 정당이라는 이유로 흔히 공격을 받았지만 한민당과 민국당 그리고 그 후신인 민주당이 해방 이후 온건한 자유주의 세력으로 여촌야도與村野都 선거 구도에서 농촌 기반의 독재 정권에 저항하는 전선을 도시를 배경으로 구축했다.

특히 인촌이 분열하는 야권을 통합시키는 노력을 통해 한민당, 민

---

7 이승렬(201), 《근대시민의 형성과 대한민국》, 627쪽.
8 앞의 책, 628쪽.

국당, 민주당으로 이어지는 정통 야당을 수립한 공로는 한국 민주주의의 역사에서 평가받을 만하다.

　서구에서는 민주주의 국가를 수립하는 데 17세기 이래 수백 년이 걸렸지만 한국에서는 19세기 후반 개화기 이후 1987년까지 한 세기 남짓한 사이에 절차적 민주주의를 이루어냈다.[9]

9　한국에서 독재시대가 끝나고 6월 항쟁의 결과물로 민주화 헌법이 만들어진 1987년을 절차적 민주화의 완성 시기로 인정한 시각이다.

애도의 물결 국민장

인촌은 삶과 작별을 1년가량 남겨두고서는 세상을 떠난 친구들에 대한 그리움을 말하다가 눈물을 머금곤 했다. 부인 이아주는 인촌을 찾아온 손님들에게 옛 친구들 이야기를 하지 말아 달라고 부탁했다. 드라이브 길에 망우리 묘지를 지날 때는 송진우와 장덕수 묘소를 찾아 눈물을 흘리기도 했다. 이때부터 운전기사는 교외로 드라이브를 나갔다 올 때는 망우리 길을 피했다.[1]

1953년 11월 민국당 전당대회에서 고문으로 물러앉은 후 인촌은 사실상 정치에서 손을 뗐다. 하지만 이승만 독재를 견제하는 야당 통합에 관심을 놓을 수는 없었다. 1955년 1월 18일 민국당 간부들을 계동 집으로 불러 조봉암을 끌어안아 민주 세력의 대동단결을 이뤄 달

---

1   인촌기념회(1976), 《인촌 김성수전》, 664~665쪽.

라고 호소했다. 조봉암 구하기는 인촌의 마지막 정치 행위가 됐다. 민국당에서 조봉암 문제는 계동 회합 뒤에도 정파 간 이해가 엇갈려 종내 합의를 보지 못하다 인촌이 먼저 세상을 떠났다. 계동 집 회합 한 달 만이었다.

인촌이 서거한 후 민국당의 맥을 이은 민주당은 조봉암을 합류시키지 않고 출범했다. 인촌이 오래 살아 조봉암이 참여했더라면 민주당은 좀 더 외연外延이 넓은 정당이 되었을 것이다. 조봉암의 신당 참여가 좌절되자 장택상, 이인 등 13명의 의원이 민주당을 탈당했다. 조봉암은 고립될 수밖에 없었다. 전쟁 직후 좌파에 대한 경계 심리가 팽배한 분위기에서 그는 진보당을 창당했다가 누명을 쓰고 죽었다. 조봉암이 제1야당 민주당의 빅 텐트 안으로 들어갔더라면 극형을 받는 사태를 피할 수도 있었을 것이다.

마지막까지 공산당 전향자 조봉암을 참여시키기 위해 애를 쓴 것을 보더라도 인촌은 여야의 다른 정치인들처럼 꽉 막힌 이념론자는 아니었다. 한민당, 민국당과 사이가 나빴던 조봉암이 인촌과 가까운 관계를 유지한 것은 둘 사이에는 출신과 이념을 넘어선 우정과 신뢰가 있었기 때문이다.

인촌은 뇌졸중으로 4년 투병생활을 했지만 그를 쓰러트린 것은 위출혈이었다. 혼수상태 소식을 듣고 달려온 사람 중에는 장면도 있었다. 그는 부인 이아주를 통해 "천주교를 믿도록 권유해 달라"는 말을 남기고 돌아갔다. 1955년 2월 18일 오전 11시경 혼수상태에서 깨어난 인촌은 부인한테서 장면의 권유를 전해 듣고 고개를 끄덕였다.

부인의 연락을 받은 장면은 12시경 가회동 성당의 신부와 함께 계동으로 찾아왔다. 인촌은 신부에게서 제사를 지내도 된다는 말을 듣고 영세를 받았다. 양부 원파園坡 김기중 등 조상에 대한 효孝의 신의信義를 지킨 것이다. 영세명은 바오로였다.

오후 5시경 가족들이 병상 주위에 모여들었다. 인촌은 가족들의 얼굴을 둘러보았으나 사사로운 이야기는 없었다.

"나라의 앞날이 걱정이다."

인촌은 이 말 한마디를 남기고 세상을 떠났다. 향년 64세였다.

그날 정부는 그의 장례를 국민장國民葬으로 결정했다. 김구 임시정부 주석, 이시영 부통령에 이어 정부 수립 이후 세 번째 국민장이었다. 장지는 서울 동대문구 안암동 고려대 구내 동산으로 결정했다. 인촌은 생전에 평생 동지 송진우와 장덕수가 잠들어 있는 망우리에 묻히고 싶다고 했으나 인촌의 땀과 정성이 밴 곳으로 유족들이 정했다.

인촌은 세상을 떠날 때까지 정치가로 나서기보다는 교육자로 남아있기를 원했다. 도산 안창호는 청년들에게 연설하면서 "힘을 기르소서. 실력 없이 무슨 독립을 합니까. 일제의 속국에서 벗어날 수 있는 길은 이것뿐입니다. 힘을 기르소서!"라고 절규했다. 안창호의 이 가르침에 평생 가장 충실하게 답한 사람이 인촌이었다.

인촌 고택에 있는 인촌 동상

　인촌의 5남 김상오의 처남인 홍병표는 인촌 고택 바로 이웃에 살았
다. 인촌이 작고한 이튿날 심부름이라도 하려고 인촌 상가喪家에 갔다.
인촌은 사랑방에 누워 계셨다. 대청마루에 조문록이 있었다. 홍병표
는 조문객의 얼굴을 못 보고 뒷모습과 방명록을 보고 있다가 '조봉암'
이라고 쓰면 '아 이분이 조봉암이로구나' 하고 알았다. 호상護喪으로
경방 직원, 중앙학교 서무과장, 동아일보 직원들이 서 있었다.
　갑자기 경찰관 7, 8명이 들어와 요소요소에 섰다. 조문객을 통제하
는 듯 사람들의 발걸음이 딱 끊겼다. 이승만 대통령이 상가로 들어오
는 모습이 보였다.

356

이 대통령은 "내가 이렇게 놀라운 소식을 듣고 왔어요"라고 말했다. 그런데 모두 어려워해서 안내하는 사람이 없었다. 그래서 홍병표가 "제가 안내하겠습니다" 하고 나섰다.

이 대통령은 섬돌 위에 올라서 그냥 신발 신은 채로 마루로 올라서려고 했다. 서양식으로 신발을 안 벗고 올라서는 데 습관이 든 모양이었다. 한옥 문화에 익숙한 프란체스카 여사가 옆에 있다가 "슈즈"라고 말했다.

그랬더니 이 대통령이 "신발을 벗어야 되나?"라고 물어 홍병표가 "예, 벗어야 합니다"라고 말했다. 그러자 이 대통령은 허리를 구부리지 않고 서 있는 채로 비서들이 와서 구두를 벗겼다. 이 대통령을 모시고 대청으로 가니 20~30명이 모두 일어나 있었다. 이름이 알려진 분들도 있었는데 모두 기립한 자세였다. 대통령이 풍기는 권위가 대단하다고 느꼈다.

이 대통령은 악수를 안 하고 고개를 까딱까딱하면서 '너희들도 왔구나' 하는 식으로 바라봤다. 빈소에는 이아주 여사와 장남 김상만이 있었다. 이 대통령은 조문을 하고 "어려운 일이 있거든 경무대로 연락하시오"라는 말도 했다.

홍병표는 오던 길을 다시 되돌아 나와 자동차 타는 데까지 이 대통령을 모셨다. 어려워서 대통령 옆에 접근 못 하는 어른들 덕에 홍병표에게 이 대통령 안내는 평생 기억에 남는 장면이 됐다.[2]

---

2   홍병표 인터뷰.

국회는 인촌을 애도하는 뜻으로 4일 동안 휴회를 결의했다. 인촌이 국회의원을 한 번도 하지 않았는데도 특별한 예우를 해준 것이다. 영결식은 서울운동장에서 수많은 시민이 운집한 가운데 유진오의 사회로 진행됐다. 이어 이 대통령의 조사를 수석 국무위원 변영태(외무부 장관)가 대독했다. 그는 중앙고보 영어교사 출신이었다.

이승만 조사 "큰 교육자에 애국지사"

왜정 말기에 압박이 극심한 때에 이분이 집안 재산을 털어서 교육사업을 시작했으며 일면으로는 신문을 내어서 일정日政에 반대하여 왔으니 이것만으로도 위대한 인물이었다는 것을 누구나 다 인정하지 않을 수 없었던 것입니다. …

애국적인 성심과 앞길을 보는 정견으로 자기가 옳다고 생각하는 바는 개인의 득실과 이해를 헤아리지 않고 지켜서 싸워온 분이므로 우리나라 모든 지도계급 여러 사람 중의 특출한 인물이었으며 애국지사 중에 유일한 자리를 점령하였던 것입니다. …

김 공은 우리나라의 큰 교육자였으며 애국지사였음을 우리 사람들은 영구히 기념할 것이며 또한 그는 지금 소위 사람들이 말하는 정치가라고 불리기에는 합당치 않는 사람이었으니 그도 이것을 싫어하여서 정당 방면으로 나서기를 대단히 싫어했던 것입니다.

인촌 국민장 행렬.

이 대통령은 "중간에 불행히도 정치적 입장으로 길이 갈라지게 된 것이 김 공에게도 많은 섭섭함을 주게 되었다"는 말도 했다.

열아홉 발의 조포弔砲와 함께 인촌을 작별하는 의식이 끝났다. 조지훈 시인이 가사를 짓고 나운영이 작곡한 〈인촌 선생 조가弔歌〉가 경기여중고 합창단의 목소리로 성동城東 원두原頭에 메아리 쳤다. 조지훈은 청록파 시인 중 한 사람이고 1960년 〈지조론〉을 발표한 지사형 지식인이다. 영결식이 끝나고 2킬로미터에 걸친 장의행렬은 1백만 시민이 연도에서 지켜보는 가운데 동대문까지 이어졌다.

임의 뜻 한평생은

겨레 위한 일편단성一片丹誠

외사랑 긴긴 밤을

잠 못 이뤄 하시더니

감으려 못 감은 눈

오늘 어이 감으신가

가신 뒤에야 깨닫는 한恨

이 설움을 살피소서

어진 마음 따슨 손길 길이 두고 못 잊어라

온 겨레 마음의 별 인촌선생 그 이름이여

임의 뜻 남은 자취

일마다 태산반석

숨은 공功 긴긴 세월

온 심혈을 말리더니

감추려 못 감출 덕德

갈수록 새로워라

나라 위한 참된 정성

임을 뫼셔 배우리다

어진 마음 따슨 손길 길이 두고 못 잊어라

온 겨레 마음의 별 인촌선생 그 이름이여

360

64년의 생애는 공선사후公先私後, 신의일관信義一貫, 담박명지淡泊明志를 신조로 산 일생이었다.

공선사후는 거부巨富로서의 사회적 책임과 덕목을 압축하고 있다. 그는 농지개혁을 통해 공익을 위해 개인적으로는 큰 손실을 입는 선택을 했다. 일제강점기에 교육사업이나 신문사업도 돈을 버는 사업은 아니었다.

신의일관, 한번 사귄 사람들은 대개의 경우 평생 지우知友로 삼았다. 송진우가 대표적인 예다. 한번 쓴 사람은 의심하지 말라는 '용인물의用人勿疑'와도 통한다. 경성방직에서 회사가 휘청거리게 만든 손실을 끼친 이강현을 재기용한 데서도 잘 나타난다.

담박명지, 제갈량이 전장에서 죽기 전 8세 된 아들에게 남긴 유언 같은 말이다. 담박명지 뒤에 영정치원寧靜致遠이 이어진다. 욕심 없고 마음이 깨끗해야 뜻을 밝게 가질 수 있고, 마음이 편안하고 고요해야 원대한 포부를 이룰 수 있다는 뜻이다. 인촌은 평생 욕심 없이 검소한 삶을 실천했다. 항상 믿는 사람에게 일을 맡기고 자신은 뒷전에 물러서서 이들을 돕는 것으로 직분을 삼았다.

그의 묘소는 현재 고려대 교정을 떠나 남양주시 화도읍 금남리에 있다. 첫 번째 부인 고광석의 묘소는 전남 장성군 북하면 백양산 자락에 있다. 후처 이아주의 묘소는 남양주시 화도읍 모란공원에 있다. 인촌은 고광석 여사와의 사이에서 4남 1녀, 이아주 여사와의 사이에서 5남 3녀, 모두 13 남매를 두었다.

인촌 김성수 연보

1891. 10월 11일(음력 9월 9일)에 전북 고창군 부안면 인촌리에서
       김경중의 4남으로 출생.
1893. 큰아버지 김기중의 양자로 들어감.
1903. 고정주의 맏딸 고광석과 결혼.
1906. 창평 영학숙에서 송진우와 함께 수학.
1907. 인촌리에서 줄포로 이사.
       내소사(來蘇寺)에서 송진우, 백관수와 함께 공부.
1908. 양부 기중, 줄포에 영신학교 설립.
       군산 금호학교 수학.
       송진우와 함께 일본으로 건너가 세이소쿠 영어학원에 입학.
1909. 긴조중학교 편입.
1910. 장남 상만 출생.
       와세다대학 예과 입학.
1911. 와세다대학 정경학부 입학.
1913. 양부 생부, 인촌 졸업식 앞두고 일본 시찰.
1914. 와세다대학 정경학부 졸업, 줄포로 돌아옴.
1915. 백산학교 설립 좌절. 중앙학교 인수.
1917. 중앙학교 교장 취임.
       중앙학교 화동에서 계동 새 교사로 이전.
       경성직뉴 인수.
1918. 중앙학교 교장 사임.
       2남 상기 출생.
1919. 송진우, 현상윤 등과 3·1 운동에 관여.
       경성방직 설립.
       부인 고광석 별세(고광석과의 사이에 4남 1녀).
1920. 동아일보 창간. 판매 배포 금지, 무기정간 당함.
       동아일보 제 2대 사장 취임.
1921. 이아주와 재혼(이아주와의 사이에 5남 3녀).
1922. 동아일보, 물산장려운동 제창.

1923.	동아일보, 민립대학 설립운동 참여.
1924.	동아일보 5대 사장 취임.
1925.	동아일보, 광화문에 신사옥 착공.
1926.	중앙학교 학생들의 6·10 만세 운동과 관련해 경찰 조사 받음.
	동아일보, 광화문 신사옥으로 이전.
1929~31.	유럽, 미국 등지를 여행하며 대학 시찰.
1930.	동아마라톤대회 개시.
1931.	월간 신동아 창간.
1932.	보성전문학교 인수 및 교장 취임.
1933.	동아일보, 한글맞춤법 통일안 보급에 진력.
	보성전문 안암동 새 교사 착공.
1934.	보성전문 안암동 신축 교사 이전.
1935.	보성전문 중앙도서관 착공. 보성전문 교장 사임.
1936.	동아일보, 일장기 말소사건으로 4차 무기정간.
1937.	보성전문 12대 교장 취임.
1940.	동아일보 강제 폐간.
1942.	조선어학회 주도 인물들 구속.
1943.	원파농장 경영.
1944.	보성전문학교, 경성척식경제전문학교로 강제 개칭.
1945.	해방과 함께 보성전문학교 원래 이름 회복.
	미 군정청 고문회의 의장.
	동아일보 중간.
	송진우 암살.
1946.	동아일보 9대 사장 취임. 한민당 수석총무.
	보성전문학교를 종합대학으로 승격시키고 이름을 고려대학교로 바꿈.
1947.	장덕수 암살.
1948.	남한 총선거 실시, 종로 선거구를 조만식계의 이윤영에게 양보.
1949.	민주국민당 최고위원.
1950.	6·25 발발로 부산에 피란.
1951.	제 2대 부통령 취임.
1952.	부통령 사임.
1953.	전시 수도 부산에서 서울로 돌아옴.
1954.	병상에서 호헌 세력의 단결을 호소.
1955.	2월 18일 별세(향년 64세), 국민장 거행.

참고 문헌

1. 문헌 자료

(주)경방, 《경방 100년사: 1919~2019》, 2019년.

강상중 총편집, 《아시아 인물사》, 슈에이샤(集英社), 2023.

강영주, 《벽초 홍명희 평전》, 사계절, 2018.

고산지, 《계곡의 안개처럼 살다》, 배문사, 2017.

고영진, 〈담양 천년 역사인물 조형물 건립계획 및 활용에 관한 연구〉, 담양군, 2013.

고하선생전기 편찬위원회, 《고하 송진우선생전》, 동아일보사, 1965.

고하송진우선생 기념사업회, 《독립을 향한 집념》, 이야기의 숲, 2023.

구희진, "근대 개혁기 옥구 군산항 인근지역의 교육과 사회변화", 〈전북사학〉, 제44호, 2014.

_____, "근대교육의 전당 금호학교", 디지털군산문화대전, https://www.grandculture.net/gunsan/toc/GC05700028

_____, "영명학교", 디지털군산문화대전, https://www.grandculture.net/gunsan/toc/GC05700504

국가기록원, 〈독립운동관련 판결문〉, https://archives.go.kr.

김삼웅, 《서대문형무소 근현대사: 일제시대편》, 나남, 2000.

김성호·전경식·장상환·박석두, 《농지개혁사연구》, 한국농촌경제연구원, 1989.

김용섭, 《한국근대농업사연구》, 지식산업사, 2020.

김준연, 《독립노선》, 돌베개, 1984.

김중규, 《군산 역사이야기》, 안과밖, 2014.

김중순, 《문화민족주의자 김성수》, 일조각, 1998.

남시욱, 《고재욱 평전》, 동아일보사, 2021.

_____, 《한국보수세력연구》, 청미디어, 2021.

내한선교사 사전편찬위원회, 《내한선교사사전》, 한국기독교역사연구소, 2022.

노성태, 《다시 남도의 기억을 걷다》, 살림터, 2023.

동아일보사, 《3·1운동 50주년 기념논집》, 1969.

동아일보편집부 편, 《인촌 김성수의 사상과 일화》, 동아일보사, 1986.

만해사상연구회 김관호·전보삼, 《한용운 사상연구 제2집》, 민족사, 1981.

미야타 세쓰코 해설·감수, 정재정 역, 《식민통치의 허상과 실상》, 혜안, 2002.

백완기, 《인촌 김성수의 삶》, 나남, 2012.

서병조, 《정치사의 현장 증언 제1공화국》, 중화출판사, 1981.

송현강, 《미국 남장로교의 한국선교》, 한국기독교역사연구소, 2018.

수당기념사업회, 《수당 김연수》, 1971.

수당김연수선생 전기편찬위원회, 《한국 근대기업의 선구자: 수당 김연수 선생 일대기》,
　　　삼양사, 1996.

심지연, 《한국민주당 연구 Ⅰ》, 도서출판 풀빛, 1982.

안진규·송일훈, "조선중앙일보와 동아일보의 일장기 말소사건", 〈한국체육학회지〉,
　　　2015, 제54권 제5호, 1~10쪽.

엄상익, 《친일 마녀사냥 1》, 조갑제닷컴, 2016.

유진오, 《양호기》, 고려대 출판부, 1977.

＿＿＿, 《헌법기초 회고록》, 일조각, 1980.

윤덕영, "1946년 전반 한국민주당 재편과 우익정당 통합운동", 〈사학연구〉, 제121호,
　　　2016. 3.

이강수, 〈백범·임시정부 계열의 청산활동〉, 《백범과 민족운동연구》 제3집, 백범학술원,
　　　2005.

이동화, 〈8·15를 전후한 여운형의 정치활동〉, 《해방 전후사의 인식 1》, 한길사, 2021.

이병열, 《고창읍성 이야기》, 도서출판 모로비리, 2022.

이병헌, 《3·1 운동 비사》, 시사시보사, 1979.

이승렬, 《근대시민의 형성과 대한민국》, 그물, 2021.

이영일, 《건국사 재인식》, 동문선, 2023.

이재의, "호남 근대교육의 선구자 고정주", 〈월간 예향〉, 1993, 3월호.

이진강, "인촌김성수 선생과 이아주 여사", 〈용인 이씨 종보〉, 2024. 2. 1.

이택선, 《죽산 조봉암 평전: 자유인의 길》, 죽산조봉암선생 기념사업회, 2022.

이한직 저, 김경수 편, 《이한직 선집》, 현대문학, 2012.

이희승, 〈내가 겪은 3·1운동〉, 《3·1운동 50주년 기념논집》, 동아일보사, 1969.

인촌기념회, 《인촌 김성수전》, 1976.

인촌김성수서거 50주기추모집간행위원회, 《인촌을 생각한다》, 2005.

일민김상만선생 전기간행위원회, 《일민 김상만 전기》, 동아일보사, 2003.

임종국, 《빼앗긴 시절의 이야기》, 아세아문화사, 2007.

정규웅, 《글 속 풍경, 풍경 속 사람들》, 이가서, 2010.

정영욱, "잊혀진 '근대사상' 정신적 도장(道場) '금호학교'(상)", 〈군산투데이〉, 2021. 8. 11.

조익순·이원창, 《고종황제의 충신 이용익의 재평가》, 해남, 2002.

주대환, 《K-데모크라시》, 청사진, 2024.

주익종, 《대군의 척후》, 푸른역사, 2008.

중앙교우회, 《중앙 60년사》, 1969.

채백, 《사라진 일장기의 진실》, 커뮤니케이션북스, 2008.

최선웅, "한국민주당의 미소공동위원회 대응방안과 활동", 〈한국사학보〉, 제54호, 2014. 2.

최인진, 《손기정 남승룡 가슴의 일장기를 지우다》, 신구문화사, 2006.

최형련, 〈3·1운동과 중앙학교〉, 《3·1운동 50주년 기념논집》, 동아일보사, 1969.

카터 J. 에커트 저, 주익종 역, 《제국의 후예(Offspring of Empire)》, 푸른역사, 2008.

T. R. 페렌바크 저, 최필영·윤상용 역, 《이런 전쟁》, 플래닛미디어, 2019.

한국개발연구원, 《2012 경제발전경험 모듈화 사업: 한국의 농지개혁》, 2013.

한국농촌경제연구원, 〈농지개혁사 편찬 자료: 농지개혁시 피분배지주 및 일제하 대지주 명부〉, 1985.

한국학중앙연구원, 《한국민족문화대백과사전》,

　　　　https://encykorea.aks.ac.kr/Article/E0016349

　　　　https://encykorea.aks.ac.kr/Article/E0018428

　　　　https://encykorea.aks.ac.kr/Article/E0033346

한용운, 《만해 한용운 전집 6》, 신구문화사. 1973.

현상윤, "3·1 운동 발발의 개략", 〈월간중앙〉, 1963년 3월호.

홍영기 외, 〈고정주 근대교육의 선각자〉, 《변혁기의 인물과 역사(광주 전남편)》, 사회문화원, 1996.

황호택, "건국의 재조명 ②: 공산화 막은 농지개혁의 주역 우남과 인촌", 〈아주경제〉, 2023. 8. 17.

황호택·이광표, 《대나무숲 담양을 거닐다》, 컬처룩, 2022.

2. 인터뷰

2023. 7.10.	김형석(연세대 명예교수).
2024. 5. 3.	김형석(연세대 명예교수), 인촌 고택.
2024. 5.16.	홍병표(인촌의 5남 김상오의 처남).
2024. 5.30.	김익남(시인)
	김중규(군산근대역사박물관장)
	이진원(전 군산문화원장)
	채정룡(전 군산대학교 총장)
2024. 6.28.	현각(내소사 청련암 스님).
2024. 6.26~28.	유기상(전 고창군수 · 향토 사학자)
	이병열(고창문화연구회 사무국장)
	정운천(전 농림수산식품부 장관 · 2선 국회의원)
	최영대(인촌사랑방 대표)
	전상기(김상만 가옥 관리인)
2024. 6.	고영진(전 광주대 교수 · 고재욱의 고손자),
	수시로 전화 인터뷰 진행.
2024. 7.17.	이승렬(교수), 북촌 일대 답사.
2024. 7.29.	김준(경방 회장), 경방 회장실.
2024. 9. 3.	고려대 박물관, 송완범(고려대 박물관장)
	한용진(고려대 교육학과 교수)
	서명일(고려대 박물관 대학기록실 차장)

저자 소개

이진강

고려대 법과대학 재학 중이던 1965년 제5회 사법시험에 합격하고, 서울대 사법대학원을 수료했다. 육군 법무관으로 월남 전선에서 복무했다. 1971년 광주지방검찰청 검사를 시작으로 23년 동안 검찰에서 일했다. 대검찰청 중앙수사부에 근무할 때 박종철 고문치사 사건 재수사를 담당했다. 1994년 검찰을 퇴직한 후 변호사로 활동하면서 서울변호사회 회장, 대한변호사협회 회장, 방송통신심의위원회 위원장, 대법원 양형위원회 위원장 등을 지냈다. 저서로 《주택임대차보호법령, 가등기 담보 등에 관한 법률 해설》, 《80년 한결같이: 자서전》을 펴냈다. 홍조근정훈장, 국민훈장 무궁화장을 받았다.

황호택

1987년 동아일보 편집국 법조팀장으로 박종철 고문치사 사건과 6월 항쟁을 취재했다. 이 사건으로 한국기자상을 두 해(1987, 1988년) 연속 수상했다. 월간지 전성시대에 〈신동아〉에 '황호택이 만난 사람'이라는 문패를 달고 인물탐구 인터뷰를 7년 동안 연재하고 동아일보에 '황호택 칼럼'을 집필했다. 한국신문방송편집인협회 회장을 역임했다. 논설주간(전무)을 끝으로 36년간 근무하던 회사를 퇴직했다. 현재는 카이스트 문술미래전략대학원 겸직교수로 후학과 소통하고 있다. 저서는 《박종철 탐사보도와 6월항쟁》 등 20여 권이 있다. 《왕들의 길, 다산의 꿈, 조선진경 남양주》, 《대나무숲 담양을 거닐다》, 《서해의 에메랄드, 신안 천사섬》 등 탐방기를 시리즈로 펴냈다.

나랄출판 원고지